소통을 위한 독서치료

책과 함께하는
마음 놀이터 · 4

임성관 지음

시간의 물레

국립중앙도서관 출판시도서목록(CIP)

책과 함께하는 마음놀이터 : 임상적 독서치료 프로그램. 4 / 임성관 지음
-- 서울 : 시간의물레, 2010
　　　p. ;　　cm

ISBN 978-89-91425-93-4　94010 : ₩25000
ISBN 978-89-91425-60-6(세트)

독서 요법[讀書治療]

029.4-KDC5
028-DDC21　　　　　　　　　　　CIP2010000866

소통을 위한 독서치료
책과 함께하는 마음 놀이터 4

임성관 지음

시간의 물레

◼ 추천의 글

새로 태어난 날을 서로 축하하며

아이가 초등학교에 입학하면서부터 직장맘인지라 그 동안 외면했던 여러 가지 교육 활동들에 아이를 밀어 넣다 보니, 자연스레 우리의 대화는 어느덧 요구와 협상으로 변질되곤 했습니다. 늘 "엄마랑 놀면 정말 신나요!"와 "엄마는 내 맘도 몰라주고~ ㅠㅠ"를 입에 달고 사는 아이와 더 깊이 있는 대화를 하면서 사춘기를 무난하게 넘기고 평생을 함께 하고 싶었기에(또 자칫 이른 감이 있지만, 장래 아내나 자녀 등 다른 사람들과의 원만한 대화를 위해)「엄마와 아이의 상호작용 증진을 위한 독서치료 프로그램」을 신청하게 되었습니다.

첫날 부끄러움 많은 제가 아이의 마음을 알아주고 싶은 의욕만 앞서, 정작 내 자신을 다른 사람들 앞에 내놓을 준비를 하지 않았다는 걸 알아차린 순간 '아차' 싶기도 했지만, 지금은 끝까지 즐겁게 참가해서 무척 다행이라 여기고 있습니다. 넉살 좋고 활달한 아이는 프로그램 내내 어떤 활동이든지 제일 먼저 하겠다고 손을 들고 큰 소리로 웃고 자기 생각이나 느낌을 거침없이 쏟아내는 모습에 저는 마냥 어쩔 줄 몰랐습니다. '너무 산만한 건 아닐까, 주위 아이들은 차분하게 앉아서 길게 여러 가지로 잘 적고 있는데 우리 아이는 단 한 줄로만 표현하고 있네, 학교 수업 시간에도 이러고 있는 게 아닐까? 앞으로 어떤 모습으로 살아가려는 걸까?' 등, 아이의 말 하나 행동 하나를 있는 그대로 보지 못하고 제 기준에 맞춰 재단하고 심지어 미래의 모습까지 섣불리 단정 짓느라 처음에는 마음이 불편했습니다.

그런데 그런 마음은 또 앞서가고 있는, 평가하기를 좋아하는 엄마의 모습 중 한 부분이었습니다. 아이는 선생님께서 책을 읽어주실 때마다 '어쩌면 저렇게 자신의 감정을 솔직하게 그 때 그 때 드러낼 수 있을까' 싶을 정도로 마음을 활짝 열었습니다. 아마도 선생님께서는 서두르는 엄마와 달리 기다려 주시고 다독여 주셨기 때문이겠지요. 그렇게 프로그램에 참여를 하면서 우리 가족은 서로에 대해 여러 가지로 탐구하는 활동을 통해 소통하는 법을 익힐 수 있었습니다. 때문에 지금은 저나 아이 모두 원하는 것을 이야기하고 들어주기 위해 최대한 기다리고 애쓰고 있습니다. 물론 예전처럼 일방통행도 하고 충돌도 하지만, 진실로 소통하고 있다는 느낌은 더 끈끈해졌다고 생각합니다. 그 유명한 영화 '아바타'에 나오는 명대사 "I SEE YOU!"처럼요.

독서치료 프로그램이 끝나는 날 저녁에 아이와 작은 케이크에 큰 초를 하나 꽂고 서로 축하를 해 주었습니다. '무탄트 메시지'에 나오는 참사람 부족들처럼 새롭게 태어난 날을 축하하고 서로에 대해 좀 더 알게 된 것에 대해, 앞으로 서로 많이 변하더라도 지금처럼 사랑하고 믿으며 행복하게 살아갈 것을 다짐했습니다. 단순히 혈연으로만 맺어진 가족이 아니라 서로의 존재에 대해 진심으로 인정하고 이해하기 위해 노력하려는 조심스런 첫발을 내딛은 셈이지요.

독서치료 프로그램은 끝났지만, 그 때 했던 여러 활동들을 아직까지도 이야기하면서 겨울방학 중 최고의 추억이라고 아이와 말하고 있습니다. 또 참가하고 싶은 것은 물론이고요. 주위 분들께서 한 달 사이에 아이의 얼굴이 부쩍 편안해지고 자란 거 같다고 말씀하십니다. 그럴 때마다 저는 웃으면서「엄마와 아이의 상호작용 증진을 위한 독서치료 프로그램」에서 경험했던 활동과 제 느낌에 대해 하나하나 자세하게 이야기를 합니다.

임성관 선생님께서 『책과 함께하는 마음 놀이터 4』를 출간하신다는 소식을 전하며, 프로그램에 참여했던 소감과 더불어 추천사를 써 주십사 부탁도 겸하셨습니다. 한 번도 이런 일을 해본 적이 없어 많이 망설였지만, 프로그램에 참여한 덕분에 새롭게 태어난 우리 가족처럼 다른 분들도 그런 소중한 경험을 꼭 한 번 해보셨으면 좋겠다는 바람을 담아 몇 글자 적어 보았습니다. 새롭게 태어난 선생님의 책도 축하를 드리면서요. 고맙습니다.

〈엄마와 아이의 상호작용 증진을 위한 독서치료 프로그램〉 참여자
장도휘 엄마 이혜숙(서울 인헌중학교 국어교사)

놀이터 들어가기

　며칠 전 저녁으로 고기를 먹은 것이 체해 밤새 고생을 한 적이 있다. 늦은 시간이라 약을 사 먹으러 나갈 수도 없었던 터라 그저 어서 빨리 답답한 속이 내려가기만을 기다렸다. 그러다가 날이 밝아 오전 수업을 마치고 오후에야 겨우 약을 사 먹었는데 그래도 여전히 속이 좋지 않았다. 게다가 종일 한 끼도 먹지 못해 기운까지 없었기에 저녁에는 속이 편한 죽이라도 먹을 요량으로 가까운 죽 가게를 찾아 들어갔다. 그런데 그곳의 주인아주머니께서 상태를 보시더니 체했을 때는 손을 따는 것만큼 좋은 것도 없다며 바늘을 꺼내셨다. 이 가게에 오는 손님들 중에 체한 분들이 많아 가끔 손을 따주시는데, 그래야 막힌 곳이 시원하게 뚫려서 내려가기 때문이란다.

　혹시 필자처럼 먹은 것이 체해서, 혹은 누군가와 말이 통하지 않아서, 그도 아니면 어떤 다른 이유 때문에 답답해본 적이 있으신가? 만약 그런 경험이 있는 분이라면 막힘이 없이 잘 통하는 것이 얼마나 중요한 일인지를 느꼈을 것이다. 왜냐하면 통하지 않으면 몸이 아플 수도 있고, 오해가 생겨 관계가 멀어지거나 일에 차질을 빚을 수도 있으며, 나아가 더 나쁜 상황들로 발전될 수도 있기 때문이다. 그래서 필자는 급변하는 현대 사회에서 가장 중요한 것 가운데 하나가 바로 '소통(疏通, Communication)'이라고 생각한다. 더불어 그 가운데 으뜸은 역시 사람과 사람 사이의 소통이라고 생각한다. 남녀와 노소, 사제와 노사, 가족과 이웃 간의 소통 말이다.

우리 사회에도 어느덧 '다양성'과 '차이'라는 말이 두루 쓰일 만큼 다양한 문화가 공존하고 있다. 그러나 '차이'나 '다름'이 '경외'의 대상이기보다는 아직도 '차별'과 '비난'의 대상이 되고 있는 것이 현실이다. 이런 현상은 점차 지구촌화 되어 가고 있는 전 세계적인 흐름에 역행하는 발상이자 태도이다. 세대나 직업, 성별이나 성적 지향, 피부색이 다른 것이 왜 문제가 되는가. 나와 다르다는 것이 이상하거나 나쁜 것은 아니지 않은가. 나 역시 어떤 장소나 집단에서는 충분히 다른 사람이 될 수 있다.

때문에 어느덧 네 번째 권을 맞게 되는 『책과 함께하는 마음 놀이터』 시리즈의 주제를 '소통'으로 잡았다. 즉 '엄마와 아이'처럼 직접적인 소통의 장을 마련해 줄 필요가 있는 대상에서부터, 취업 걱정 등 아직 자아정체감 형성의 어려움을 겪고 있는 대학생들, 직업에 따라 다양한 직무스트레스에 시달리는 직장인들, 나이가 들면서 자연스럽게 가정이나 사회로부터의 관심 영역에서도 멀어진 어르신들, 나아가 최근 숫자가 급속도로 증가하고 있는 새터민과 다문화가정, 마지막으로 성매매를 하다가 나와 쉼터에 머물며 재기를 준비하고 있는 여성들에 이르기까지, 여러 사람의 관심과 격려가 필요한 분들과의 만남을 준비한 것이다.

치료사는 특정 대상에 대한 선입견이 적을수록 더 많은 분들과 치료 작업을 할 수 있다. 물론 어떤 분들과의 만남은 쉽지 않을 수도 있겠지만, 필자가 치료 장면에서 만난 그 분들, 더불어 밖에서 지켜봤던 그 분들은 그저 우리와 똑같은 사람들일 뿐이었다. 오히려 누군가와 마음을 나누고 싶어 하는 마음이 더욱 컸던, 이야기를 들어줄 사람이 더욱 필요했던 사람들이었다는 말이다.

따라서 필자에게는 이런 바람이 있다. 마침『책과 함께하는 마음놀이터』네 번째 책의 주제가 '소통'이므로, 적어도 이 책을 읽으시는 분들만이라도 마음의 문을 활짝 열어 소통을 위한 준비를 해주십사 하는, 편견이나 차별로 인해 고통 받고 있는 사람들이 주변에 있다면 마음으로 다가가 주십사 하는 바람 말이다. 이런 한 사람 한 사람의 힘이 모아지면 결국 소통의 통로 역시 넓어져 갈 테니까 말이다.

2010년 3월
연구소에서
임성관

놀이터 소개

추천의 글 ♠ 4
놀이터 들어가기 ♠ 7

첫 번째 놀이터 - ♠ 13
엄마와 아이의 상호작용 증진을 위한 독서치료 프로그램

두 번째 놀이터 - ♠ 79
대학생의 효율적인 학습습관 형성 및 진로계획 확립을 위한
독서치료 프로그램

세 번째 놀이터 - ♠ 141
직장인의 직무스트레스 해소를 위한 독서치료 프로그램

네 번째 놀이터 - ♠199
쉼터 여성의 자아존중감 향상을 위한 독서치료 프로그램

다섯 번째 놀이터 - ♠245
어르신의 치매 예방을 위한 독서치료 프로그램

여섯 번째 놀이터 - ♠265
새터민 아동의 사회적 기술 향상을 위한 독서치료 프로그램

일곱 번째 놀이터 - ♠305
다문화가정에 대한 인식확장과 긍정적 태도 함양을
위한 독서치료 프로그램

첫 번째 놀이터

엄마와 아이의 상호작용 증진을 위한 독서치료 프로그램

1. 프로그램의 필요성

 누군가 우리 아이를 이대로만 키우면 아무런 말썽도 없고 공부도 잘하며, 건강하게 잘 커서 훌륭한 사람이 된다는 비법이 담긴 책을 써준다면 얼마나 좋을까? 그래서 정말 그 책만 열심히 보며 아이들을 키웠더니, 무탈한 발달단계를 거쳐 성인으로까지 자라나 어느덧 사회에도 이바지하고 가족과 친지들에게도 두루 잘하는 사람이 된다면 얼마나 행복할까? 하지만 세상 어디에도 그런 비법이 담긴 책은 없다. 물론 양육에 관한 책은 수없이 많지만, 자녀들을 좋은 대학에 보내고 높은 자리에 오를 수 있도록 뒷바라지를 한 공로로 텔레비전에 얼굴을 비추거나 책까지 낸 부모들은 많지만, 그들을 만나 봐도 모두가 내 상황과는 약간씩의 차이가 있기에 다시 제자리에 돌아와 있는 느낌을 지우기는 어렵다. 그러다가 결국 부모들 양육 방식이야 백이면 백 다 다를 수밖에 없고, 어차피 정답은 없는 거라며 스스로를 위로하기에 이르는데, 그럼에도 불구하고 우리 아이를 조금 더 나은 환경에서 키우고 싶은 부모의 마음은 쉽게 사그라지지 않는다. 더불어 남들처럼 원하는 것 다 해주면서 키우지는 못할 것이기 때문에, 세상 그 어떤 부모자식보다 소통이라도 잘 되는 관계가 되기를 희망한다. 아이들이 사춘기와 청소년기를 지나면서도 부모를 멀리하지 않고 항상 가까이 하고 싶어

하는, 그래서 어떤 고민이든 스스럼없이 털어놓고 함께 해결해 나갈 수 있는 관계를 말이다. 그러나 이 역시 쉬운 일이 아니다. 잘못 꿴 첫 단추가 결국 우스운 옷태를 연출하듯이, 사춘기가 오면서 시작된 부모자식 간의 갈등은 던져진 부메랑이 제자리로 돌아오듯 쉽게 회복되지 못한다. 대신 끊어진 연줄처럼 멀어지기만 한다.

    가정과 부모는 아이에게 있어 1차적인 상호작용 대상으로, 이때의 경험은 가정 안에서의 생활이나 관계에만 영향을 끼치는 것이 아니라, 향후 학교에서의 또래관계나 사회 전반에서의 관계에도 작용을 한다. 따라서 부모들은 자녀에게 있어 적정 모델이 되어줄 필요가 있는데, 만약 자신들조차 이전 부모들로부터 받은 경험이 없고 부모가 되기 위한 사전 준비도 없었다면 바람직한 상호작용을 하기에 어려움이 클 것이다. 따라서 이 프로그램은 부모들에게 아동 발달과정에서 발생할 수 있는 여러 어려움들을 알리고, 그런 어려움을 예방하거나 이겨내는 데 도움이 될 수 있는 자료와 방법들을 직접적인 체험을 통해 경험해 보게 하는데 그 목표가 있다. 더불어 아이들에게는 부모와 긍정적인 상호작용을 할 수 있는 기회를 만들어 주어, 부모들이 사실 자신들을 굉장히 사랑하고 있지만 방법을 잘 몰라서 그동안 실수를 했다는 점을 깨달을 수 있도록 하는데 목표가 있다. 종합하면 이 프로그램은 부모와 자식 간의 상호작용을 증진시킬 수 있도록 돕는데 최종 목표가 있다 하겠다.

2. 프로그램의 구성

본 프로그램은 수원슬기샘어린이도서관과 과천시정보과학도서관, 의정부과학도서관 등에서 실시된 것으로, 다양한 버전에 의해 여러 세션에 걸쳐 진행이 됐다. 프로그램 구성에서 가장 중요한 변은 참여자인데, 치료사는 모집 공고를 낼 때 반드시 보호자 1명(아빠나 엄마 무관, 하지만 지금까지 참여율로 봤을 때 엄마가 99%)과 해당 연령의 아이 1명만 참여해야 한다고 명시할 필요가 있다. 만약 이 내용을 공지하지 않거나 혹은 모집 담당자가 프로그램 안내 시 정확히 말하지 않으면, 참여 대상 아동 이외 동생 등이 추가로 참여할 수 있는 등 보호자와(엄마 혹은 아빠, 그러나 대부분은 엄마) 아이만의 상호작용 과정을 제대로 관찰할 수가 없다. 나아가 프로그램 전체에도 부정적인 영향을 미칠 수 있으니, 참여자는 반드시 보호자 1인과 대상 연령의 아동 1명만이어야 한다고 못을 박아야 한다. 그리고 총 참여 가족은 7~8팀 내에서 제한할 필요도 있다. 왜냐하면 한 팀의 참여자가 두 사람이기 때문에 7~8팀만 해도 어느덧 14~16명이 되는 셈이다. 그 외 이 프로그램에는 치료사 혼자 진행하기에 벅찬 활동도 있고, 부모 혹은 아이만 대상으로 한 활동인 경우 다른 대상들은 대기해야 하는 장면도 있으므로, 상대적으로 소외될 수 있는 참여자들을 적절히 리드하거나 혹은 프로그램 운영에도 적극 참여해 도울 수 있는 보조치료사가 꼭 필요하다. 프로그램은 1세션당 1시간 30분에서 2시간을 운영하면 충분하다.

다음에 소개되는 프로그램은 7세부터 초등학교 3학년 정도까지 참여할 수 있도록 만든 것이므로, 혹 더 높은 학년의 자녀와 함께하고 싶은 프로그램을 만드실 거라면 선정 자료와 관련 활동의 내용을 바꾸어 활용하시면 되겠다. 또한 소개되는 프로그램은 구성이 약간씩 다른데, 그 중 세 번째 계획표는 토요일 오전에 진행을 한 것이라서 부모님만 참여하는 주 및 아이와 함께 참여하는 주가 격주로 구성되어 있는 것임을 미리 밝힌다. 본문의 세션별 설명에서는 첫 계획표의 내용을 위주로 하면서 두 번째와 세 번째 계획에 대한 내용들도 부가적으로 하겠다.

〈표 1-1〉 엄마와 아이의 상호작용 증진을 위한 독서치료 I

세션	세부목표	선정 자료	관련 활동
1	놀이터 이용방법 배우기	도서 : 놀이터를 만들어 주세요 도서 : 내 말 좀 들어주세요	오리엔테이션, 약속 지키기 서명, 별칭 짓기(○○엄마, ○○아들), 개인별 목표 정하기 및 서로에게 바라는 점
2	1단계 - 서로에 대한 인식도 확인 (회전지구본)	도서 : 우리 엄마 도서 : 세상에서 가장 큰 아이	우리 엄마를 소개합니다! 우리 아이를 소개합니다!
3	2단계 - 서로에 대한 관심도 측정 (구름사다리)	도서 : 아줌마가 우리 엄마예요? 개그콘서트 : 대화가 필요해	동상이몽 게임, 마음이 통하는 실 전화기
4	3단계 - 애착형성과 분리불안 (시소)	도서 : 엄마! 엄마! 엄마! 도서 : 꼭 잡아 주세요, 아빠!	장님과 택시기사 게임
5	4단계 - 서로에 대한 감정 노출 (미끄럼틀)	도서 : 고함쟁이 엄마 도서 : 안 돼, 데이빗! 애니메이션 : 너는 특별하단다	오늘 기분이 어때요, 서로에게 주는 금별 스티커 잿빛 스티커

6	5단계 - 서로에 대한 감정 해결 (철봉)	도서 : 나와 감기 걸린 알 도서 : 집 나가자 꿀꿀꿀 CF : 까스 활명수	방과 후 옥상, 날려 버린 종이비행기
7	6단계 - 긍정적인 상호작용 (그네)	도서 : 산에 가자 도서 : 용감한 아이린	난화 상호 이야기 만들기
8	7단계 - 친밀과 정서적 안정 (늑목)	도서 : 엄마의 의자 도서 : 내가 아빠를 얼마나 사랑하는지 아세요?	우리 모두 다같이, 숟가락 바느질
9	8단계 - 자신감과 성취감 쌓기 (정글짐)	도서 : 나는 내가 좋아 애니메이션 : 구름빵	소망 나무에 구름빵 달기
10	놀이터 빠져 나가기	도서 : 언제까지나 너를 사랑해	서로에게 사랑의 편지 쓰기, 참여 소감나누기

〈표 1-2〉 엄마와 아이의 상호작용 증진을 위한 독서치료 Ⅱ

세션	세부목표	선정 자료	관련 활동
1	서로에 대한 인식도 확인	도서 : 우리 엄마 도서 : 내 말 좀 들어주세요	별칭으로 우리 엄마·우리 아이를 소개합니다!
2	서로에 대한 관심도 측정	도서 : 아줌마가 우리 엄마예요? 도서 : 엄마, 누가 난지 알 수 있어요?	동상이몽 게임, 우리 엄마·우리 아이 찾기 게임
3	애착형성과 분리불안	도서 : 다 큰 아기당나귀 도서 : 꼭 잡아 주세요, 아빠!	장님과 택시기사 게임, 로션 핸드페인팅과 손 탑 쌓기
4	서로에 대한 감정 노출 1	도서 : 고함쟁이 엄마 도서 : 엄마를 화나게 하는 10가지 방법	우리 엄마를 화나게 하는 방법, 난~ ○○했을 뿐이고!
5	서로에 대한 감정 노출 2	도서 : 5분만 쉬고 싶은 덩치부인 도서 : 돼지책	엄마도 이럴 때 화가 나!, Would U Please~ ○○해줄래?
6	서로에 대한 감정 해결	도서 : 망태 할아버지가 온다 도서 : 아들아, 아빠가 잠시 잊고 있었단다	서로에게 주는 금별·잿빛 스티커, 날려 버린 종이비행기
7	긍정적인 상호작용 1	도서 : 산에 가자 도서 : 네가 나한테 읽어줄래, 나는 너한테 읽어줄게	입을 모아 책읽기, 난화 상호 이야기 만들기

| 8 | 긍정적인 상호작용 2 | 도서 : 엄마, 화내지마
동시 : 말이 안 통해 | 올바른 경청법과 대화법 실습 |
| 9 | 사랑의 마음 다지기 | 도서 : 언제까지나 너를 사랑해 | 서로에게 사랑의 편지 쓰기,
참여 소감나누기 |

〈표 1-3〉 엄마와 아이의 상호작용 증진을 위한 독서치료 Ⅲ

세션	세부목표	선정 자료	관련 활동
1	오리엔테이션	프린트	강의 계획 나누기, 소개 나누기, 독서치료의 개념
2	상호작용 및 소통능력 점검	모기는 왜 귓가에서 앵앵거렸을까?	참여 아동 소개 나누기, 스피드 퀴즈
3	아동 발달	프린트	아동 및 청소년기 발달의 개념
4	서로의 욕구 탐색	열두 번째 선수, 피아노 치기는 지겨워	엄마가 바라는 자녀의 모습, 자녀가 바라는 엄마의 모습
5	엄마로서의 내 모습 점검하기	토끼 탈출, 엄마 잠깐만요! 부모자격시험 프린트	부모자격시험을 통해 본 엄마로서의 내 모습 살펴보기
6	서로에 대한 감정 노출	다른 엄마 데려 올래요!, 착한 엄마 구함	신호등 색깔로 표현하는 서로에 대한 감정
7	심리적 독립의 필요성	꼭 잡아 주세요, 아빠!, 사랑한다는 것으로	자녀를 심리적으로 분리·독립시키는 것의 중요성과 그 때를 알기, 모방 시 쓰기
8	상호작용 증진	용감한 아이린, 오른 발 왼 발	숟가락 바느질, 2인 3각 달리기
9	유형별·상황별 대처 방법	우리 아이 마음 채워줄 책 한 권	발달과정에 발생할 수 있는 여러 문제 및 대처방법 살펴보기
10	사랑의 마음 다지기	주머니 속의 선물	엄마가 달아주는 사랑의 주머니, 참여 소감나누기, 전체 평가

3. 프로그램의 실제

1) 엄마와 아이의 상호작용 증진을 위한 독서치료 프로그램

제1회 놀이터 이용방법 배우기
〈프로그램 소개, 약속 지키기 서명, 별칭 짓기〉

　엄마와 아이가 함께 참여하는 프로그램은 무척 재미가 있다. 그러나 치료사는 그만큼 준비할 것도 많고, 실제 프로그램 진행시에도 매우 바쁠 수밖에 없다. 왜냐하면 참여하고 있는 가족들의 상호작용을 관찰도 하면서 진행을 해나가야 하기 때문이다. 그래도 프로그램을 돕는 보조치료사가 있고, 더불어 아이들만이 아닌 부모님들이 함께 해주시기 때문에 요청만 하면 필요한 도움을 받을 수 있다는 장점도 있다. 그래서 필자는 최근 엄마와 아이가 함께하는 프로그램을 여러 곳에서 진행을 하고 있는데, 가는 곳마다 호응이 꽤 좋은 편이다. 나아가 중학생 이상의 자녀들과 함께하는 프로그램도 받고 싶다고 요청하시는 분들이 많으니, 그럴 때마다 필자는 '부모들이 아이들을 키우는데 있어 그동안 어려움이 많았구나!', '아이들 역시 부모들에게 하고 싶은 말이 참 많았구나!'라는 것을 다시금 느끼며, 보다 많은 분들이 참여할 수 있도록 프로그램을 확대해야겠다는 생각을 한다. 보다 많은 부모님과 아이들이 상호작용을 잘 해 갈 수 있도록 하기 위해서 말이다.

엄마와 아이의 상호작용 증진을 위한 프로그램에서의 첫 만남은 설렘과 궁금증 등이 교차되는 시간이다. 우선 참여를 위해 프로그램실에 들어온 부모님과 아이들은 형이나 동생은 떼어 놓고 둘이서만 시간을 보낼 수 있다는 점에 대해 설렘과 기대감을 표출한다. 특히 형제로 인한 스트레스가 컸던 아이들은 부모님을 온전히 차지할 수 있는 기회를 갖기 때문에 프로그램에 참여하는 시간 자체를 소중하게 여길 가능성이 매우 높다. 더불어 첫 회에는 아무래도 궁금증이 많을 수밖에 없다. 매 세션마다 어떤 프로그램이 진행이 되는지, 선정된 자료를 매회 미리 읽어 와야 하는지 등 질문이 많으니, 치료사는 그에 대해 아이들도 이해할 수 있을 정도로 알기 쉽게 설명을 해 줄 필요가 있다. 더불어 아이들만을 대상으로 한 프로그램들 거개가 그렇지만 이 프로그램에 참여하는 아이들도 부모의 강요에 의한 경우가 있을 테니, 아이들 스스로의 참여 의지를 높이기 위해서라도 기대감을 가질 수 있도록 해야 한다. 그래서 필자는 프로그램 중에는 게임도 있고, 영상을 볼 때도 있다고 미리 말을 해주는 등 첫 세션에 아이들의 동기에 초점을 두기도 한다.

자, 이제 엄마와 아이가 함께 하는 프로그램에 대한 전반적인 소개는 끝났으니 첫 번째 세션부터 구체적인 선정 자료와 관련 활동을 살펴보도록 하자.

(1) 선정 자료

① 놀이터를 만들어 주세요 / 쿠루사 글, 모니카 도페르트 그림, 최성희 옮김 / 동쪽나라

이 이야기는 베네수엘라 산호세 지역 달동네에 살고 있는 아이들이 실제로 겪은 내용을 바탕으로 한 것이라 한다. 마음 놓고 뛰어놀만한 공간이 없던 아이들은 시장님을 찾아가 마음 놀이터를 만들어 달라고 요청하기에 이르고, 결국 자신들의 소망을 이루게 된다는 내용이다.

필자는 독서치료 프로그램을 진행할 때마다 참여하는 분들 모두가, 마치 아이들이 놀이터에서 근심 걱정 없이 편하게 노는 것과 같은 마음 상태였으면 하는 바람을 갖는다. 그래서 이 책의 제목에도 '마음 놀이터'라는 표현을 썼고, 실제 프로그램에도 그 표현을 즐겨 사용한다. 때문에 엄마와 아이가 함께하는 이 프로그램에서도 가장 먼저 이 도서를 선정해 읽어 드렸는데, 프로그램에 참여하는 중에는 주저하지 말고 어떤 말이든 편하게 할 수 있었으면 좋겠다는 바람을 전하고 다음 활동으로 넘어가면 충분하겠다.

② 내 말 좀 들어주세요 / 윤영선 글, 전금하 그림 / 문학동네어린이

선정 자료에 대한 설명은 『책과 함께하는 마음 놀이터 1』의 세 번째 놀이터를 참고하라. 1회에서 이 도서를 활용한 목적은 각각의 특징이 담긴 동물들과 별명들이 별칭 짓기 활동에 도움이 될 것 같아서이다.

(2) 관련 활동

① 프로그램 소개

이 활동에서는 프로그램의 제목에서부터 시작해, 총 세션의 길이와 각 세션 별 시간의 구성, 준비물 및 주의사항 등을 알린다. 특히 엄마와 아이가 함께 와야 하기 때문에 지각이 잦은 특성이 있으니, 다른 참여자들에게 피해를 주지 않기 위해서라도 정시에 도착해 줄 것을 신신당부할 필요가 있다. 기타 궁금증들을 묻고 답해주는 형식을 취하면 되겠다.

② 약속 지키기 서명

그동안 여러 차례 설명을 해드렸으니 어떤 목적에 의해 실시되는 것인지 잘 아실 것이다. 다만 이 프로그램에서는 엄마와 아이가 각각 서명할 수 있도록 준비하는 것이 다른 프로그램과의 차이다. 활동지는 〈참여자 활동 자료 1-1〉을 통해 확인하시라.

③ 별칭 짓기

별칭 짓기도 다른 시리즈의 책들을 살펴보면 거의 모든 프로그램의 첫 세션에서 이루어지는 활동이기 때문에 설명이 잘 되어 있음을 확인할 수 있을 것이다. 따라서 이 프로그램에서의 차이점만 이야기 해드리면 되겠는데, 이 프로그램에서는 엄마가 아이의 별칭을, 반대로 아이는 엄마의 별칭을 지어준다는 점만 유의해서 실시하면 되겠다.

④ 개인별 목표 정하기 및 서로에게 바라는 점

이 활동은 제목 그대로 프로그램을 통해 얻고 싶은 점과 더불어 서로에게 변화되기를 바라는 점 등을 적는 것이다. 치료사는 이 활동을 통해 서로의 갈등 요인이 무엇인지 파악할 수 있는 기회를 갖고, 참여자들은 전혀 모르고 있던 부분에 대해 통찰을 할 수 있는 기회가 되기도 한다. 다만 전체 세션이 길지 않기 때문에 그 기간 동안에 이룰 수 있는 목표를 정하는 것이 좋다는 바람은 꼭 전할 필요가 있다. 더불어 참여 아이들에게는 바뀌었으면 하는 엄마의 어떤 면에 대해 적으라는 식으로 쉽게 설명해 주면 잘 적을 것이다. 활동지는 〈참여자 활동 자료 1-2〉에 있다.

⑤ 독서치료의 개념

세 번째 계획표를 보면 첫 시간은 부모님들만 참여를 했기에 독서치료가 무엇인지에 대해 간략히 개념을 정리해 드리는 시간을 가졌다. 독서치료 분야를 공부한 분들이라면 개략적으로 이미 알고 계실 것이기 때문에, 아주 간단하게 정리한 내용을 〈참여자 활동 자료 1-3〉에 담겠다.

〈참여자 활동 자료 1-1〉

나의 약속

나는 우리의 재미있는 프로그램을 위해
다음과 같은 규칙을 열심히 지킬 것입니다.

1. 프로그램 시간에 늦지 않게 옵니다.

2. 하고 싶은 이야기는 솔직하게 합니다.

3. 다른 친구들의 말도 열심히 들어줍니다.

4. 다른 친구들과 싸우지 않습니다.

5. 끝까지 결석하지 않고 참여합니다.

엄마 이름 : _____   아동 이름 : _____

〈참여자 활동 자료 1-2〉

나에게는 이런 목표가 있어요!

엄마랑 함께, 아이랑 함께 프로그램에 참여한 소감이 어떤가요? 앞으로 10주 동안 프로그램에 참여하면서 서로에게 바라는 점이 있다면 간단하게 적어 주세요. 예를 들어, "나는 우리 엄마와 함께 수업을 듣게 되어 너무 기뻐요. 그래서 함께 하는 동안 재미있게 보냈으면 좋겠어요." 또는 "저는 우리 아들이 참 좋아요. 하지만 마음에 들지 않을 때도 있지요. 그래서 이번 프로그램을 함께 하면서 사랑하는 마음을 더 키우고 싶어요." 이렇게요!

〈참여자 활동 자료 1-3〉

독서치료

1. 독서치료의 정의
1) 독서치료(Bibliotherapy) : biblion(책, 문학) + therapeia(도움이 되다, 의학적으로 돕다, 병을 고치다)라는 그리스어의 두 단어에서 유래
2) 가장 단순한 정의는 '책을 읽음으로써 치료가 되고 도움을 받는다'는 것
3) 1916년 사무엘 크로더스라는 사람이 처음 사용한 용어
4) 현재 우리나라에서 사용하고 있는 종합 정의 : 독서치료는 참여자가 다양한 문학작품들을 매개로 해서 치료자와 일대일 혹은 집단으로 토론, 글쓰기, 그림 그리기 등의 여러 가지 방법으로 상호작용을 통해서 자신의 적응과 성장 및 당면한 문제들을 해결하는데 도움을 얻는 것을 뜻한다. 문학작품들에는 인쇄된 글, 시청각자료, 자신의 일기, 글쓰기 작품들이 모두 포함될 수 있다.

2. 독서치료의 목적과 가치
1) 내 자신에 대한 통찰
2) 정서적인 카타르시스 경험
3) 문제 해결

4) 다른 사람과의 상호작용 방식 변화, 관계의 명료화, 만족스런 관계 증진

5) 즐거움

6) 현실에 대한 반응 능력 향상, 견해의 확장

3. 독서치료의 하위 분과들

1) 읽기 독서치료(Reading Bibliotherapy) - 내담자에게 양질의 정보를 제공하는 것을 목표로 함. 자가 치료서(Self-help book)도 포함

2) 상호역동적 독서치료(Interactive Bibliotherapy) - 문학적 텍스트를 거울삼아 내담자 자신의 모습을 비추어 보고 카타르시스와 통찰을 얻도록 개입하는 면

3) 표현중심의 독서치료(Expressive Bibliotherapy) - 글쓰기치료 등

4. 독서치료가 포함하고 있는 영역

1) 이야기 치료(Narrative Therapy)

2) 글쓰기 치료(Journal Therapy)

3) 시 치료(Poetry Therapy)

5. 독서치료 프로그램의 예

1) 사회성 향상을 위한 독서치료 프로그램

2) 자아존중감 향상을 위한 독서치료 프로그램
   - 초등학교 저학년·고학년·중학생의 자기성장을 돕기 위한 독서치료 프로그램

3) 진로탐색을 돕기 위한 독서치료 프로그램

4) 주부를 위한 문학치료 프로그램 : 잃어버린 '나' 찾기

5) 어르신을 위한 글쓰기치료 프로그램 : 자아통합 돕기

6) 명상 수행을 병행한 독서치료 프로그램 : 감정 다루기
7) 장애인(정신장애·지적장애·발달장애 등)을 위한 독서치료 프로그램
8) 엄마와 아이가 함께하는 독서치료 프로그램
9) 기타 탈 성매매 여성, 성적 소수자, 새터민, 다문화가정을 위한 독서치료 프로그램 외

제2회 서로에 대한 인식도 확인
〈우리 엄마·아이를 소개합니다!〉

　부모들은 자신이야말로 자식들에 대해 가장 잘 알고 있다고 생각한다. 그러나 이는 착각일 수 있다. 특히 초등학교 고학년 이상의 자녀들을 키우고 계신 부모라면, 아이들은 이미 자신보다 오히려 또래 친구들과 더 많은 이야기를 나누고, 더 많은 비밀을 공유하고 있다는 점에 대해 알고 계실 필요도 있다. 물론 태어날 때부터 자라온 과정이야 부모가 가장 잘 알고 있겠지만 말이다. 이에 반해 아이들은 특별한 관심을 갖지 않는 이상 부모들에 대해 잘 모른다. 심지어는 엄마와 아빠의 나이나 생일을 모르는 경우도 부지기수다. 그래서 이번 세션에서는 참여하고 있는 엄마와 아이들이 서로에 대해 어떤 점을 얼마나 인식하고 있는가에 대해 알아보고자 한다. 간혹 엄마가 나에 대해 너무 모르는 점이 많다는 것을 알고 눈물을 흘리거나 충격을 받는 아이들도 있으니 진행에 묘를 발휘해야 한다는 것도 미리 팁으로 드린다.

(1) 선정 자료

① 우리 엄마 / 앤서니 브라운 글·그림, 허은미 옮김 / 웅진주니어

　일전에 세계에서 가장 위대한 단어를 선정했는데, 그 1위가 엄마(mother)라는 기사를 읽었다. 세계 공통적으로 '엄마'라는 단어가 갖는 힘은 그만큼 위대한 것 같은데, 이 책은 특히 아이들에게 사랑받는 작가 '앤서니 브라운'이 그려낸 우리 엄마에 대한 이야기이다. 아이의 입장에서 바라보는 엄마는 어떤 사람일까? 엄마는 항상 맛있는 음식을 만들어 주는 굉장한 요리사이고, 무엇이든 뚝딱 만들어 내는 놀라운 재주꾼이며, 이 세상 그 누구보다 힘이 센 사람이기도 하다. 또한 변신의 귀재여서 원하는 것은 무엇이든지 할 수 있는 사람이기도 하다. 그렇다면 엄마는 정말 요술쟁이일까? 혹은 요정일까? 아니면 마법사? 그렇지 않다. 엄마가 그 모든 일들을 할 수 있는 이유는 자녀를 사랑하는 마음, 즉 모성애가 있기 때문에 가능한 것이다. 그런데 그 모성애는 엄마가 갖고 있던 많은 꿈들 대신 선택한 것이기 때문에 더욱 소중한 것임을 느끼는 사람은 거의 없는 것 같다. 때문에 작가는 우리에게 그 점을 일깨워주면서, 이 세상에서 가장 위대한 여자 '엄마'들에게 존경을 표현하고 있다. 유대인들의 격언 중에 이런 말이 있다고 한다. '신은 도처에 가 있을 수 없기 때문에 어머니들을 만들었다'는. 자식을 위해 기꺼이 많은 꿈들을 포기하고 '엄마'가 되어주신 이 세상의 엄마들께, '엄마'라고 부를 수 있는 대상을 갖고 있는 이 세상의 행복한 자녀들께 권하고 싶은 책이다. 행복과 감동이 함께 하는 공감의 시간을 갖기 바라며 말이다.

　치료 장면에서는 엄마에 대한 인식을 다시금 떠올리게 하는 목

적으로 활용하면 된다.

② 세상에서 가장 큰 아이 / 케빈 헹크스 글, 낸시 태퍼리 그림,
   이경혜 옮김 / 비룡소

이 세상에서 가장 큰 꿈을 꾸는 아이 빌리, 아마 그런 빌리를 지켜보는 부모님의 마음이나 프로그램에 참여하고 있는 부모님들의 마음이나 마찬가지일 것이다. 왜냐하면 우리 아이 역시 비록 몸은 작지만 마음과 생각의 크기는 가장 크다고 생각할 것이므로. 그래서 성장을 하고 나면 그 큰 꿈을 모두 이루어 낼 것이라 생각할 것이므로. 『우리 엄마』라는 도서가 아이들의 엄마에 대한 인식을 돕기 위해 선정한 것이라면, 이 책은 반대로 엄마들에게 아이들에 대해 다시금 생각해 볼 수 있도록 하기 위해 고른 것이다.

③ 모기는 왜 귓가에서 앵앵거릴까? / 버나 알디마 글,
   리오 딜런 외 그림, 김서정 옮김 / 보림

선정 자료에 대한 설명은 『책과 함께하는 마음 놀이터 1』의 첫 번째 놀이터를 참고하라. 이 도서는 세 번째 계획표 두 번째 세션에서 활용됐는데, 프로그램에 참여하고 있는 엄마와 아이가 어떻게 상호작용을 하고 있는지 보려는 의도였다.

(2) 관련 활동

① 우리 엄마를 소개합니다! 우리 아이를 소개합니다!

우리 엄마는 어떤 면들을 갖고 있는 사람일까? 우리 아이는? 이 활동은 서로를 소개해 주기 위한 것으로, 표면적으로는 이름이나 나이에서부터 좋아하거나 싫어하는 것들, 잘하고 못하는 것들을 자유롭게 적어 어떤 한 사람을 서로의 관점을 통해 어떻게 인식하고

있는가를 점검하기 위한 것이다. 활동지는 필자가 일부러 몇 개의 항목을 넣어 만든 것으로 〈참여자 활동 자료 2-1〉에 있다.

② 스피드 퀴즈

세 번째 계획서 두 번째 세션에 들어가 있는 활동으로, 정해진 시간 동안 한 사람이 문제를 내면 다른 한 사람이 맞히는 방식의 문제 풀이 게임이다. 이 프로그램에서는 엄마나 아이 중 한 사람이 문제를 내고 상대편이 답을 맞히는 걸로 형식으로, 정해진 시간 동안 각 팀마다 몇 개의 문제를 맞히고, 어떤 식으로 상호작용을 하는지에 중점을 두고 진행을 하면 된다. 또한 문제는 아이들도 충분히 설명하고 맞힐 수 있는 수준에서 출제할 필요가 있겠다.

〈참여자 활동 자료 2-1〉

우리 아이를 다양하게 표현해 보세요!

동물로 표현한다면 어떻게?

색으로 표현한다면 어떻게?

감촉으로 표현한다면 어떻게?

날씨로 표현한다면 어떻게?

꽃으로 표현한다면 어떻게?

맛으로 표현한다면 어떻게?

우리 엄마를 다양하게 표현해 보세요!

동물로 표현한다면 어떻게?

색으로 표현한다면 어떻게?

감촉으로 표현한다면 어떻게?

날씨로 표현한다면 어떻게?

꽃으로 표현한다면 어떻게?

맛으로 표현한다면 어떻게?

제3회 서로에 대한 관심도 측정
〈동상이몽 게임, 마음이 통하는 실 전화기〉

이번 세션은 지난 세션에 이어 평소 서로에 대한 관심도가 얼마나 있었는지를 확인해 보는 시간이다. 다만 이번 세션에서는 '동상이몽 게임'을 통해 인지적으로 알고 있는 사실적 정보 부분을 중점적으로 살펴본 뒤, 감각적으로 본능적으로 알고 있는 부분까지 점검하는데 목표를 두었다.

(1) 선정 자료

① 아줌마가 우리 엄마예요? / 상드린 로종 글, 루팡 그림,
   김도연 옮김 / 봄봄

길고 긴 겨울이 끝나 갈 무렵, 강아지 뽀띠는 그만 엄마를 잃어버리고 만다. 다행히도 편지를 배달하는 학 아저씨가 뽀띠를 발견하고 엄마를 찾아 주겠다며 우편물 꾸러미에 싣고 날아가던 중, 그만 깜빡 잊고 지붕 위에 놔두고 가버린다. 이에 여러 동물들이 뽀띠의 엄마 찾기에 동참해 도움을 주게 되는데, 결국 뽀띠는 엄마도 찾고 농장의 동물들을 한 자리에 모으기도 해 진짜 양치기 개로서 인정을 받게 된다.

만약 이 그림책의 주인공 뽀띠처럼 프로그램에 참여하는 아동들이 부모를 잃어버리면 어떤 자원을 바탕으로 그들을 찾아 나설까? 세 번째 세션을 위해 이 도서를 선정한 이유는 바로 그 점이다. 엄마에 대해 얼마나 관심을 갖고 있는지, 그래서 얼마나 알고 있는지를 점검해 보기 위해 말이다.

② 대화가 필요해 : KBS-2TV 개그콘서트 中 / 김석현·김상미 연출,
김대희 외 출연 / KBS

"대화가 필요해~ 우린 대화가 부족해." 자두라는 가수의 '대화가 필요해'라는 노래 반주에 맞추어 시작되던 개그 프로그램으로, 개그맨 김대희·신봉선·장동민이 식사를 하고 있는 한 가족의 모습을 통해, 가족 간의 대화 부재로 인해 서로에 대한 관심도가 낮음을 웃음으로 승화시킨 것이다. 제3회의 목표가 마침 서로에 대한 관심도를 알아보는 것이므로, 비록 개그 코너이기 때문에 억지스러운 면도 있으나, 충분히 공감할 수 있는 내용을 중심으로 이해와 접목이 쉽다는 장점이 있어 활용해 본 것이다. 이미 방영이 되었던 양상들은 KBS 홈페이지에서 다시 보기로 볼 수 있다.

③ 엄마, 누가 난지 알 수 있어요? / 칼라 쿠스킨 글·그림,
김숙 옮김 / 북뱅크

이 그림책은 많은 아이들 가운데 내 아이를 금방 찾아낼 수 있는 엄마의 애정을 여실히 보여준다. 이야기의 주인공 윌리엄은 자신이 무엇으로 변하든 찾아낼 수 있느냐는 질문을 하고, 엄마는 그럴 때마다 '물론'이라고 대답을 한다. 그래서 정말 그런지 확인을 하기 위해 말과 오리, 양, 새, 돼지 등 다양한 동물로 변신을 해보는데, 그럴 때마다 엄마는 정말 모두 알아맞혀 자신의 사랑이 그만큼 깊음을 보여준다.

(2) 관련 활동

① 동상이몽 게임

'동상이몽(同床異夢)'은 같은 처지에 있으면서도 그 생각이나 이상이 다르거나 겉으로는 함께 행동하지만 속으로는 다른 생각을 한

다는 뜻의 한자성어이다. 동상이몽 게임은 이 단어의 뜻에서 유추한 것으로, 치료사가 엄마와 아이에게 공통된 문제를 낸 뒤, 두 사람의 답을 확인해 같은 답을 적었으면 정답으로, 다른 답을 적었으면 오답으로 처리한다. 문제는 엄마에 관한 것 하나, 아이에 관한 문제를 또 하나 번갈아 가며 내는 것이 좋다. 문제의 예는 〈참여자 활동 자료 3-1〉에 있다.

② 마음이 통하는 실 전화기

먼저 각기 다른 색깔의 실로 연결한 종이컵(실 전화처럼)을 참여 가족 숫자만큼 준비한다. 그런 다음 이동식 화이트보드를 중심에 놓고 그 앞과 뒤쪽에 엄마와 아이가 따로 떨어져 서게 한다. 이때 치료사는 서로가 서로를 확인할 수 없는지 살펴보고, 색실로 연결한 종이컵을 양쪽에 하나씩 드리운다. 이어서 엄마와 아이가 각각 가장 마음에 드는 색깔로 연결된 종이컵을 고르고, 신호를 하면 세게 잡아 당겨 서로 같은 색깔을 골랐으면 성공, 그렇지 못했으면 실패가 되는 것이다. 이 장면에서도 만약 성공을 했으면 실 전화기에 서로 하고 싶은 말을, 실패를 했으면 그 자리에 서서 전하고 싶은 말을 하게 하면 된다.

③ 우리 엄마를 찾아라! 우리 아이를 찾아라!

이 게임에는 두 가지 준비물이 필요한데, 하나는 안대이고 다른 또 하나는 미키마우스 장갑이다. 두 개의 용도를 살펴보면 안대는 술래의 눈을 가리기 위한 것이고, 미키마우스 장갑은 손의 감각을 예민하게 활용하지 못하도록 막기 위한 것이다(따라서 반드시 미키마우스 장갑일 필요는 없고, 어떤 모양이나 재질이든 감각 발휘를 제대로 못하게만 만들면 된다). 준비가 되면 게임을 시작할 수 있는데, 역시 아이들이나 엄마들 가운데 어느 한 쪽이 먼저 실시하는 것이 좋다. 그래서 만약 아이가 우리 엄마를 찾아야 하는 입장이면 가장 먼저 엄마를 찾을 아동에게 안대와 장갑을 끼운다. 이어 참여하고 있는 모든 엄마들을 앞으로 불러내 횡대로 가지런히 놓인 의자에 순서 없이 앉으라고 한다. 엄마들이 모두 자리에 앉고 난 다음에 치료사는 혼자서는 움직이기 어려운 아이를 조심스레 이끌어 엄마들이 앉아 있는 곳으로 데려간다. 그런 뒤 총 몇 명의 엄마가 앉아 있는데 그 가운데 한 사람만이 네 엄마이기 때문에 그 분을 찾아야 한다고 말한다. 이런 방법으로 모든 아이들이 엄마 찾기 게임을 진행하고 나면, 이번에는 역할을 바꾸어 엄마가 찾고 아동들이 불안한 마음으로 기다리게 해본다.

혹 이 프로그램을 계획하고 계신 분들에게 프로그램을 통해 얻은 결과를 미리 좀 알려드리면, 이 활동에서 엄마들은 90% 이상의 성공률을 보이지만 아이들은 채 10%도 제대로 맞히지를 못했다는 것이다. 또한 엄마가 자신을 찾아 내지 못하면 서운한 마음에 눈물을 흘리는 아이도 있고, 엄마들 가운데에서 직접적으로 서운함을 드러내는 경우도 가끔 있다. 그러니 이때도 실망할 더 많이 할 아이들을 위해 다시 한 번 기회를 주는 것도 괜찮다. 그러나 시간의 제약도 있기 때문에 원하는 만큼 기회를 주는 것은 바람직하지 않다.

다음 페이지는 활동 장면 사진이다.

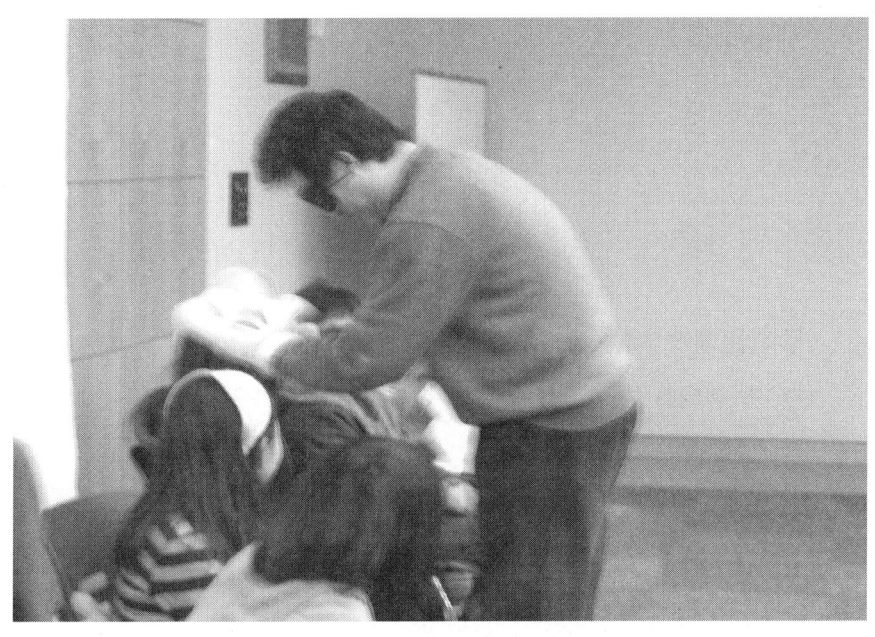

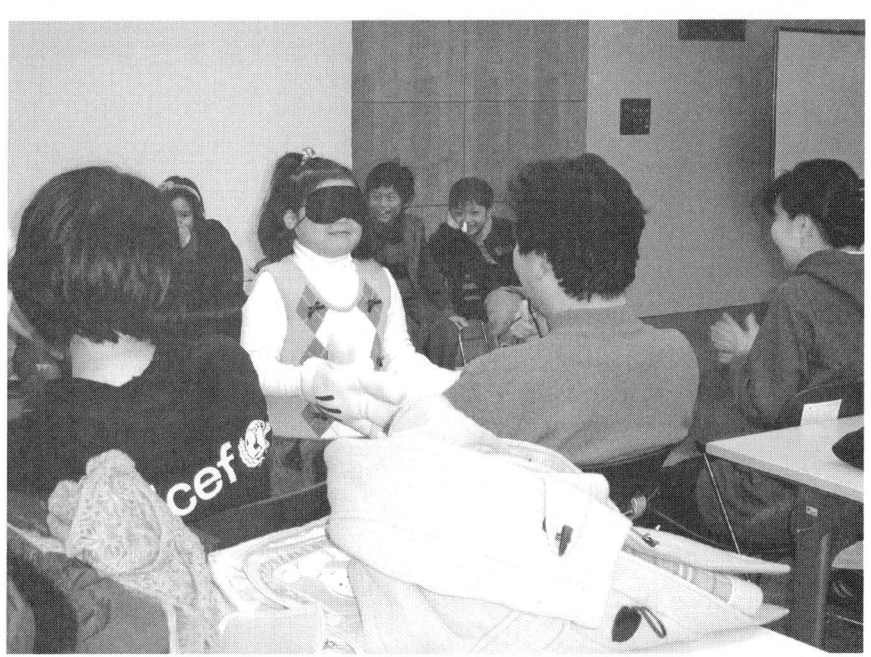

〈참여자 활동 자료 3-1〉

동상이몽 문제

〈엄마들에게 내는 아이에 관한 문제〉

1. 우리 아이와 가장 친한 친구의 이름은 무엇일까요?

2. 우리 아이의 장래희망은 무엇일까요?

3. 우리 아이가 가장 좋아하는 가수는 누구일까요? 한 명(한 팀)만 쓰세요.

4. 우리 아이가 가장 좋아하는 동물은 무엇일까요?

5. 우리 아이가 가장 좋아하는 만화는 어떤 것일까요? 제목을 쓰세요.

6. 우리 아이가 지금 가장 갖고 싶어 하는 것은 무엇일까요?

7. 우리 아이가 가장 싫어하는 음식은 무엇일까요?

8. 우리 아이가 가장 재미있게 읽은 책의 제목은 무엇일까요?

9. 우리 아이가 놀이공원에 가면 가장 좋아하는 놀이기구가 무엇일까요?

10. 우리 아이가 가장 좋아하는 동요는 무엇일까요?

〈아이들에게 내는 엄마에 관한 문제〉

1. 우리 엄마의 생일은 몇 월일까요?

2. 우리 엄마가 태어난 곳은 어디일까요? 도시 이름을 쓰세요.

3. 우리 엄마가 가장 좋아하는 스포츠는 무엇일까요?

4. 우리 엄마가 가장 싫어하는 동물은 무엇일까요?

5. 우리 엄마가 꼭 가보고 싶어 하는 나라는 어디일까요?

6. 우리 엄마가 가장 좋아하는 음식은 무엇일까요?

7. 우리 엄마가 학교 다닐 때 가장 좋아했던 과목은 무엇일까요?

8. 우리 엄마와 아빠는 몇 살 차이일까요?

9. 우리 엄마가 가장 좋아하는 꽃은 무엇일까요?

10. 우리 엄마의 휴대폰 가장 끝 네 자리 숫자는 무엇일까요?

제4회 애착형성과 분리불안
〈장님과 택시기사, 로션 핸드페인팅과 손 탑 쌓기〉

아이들이 발달 과정에서 보이는 문제들은 '애착'에서 비롯된 것들이 대부분이다. 즉 부모로부터 사랑과 관심, 격려 등을 많이 받고, 생활에 나가기에 편안하고 안전한 공간을 제공받은 아이라고 한다면 별 어려움 없이 자라날 수 있겠고, 그 반대 상황이거나 어떤 한 요소가 부족하다면 분명 문제가 생기고야 말 것이다. '분리불안' 역시 안정 애착이 형성되지 못했기 때문에 벌어지는 문제라고 볼 수 있겠는데, 가장 빠른 해결책은 부모들이 사랑과 관심을 주는 것밖에 없다고 하니, 결국 다시 '애착'으로 회귀할 수밖에 없다.

제4회는 프로그램에 참여하는 엄마와 아이의 애착형성이 얼마나 잘 되어 있는지, 혹 분리불안을 느끼는 면은 없는지 점검해 보기 위해 준비한 세션이다.

(1) 선정 자료

① 엄마, 엄마, 엄마! / 토니 로스 글·그림, 민유리 옮김 / 베틀북

선정 자료에 대한 설명은 『책과 함께하는 마음 놀이터 3』의 첫 번째 놀이터를 참고하라.

② 꼭 잡아 주세요, 아빠! / 질 윌리스 글, 토니 로스 그림, 김서정 옮김 / 베틀북

자전거 타기를 배우고 싶은 소피는 바쁜 엄마를 대신해 아빠를 찾는다. 소피 혼자서 연습을 위해 나가 보기도 했지만, 아직 세상은 혼자서 만나기에는 버겁다는 것을 느낀다. 아빠의 말처럼 세상에는 미

끄러운 길도 있고, 오르막과 내리막, 울퉁불퉁한 길도 있기 때문이다. 높은 계단이랑 언덕도 있고. 하지만 조금 다른 시각에서 보면 그것은 아무것도 아닌 경우가 많다. 게다가 자신감까지 더한다면 문제될 것은 더욱 없다. 하지만 이런 아빠의 이야기를 이해하기에 소피는 아직 어린 듯싶다. 때문에 소피는 더욱 준비를 해야겠다며 헬멧이랑 자전거 벨을 다시 살펴본다. 혼자 세상으로 나가기 위한 준비를 하는 것인데, 이는 아직까지 마음속에서 요동치고 있는 두려움 때문이다. 하지만 결국 소피는 혼자서 자전거 타기에 성공하고, 어디든 가고 싶은 곳에 갈 수 있다고 말한다. 그러자 이번에는 반대로 아빠가 슬픔에 빠진다. 소피를 놔주는 것이 끔찍이도 어려운 일이라고 말하면서. 또한 멀리 가버리면 돌아오지 않을까 무섭다면서.

역시 토니 로스의 재치 있는 그림이 돋보이는 그림책인데, 이 책은 프로그램 진행 시 자녀와의 관계에서 부모가 느끼는 분리불안에 초점을 두고 활용할 수 있다. 내용 중 소피를 놓아준 아빠가 슬퍼하는 장면을 보며, "과연 자식을 놔줘야 할 때가 언제인가?" 등에 대한 이야기를 나누면서, 결국 내 몸에서 난 자식이지만 독립된 개체라는 점에 초점을 맞춘다. 4~50대를 지나 노년이 되어 자식들이 떠나가고 부부만 남게 되면, 부모들 가운데에는 '빈 둥지 현상'이란 것을 겪는 이들이 있다고 한다. 이는 우울증의 양상인데, 결국 자식에 대한 애착 관계가 깊은 부모일수록 그 정도가 크겠다. 하지만 언제까지 품안의 자식일 수는 없지 않은가? 가족 간의 촌수를 살펴봐도 부모와 자식은 1촌이라는 간격이 존재한다. 자식이 남편이나 아내보다 중요하다고 말하는 부모들을 본 적이 있는데, 자녀를 내 분신이나 부속물이 아닌, 하나의 온전한 객체로 인정해 주었으면

하는 바람이다. 딱 1촌만큼의 거리를 유지하면서 말이다. 그렇다면 본인은 물론 자식들도 자유롭고 행복해지리라.

③ 다 큰 아기당나귀 / 린더르트 끄롬하우트 글,
　안너마리 반 해링언 그림, 문정실 옮김 / 국민서관

아기당나귀는 돼지의 생일 초대를 받고 엄마도 없이 혼자 집을 나선다. 왜냐하면 스스로 다 큰 당나귀라고 생각을 하기 때문에. 그러나 엄마는 아기당나귀를 혼자 보내는 것이 못내 걱정스러워 조심스레 뒤를 따른다. 그러면서 아기당나귀가 겪는 여정을 조용히 지켜본다. 결국 돼지의 생일잔치에 늦게 도착을 한 아기당나귀는 집을 떠나 겪은 모든 일들이 너무 힘들다는 걸 깨닫게 되는데, 그 순간 엄마가 다시 편안한 잠자리를 제공해 주며 서로의 불안을 해소한다는 내용으로 이야기는 끝이 난다.

(2) 관련 활동

① 장님과 택시기사

관련 활동에 대한 설명은 『책과 함께하는 마음 놀이터 1』의 첫 번째 놀이터를 참고하라.

② 로션 핸드페인팅과 손 탑 쌓기

이 활동은 치료적 놀이에서 많이 활용되는 것으로, 먼저 엄마가 로션을 손에 듬뿍 바른 뒤 자녀의 손에서부터 팔에 이르기까지 고루 발라주며 접촉을 통한 애착 형성의 기회를 주기 위한 목적이 있다. 그렇게 두 사람의 손에 로션이 충분히 발라지고 사랑의 마음까지 전달이 됐으면, 서로의 손이 교차되며 위로 탑을 쌓아 올리는 게임으로 연결을 지어 봐도 재미가 있을 것이다.

제5회   서로에 대한 감정 노출
〈오늘 기분이 어때요, 서로에게 주는 금별·잿빛 스티커〉

아이들이 부모들에게 갖는 부정적인 감정을 적절히 노출할 수 있는 가정 분위기가 제공된다면 얼마나 좋을까? 그러나 대부분의 부모들은 특히 부정적인 측면에 대해서는 억압을 강요하는 경우가 많다. 긍정이든 부정이든 숨길 수 없는 감정이고, 오히려 부정적인 감정을 표출하지 못했을 때 심리·정서적인 문제가 발생할 수 있는데 말이다. 그래서 이번 세션에서는 서로에 대한 감정 가운데 특히 부정적인 측면을 기탄없이 노출할 수 있는 기회를 만들어 준다. 두 번째 계획표를 보면 '서로에 대한 감정 노출'을 두 번에 걸쳐 진행을 했는데, 이는 그만큼 묵은 감정이 많을 것이기 때문에 조금 더 해소할 수 있는 기회를 주고자 한 의도였다. 따라서 선정 자료와 관련 활동에 대한 설명에서는 그 내용까지 모두 포함을 했다.

(1) 선정 자료

① 고함쟁이 엄마 / 유타 바우어 글·그림, 이현정 옮김 / 비룡소

엄마가 소리를 지를 때 아이들이 받는 정신적 충격은 얼마나 될까? 고함쟁이 엄마는 오늘도 어떤 이유 때문인지 아기 펭귄에게 소리를 지른다. 그러자 아기 펭귄의 몸은 산산조각이 나서 머리는 달까지 날아가 버리고, 몸통은 바다로, 날개는 밀림 속으로, 부리는 산꼭대기에 떨어진다. 오로지 다리만 남아 자신의 몸을 찾아 이리저리 헤매게 되는데, 그제야 자신의 잘못을 알게 된 엄마는 아기 펭귄의 몸을 하나둘 수습하고 정말 미안하다는 사과의 말을 한다.

물론 이야기를 들어보면 엄마들도 소리를 지를 수밖에 없다. 그렇지 않으면 정해진 일을 제때에 해낼 수 없기 때문에. 그렇다면 혹시 그 일은 엄마의 욕구에 따른 것이 아닌지 점검은 해보자. 즉 아이가 하고 싶어서 하는 일인지 엄마가 하라고 하니까 어쩔 수 없이 하는 일인지를 말이다. 이 부분에 대해 엄마들은 또 "다 아이를 위한 거다."라고 말씀하시겠지만, 거의 대부분은 엄마 자신을 위한 일이 더 많다. 그러니 어쩌면 소리 지를 일을 만들지 않는 것은, 아이의 욕구에 귀를 기울이는 일에서부터 가능해지지 않을까 생각된다.

그림책의 여러 장면 가운데 가장 처음에 나오는 엄마가 소리를 꽥 지르는 장면을 아이들에게 보여주고, 저 엄마가 뭐라고 소리를 지르는 것 같냐고 물으면 집에서 엄마가 어떤 모습으로 아이를 대하는지 단박에 알 수가 있다. 엄마들에게는 부끄러워 숨고 싶은 장면이 펼쳐지지만, 아이들에게는 마음속의 이야기를 속 시원하게 풀어낼 수 있는 기회가 될 것이다.

② 안 돼, 데이빗! / 데이빗 섀논 글·그림 / 지경사

이 책을 읽고 나니 『비폭력 대화』라는 책이 다시금 연결되어 생각났다. 비폭력 대화는 말 그대로 폭력성이 담기지 않은 대화를 말하는 것으로, 상대방에게 요구가 아닌 요청을 하는 것으로 마무리가 된다. 즉, 상대방이 선택을 할 수 있는 기회를 주고, 혹여 거절을 하더라도 기분 나쁘지 않게 마무리 지을 수 있는 대화법을 말하는데, 이 책의 제목에서부터 드러나는 것처럼 우리가 그동안 들어왔던 말들은 다분히 폭력적인 것들뿐이었다. 게다가 마땅히 하지 않으면 안 될 요구들뿐이었다.

"안 돼!", "안 되고말고!", "안 돼, 데이빗!" 그럼 도대체 되는 것은

무엇일까? 공부를 하루 종일 하는 것, 예절을 지키는 것, 심부름을 잘 하는 것, 집안일을 잘 돕는 것, 친구나 형제와 사이좋게 지내는 것? 물론 그런 것들도 열심히 하면 좋겠지만, 아이들에게는 또 아이들만의 세계가 있다. 어른들처럼 모든 것을 이미 다 알고 있다면, 얌전하게 분위기 파악하며 몇 십 분을 버텨낼 수 있다면, 어디 그것이 아이일 수 있는가? 아이들은 아직 세상에 대해 알아나가는 과정에 있다. 또한 이 과정을 잘 거쳐야 우리와 같은 어른들이 될 수 있다. 그런데 우리는 종종 아이임을 잊는 것인지, 허용적인 분위기가 아닌 강압적인 분위기로 부정적인 결과만을 예상한 채 시도조차 해보지 못하게 한다. 물론 그 정도가 지나치다면 제한 요소가 있어야겠지만 말이다.

그렇다면 이렇게 부정적인 말만 듣고 자란 아이들의 미래는 어떨까? 아마 어떤 일을 쉽게 시도해 볼 용기를 내지 못할 것이다. 왜냐하면 그 결과가 항상 좋지 않을 거라는 예상을 하기 때문에 말이다. 어쩌면 비관주의자가 될 수도 있겠다.

'말 한 마디로 천 냥 빚을 갚는다'는 속담이 있다. 이는 말이 갖는 힘을 비유적으로 표현한 것이다. 어렸을 때부터 긍정적인 말을 듣고 자란 아이와 부정적인 말을 듣고 자란 아이의 미래가 어떻게 달라질 것인지를 굳이 예상해 보지 않아도 되겠다. 그러니 '안 돼!'라는 말 대신 '그래!', '한 번 해볼까?', '다른 방법은 무엇이 있을까?' 등의 단어와 문장을 외워 두라. 몇 마디 단어가 우리 아이의 미래를 바꿔줄 마법을 심어줄 것이다.

③ 너는 특별하단다 / 인피니스 키즈 제작

선정 자료에 대한 설명은 『책과 함께하는 마음 놀이터 1』의 첫 번째 놀이터를 참고하라.

④ 엄마를 화나게 하는 10가지 방법 / 실비 드 마튀이시윅스 글·그림,
   이정주 옮김 / 어린이작가정신

　필자는 아직 결혼을 하지 않았기 때문에 자식 키우는 부모의 심정을 다 헤아릴 수 없는데, 가끔 수업 중에 만나는 아이들을 보거나 강의에서 만나는 어머니들의 이야기를 들어 보면, 정말 개구쟁이라고 밖에 할 수 없는, 내적인 에너지가 지나치게 많은 아이들이 있다. 물론 경우에 따라서는 관심을 더 받기 위한 행동일 수 있는데, 아무튼 과잉행동, 충동적인 행동으로 보이는 그런 모습들은 주변 사람들을 힘들게 할 것이다. 그런데 이 책은 오히려 아이들에게 그런 행동을 부추기는(?) 내용을 담고 있다. 제목도 제목이지만 장난기 가득한 표지의 주인공 얼굴을 보고 있으면 어떤 일이 벌어질까 상상하기가 두려울 만큼 말이다. 물론 어른들, 부모님의 입장에서의 관점인데, 그렇다면 엄마를 화나게 하는 10가지 방법이 무엇인지 하나씩 만나보자. 첫 번째, 무조건 어지르기, 두 번째, 온종일 비디오 게임 하기, 세 번째, 불량식품 입에 달고 살기, 네 번째, 서둘러야 할 때 꾸물대기, 다섯 번째, 못 들은 척하기, 여섯 번째, 괴상망측한 표정 짓고, 못된 말만 골라하기, 일곱 번째, 늦게 자기, 여덟 번째, 어른들 이야기에 쓸데없이 끼어들기, 아홉 번째, 안 씻기, 열 번째, 곳곳에 흔적을 남기기 정말 어느 것 하나 화내지 않을 수 없는 것들이다. 하지만 이는 결국 우리 어른들에게 끊임없는 관심을 호소하는 것이 아닐까? 아이들에게도 그들만의 무엇이 있다는 점에 대한 이해를 요구하는 것에 대한 역설이 아닐까? 작가는 열 가지 방법을 제시한 뒤 결론으로 엄마를 기쁘게 해주고 싶다면

그 방법들을 반대로 해보라고 제안을 한다. 어른의 거울이라는 우리 아이들, 요즘 부모들은 많아야 하나 혹은 둘 정도의 자녀만 두기 때문에 그들에게 전적인 관심을 쏟는 것 같지만, 사실 그들의 관심은 아이들이 원하는 방향과는 차이가 있는 것 같다. 아이들에게는 통쾌함을, 어른들에게는 걱정과 함께 아이들의 욕구를 통찰할 수 있는 책인 것 같아 선정을 해봤다. 같은 작가의 작품으로 『아빠를 화나게 하는 10가지 방법』과 『선생님을 화나게 하는 10가지 방법』도 있으니, 필요에 따라 골라 읽히셔도 되겠다.

⑤ 오 분만 쉬고 싶은 덩치 부인 / 질 머피 글·그림,
  조은수 옮김 / 웅진닷컴

여러 명의 아이들을 키우는 엄마들은 정말 정신이 없을 것이다. 아침에 깨워서 씻기고 밥을 먹인 뒤 유치원이나 학원에 보내기까지의 시간은 마치 전쟁을 방불케 한다고들 하는데, 이 책에 등장하는 덩치 부인도 그런 엄마 가운데 한 사람이다. 덩치 부인에게는 아주 작은 바람이 한 가지 있다. 세 명의 아이들로부터 떨어져 딱 오 분만 자신의 시간을 갖는 것이다. 그러나 아이들은 그런 엄마의 바람에 부응하지 못한다. 뜨거운 물에 향긋한 비누를 듬뿍 풀고 따뜻한 차 한 잔을 즐기려는 찰나, 둘째 아이부터 하나씩 들이닥치더니 그 소중한 시간을 빼앗고야 만다. 급기야는 모두가 욕조 안으로 들어와 빨랫감만 더 많아졌으니, 그렇다고 아이들을 야단칠 수도 없는 덩치 부인의 심정은 어땠을까. 그래서 이번에는 아이들을 그냥 욕조에서 놀게 하고 부엌으로 내려와 시간을 보내려 했는데, 그마저도 딱 3분 45초 동안만 평화로웠을 뿐이다. 다시금 아이들이 들이닥치기 전까지만 말이다.

이 그림책은 엄마들로부터 무한 공감을 이끌어 낸다. 아이를 보면 사랑스럽고 애틋한 마음이야 늘 들지만, 엄마도 사람이기 때문에 가끔은 짜증도 나고 혼자 있고 싶기도 하지 않겠는가. 그래서 이 책을 바탕으로 마음의 위안도 얻고, 더불어 엄마들도 혼자 있고 싶은 때가 있다는 점, 늘 기쁜 것만은 아니라는 점을 아이들에게도 알리고 싶은 의도도 있었다.

⑥ 돼지 책 / 앤서니 브라운 글·그림, 허은미 옮김 / 웅진주니어

선정 자료에 대한 설명은 『책과 함께하는 마음 놀이터 2』의 두 번째 놀이터를 참고하라.

(2) 관련 활동

① 오늘 기분이 어때요

관련 활동에 대한 설명은 『책과 함께하는 마음 놀이터 1』의 첫 번째 놀이터를 참고하라.

② 서로에게 주는 금별·잿빛 스티커

관련 활동에 대한 설명은 『책과 함께하는 마음 놀이터 1』의 첫 번째 놀이터를 참고하라. 다만 이 프로그램에서는 스티커를 자신 스스로에게 주는 것이 아니라 서로에게 준다는 점만 달리 적용하면 된다.

③ 우리 엄마를 화나게 하는 방법

『엄마를 화나게 하는 10가지 방법』이라는 책의 내용을 그대로 따와서, 이번에는 참여 아동들에게 우리 엄마를 화나게 하는 방법을 적어 보라고 한 활동이다. 관련 활동지는 〈참여자 활동 자료

5-1〉에 있다.

④ 난 ○○했을 뿐이고!

아이들은 왜 그렇게 억울한 일이 많을까? 아마 상대적인 약자의 입장이기 때문에 하고 싶은 말, 하고 싶은 행동을 다 할 수 없기 때문이리라. 그래서 이 활동에서는 본인의 의도와는 다른 결과가 나와서 화가 났던 상황, 엄마에게 하고 싶었던 말을 솔직하게 적을 수 있도록 한다. 관련 활동지는 〈참여자 활동 자료 5-2〉에 있다.

⑤ 엄마도 이럴 때 화가 나!

앞서 소개한 『오 분만 쉬고 싶은 덩지 부인』에 이은 활동으로, 엄마들이 자녀를 양육하면서 화가 나는 상황을 정리해 보게 한 활동이다. 관련 활동지는 〈참여자 활동 자료 5-3〉에 있다.

⑥ Would U Please, ○○해 줄래?

⑤번 활동에 이어, 그렇다면 엄마로서 아이들에게 바라는 점이 무엇인지 적고 직접 이야기 할 수 있는 기회를 드리고자 만든 활동이다. 관련 활동지는 〈참여자 활동 자료 5-4〉에 있다.

〈참여자 활동 자료 5-1〉

우리 엄마를 화나게 하는 방법

 첫 번째

 두 번째

 세 번째

🙂 네 번째

🙂 다섯 번째

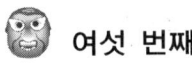 여섯 번째

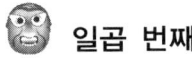 일곱 번째

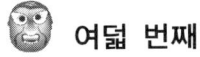 여덟 번째

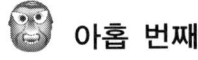 아홉 번째

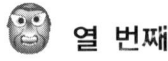 열 번째

〈참여자 활동 자료 5-2〉

난~ ○○했을 뿐이고!

나는 그런 뜻으로 한 일이 아닌데 엄마나 아빠가 화낸 적이 있을 겁니다. 혹은 나도 잘 하고 싶었는데 잘 되지 않아서 엄마나 아빠에게 혼이 난 적도 있을 것입니다. 그런 내용을 아래에 적어 보세요.

 첫 번째

 두 번째

 세 번째

 네 번째

 다섯 번째

 여섯 번째

 일곱 번째

 여덟 번째

〈참여자 활동 자료 5-3〉

엄마도 이럴 때 화가 나!

아이와의 상호작용을 위해서는 울컥할 때마다 화를 내기보다는, 엄마도 화가 날 수 있으며, 어떨 때 그런 감정이 드는지 알려줄 필요가 있습니다. 엄마로서 우리 아이가 어떤 모습을 보일 때 화가 나는지 적어 보세요.

 첫 번째

 두 번째

 세 번째

 네 번째

 다섯 번째

 여섯 번째

 일곱 번째

 여덟 번째

〈참여자 활동 자료 5-4〉

Would U Please~ ○○해줄래?

부모로서 아이들에게 이것만은 꼭 해줬으면 하고 바라는 점이 있으실 겁니다. 어떤 내용을 당부하고 싶은지 적어주세요.

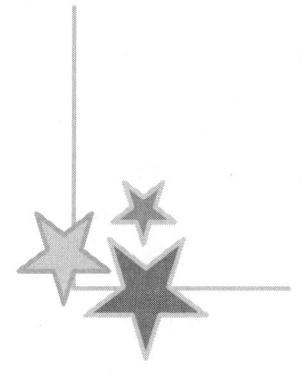 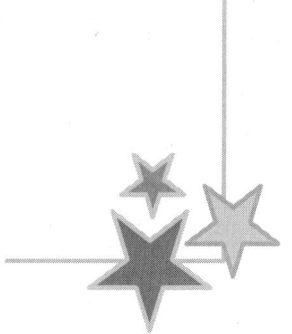

제6회 서로에 대한 감정 해결
〈방과 후 옥상, 날려 버린 종이비행기〉

이번 세션은 아직 남아 있는 서로에 대한 감정을 마저 해결하고, 다시 좋은 관계로 회복할 수 있도록 돕는데 목표가 있다. 목표를 이루기 위해 선정한 자료와 관련 활동은 다음과 같다.

(1) 선정 자료

① 나와 감기 걸린 알 / 후나자키 요시히코 글, 스기우라 한모 그림 정숙경 옮김 / 보림

선정 자료에 대한 설명은 『책과 함께하는 마음 놀이터 1』의 첫 번째 놀이터를 참고하라.

② 집 나가자 꿀꿀꿀 / 야규 마치코 글·그림, 고향옥 옮김 / 웅진주니어

"엄마 말 안 듣는 아이는 우리 집 아이가 아니야! 나가!"라는 엄마의 말에 아기돼지 삼형제는 정말 집을 나간다. 자신들에게도 늘 화만 내는 엄마는 필요가 없다면서. 그래서 자신들을 존중해 줄 집을 찾는데, 토끼 아줌마네 집이나 악어 아저씨 아줌마네, 까마귀 아줌마네 모두 자신들이 편하게 지낼 수 없음을 깨닫는다. 그래서 밖에서 지내기 위해 집을 만들고 음식도 꺼내 먹지만, 곧 먹을 것도 떨어지고 날도 어두워지자 집으로 돌아가고 싶은 마음이 샘솟는다. 그때 밥 먹자는 엄마의 목소리가 들리자 아기돼지들은 기다렸다는 듯 달리고 달려서 엄마가 기다리고 있는 집으로 돌아간다는 내용의 이야기이다.

한동안 '집 나가면 개고생'이라는 메인 카피를 전면에 내세운 광

고가 화제를 끌었다. 너무 직접적인 표현이기는 했으나 삶의 속성을 단적으로 보여주었기 때문이라 생각하는데, 이 그림책에 나온 아기돼지들도 집을 나가 생활하는 것이 매우 어렵다는 것을 몸소 체험했으니 앞으로 다시는 집을 나가겠다고는 말하지 않을 것이다. 물론 그러려면 엄마에 대한 부정적인 감정을 적절히 풀 수 있는 방안을 찾아야겠지만 말이다. 따라서 이 책을 활용해 이야기를 나누려면 엄마와 아기돼지들의 갈등과, 이런 상황일 때 아기돼지들이 갖게 될 부정적인 감정은 어떻게 해소하면 좋을지에 대한 측면으로 접근하면 좋겠다.

③ 까스 활명수 : 이윤지 편 / 동화약품 광고 / 2007

2007년도에 방송되던 광고라서 지금은 인터넷 검색을 통해서만 볼 수 있는데, 옥상에 올라가 물을 뿌리며 속이 더부룩하고 답답하다는 딸과, 소리를 지르면 소화가 되냐며 다시금 면박을 주는 엄마가 등장하는 내용이다. 소화를 돕는 약품 광고이다 보니 결론에서는 약을 마셔야 한다는 내용으로 끝나지만, 사실 속이 답답할 때 크게 소리를 지르면 마음이 후련해진다. 그래서 이번 세션에서도 실컷 소리를 지를 수 있는 기회를 마련하고자 관련 동영상으로 선정한 것이다.

④ 망태 할아버지가 온다 / 박연철 글·그림 / 시공주니어

필자에게도 망태 할아버지는 어린 시절 두려움의 대상이었다. 한 번도 본 적은 없지만 망태 할아버지가 온다는 말만 들으면 스스로 눈물을 멈추었으니, 그 효과가 정말 컸다고 하겠다. 그런데 이 망태 할아버지 이야기가 엄마들 사이에서는 아직도 유용하게 사용되

고 있고, 우리나라뿐만 아니라 외국에도 비슷한 내용의 이야기가 있다고 하니 참으로 신기하다 하지 않을 수 없다.

이 그림책은 그 망태 할아버지를 등장시켜 아이를 위협하는 엄마의 모습을 보여준다. 그러나 아이의 입장에서 보는 엄마는 자기보다 더 큰 잘못을 저지르면서도 망태 할아버지에게 잡혀가지 않았으니 이 얼마나 모순적이었겠는가? 그런 마음을 반영이라도 하듯 드디어 등장한 망태 할아버지는 벌벌 떨고 있던 아이가 아닌 엄마를 잡아가 버리고 만다. 아이들에게 엄마를 대신 혼내준 듯한 쾌감을 불러 일으켜 주는 작품이다.

⑤ 아들아, 아빠가 잠시 잊고 있었단다 / 윌리엄 란드 리빙스턴 원작,
　코하세 코헤이 글, 후쿠다 이와오 그림, 이홍렬 옮김 / 깊은책속옹달샘

엄마에 비해 아빠들은 상대적으로 아이들과 함께 보내는 시간의 양이 적다. 아침 일찍 출근을 했다가 저녁 늦게 들어오고, 주말에는 피곤해서 종일 잠을 자거나 행사에 참석하는 등의 사회생활을 이어가야 하기 때문이다. 그러다 보니 늘 마음에만 있는 사랑의 감정을 표현할 기회가 적은 대신, 눈에 보이는 현상을 지적하거나 잘못을 혼내는 역할로 인해 오히려 나쁜 사람으로 자리 잡고 있는 경우가 많다.

이 그림책은 그런 아빠들의 마음을 너무나 잘 대변해 주고 있다. 그래서 필자 역시 관련 프로그램이 있을 때마다 활용하는 것은 물론, 일반 부모들에게도 많이 권하고 있다. 내가 키우고 있는 사람은 아직 너무나 어린 아이라는 것을, 지적과 꾸중은 내 욕심으로부터 비롯된 것임을 일깨워 드리기 위해서 말이다.

(2) 관련 활동

① 방과 후 옥상

이 활동은 앞서 소개한 광고에서의 장면과, MBC-TV '무한도전'이라는 프로그램에서도 방송됐던 같은 제목의 프로그램에서 착안한 것으로, 프로그램 참여자들이 크게 소리를 지르며 마음속에 쌓인 감정들을 해소할 수 있도록 한 것이다. 프로그램실에 약간 높은 단상 등이 있으면 활용하도록 하자.

② 날려 버린 종이비행기

관련 활동에 대한 설명은 『책과 함께하는 마음 놀이터 1』의 두 번째 놀이터를 참고하라.

제7회 긍정적인 상호작용
〈난화 상호 이야기 만들기, 입을 모아 책읽기〉

제7회는 엄마와 아이의 상호작용 기회의 제공을 통해, 긍정적으로 상호작용을 할 수 있는 방법도 알려 드리면서 동시에 서로의 애정도 확인할 수 있는 기회를 드리는 장이다. 세 번째 계획표에 의한 프로그램에서는 두 번에 걸쳐 다룬 내용이므로, 역시 선정 자료와 활동은 2회 모두에 대해 설명해 드리겠다.

(1) 선정 자료

① 산에 가자 / 이상권 글, 한병호 그림 / 보림

한병호 작가의 그림이 특히 아름다운 그림책이다. 내용은 아빠와 함께 산에 오르며 자연을 관찰하고 놀이도 한다는 긍정적인 상호작용을 다루고 있다. 필자가 이 책을 선정한 이유는 본문의 글자 색깔이 아빠와 딸을 구분 지어 쓰여 있기 때문이다. 아래 활동 중 '입을 모아 책읽기'가 있는데, 이는 한 권의 책을 서로의 역할 별로 나누어 읽는 것을 말하는데, 그럴 때 이처럼 구분이 확연히 되어 있는 책은 편리할 수밖에 없다.

② 용감한 아이린 / 윌리엄 스타이그 글·그림, 김서정 옮김 / 웅진닷컴
선정 자료에 대한 설명은 『책과 함께하는 마음 놀이터 1』의 첫 번째 놀이터를 참고하라.

③ 네가 나한테 읽어 줄래? 나는 너한테 읽어줄게 / 메리 앤 호버만 글, 마이클 엠벌리 그림, 김서정 옮김 / 달리
앞서 소개한 『산에 가자』라는 그림책보다 훨씬 다양한 색깔로 꾸며진 이야기라서, 두 사람이 함께 읽기에 좋은 책이다. 그래서 역시 아래의 '입을 모아 책읽기' 활동을 위해 선정한 도서이다.

④ 엄마, 화내지마 / 세가와 후미코 글, 모치즈키 마리 그림, 박순철 옮김 / 거인
민수와 싸우고 들어온 예림이에게 가족들은 모두 자신들의 입장에서만 이야기를 한다. 또한 엄마는 피아노 연습이 잘 되지 않아 짜증을 부린 예림이에게, 그럴 거면 피아노는 그만 쳐라, 이제 필요 없는 피아노는 다른 사람에게나 주어 버리자고 말한다. 하지만 할머니만은 예림이의 마음의 목소리에 귀를 기울이는 마법의 귀 덕분에, 예림이가 왜 그런지 정확히 알아맞힌다. 그래서 예림이의 마음을 풀어주고, 나아가 다른 사람들이 내 말에 귀를 기울여 마음의 목소리까지 듣게 하려면 내가 노력을 해야 한다는 점까지 알

려 주신다.

필자는 이 그림책을 보면서 할머니의 반응이야말로 전형적인 치료사의 것이어서 약간 놀랐다. 혹시 이 책을 쓴 작가가 상담을 공부한 사람은 아닐까 싶어서 말이다. 아무튼 너무 전형적인 모습이기는 하지만, 이미 엄마들이 다 알고 있지만 실행이 안 되는 부분이니, 다시금 마음을 다잡게 하는 데에는 적절한 자료가 아닐까 생각된다.

⑤ 말이 안 통해 : 동시집 『아기 까치의 우산』 中 / 김미혜 시 / 창비

선정 자료에 대한 설명은 『책과 함께하는 마음 놀이터 1』의 또 다른 놀이터를 참고하라.

(2) 관련 활동

① 난화 상호 이야기 만들기

관련 활동에 대한 설명은 『책과 함께하는 마음 놀이터 3』의 두 번째 놀이터를 참고하라.

② 입을 모아 책읽기

이 활동은 선정 자료 중 『산에 가자』와 『네가 나한테 읽어 줄래? 나는 너한테 읽어줄게』를 활용해 엄마와 아이가 분량과 역할을 나누어 한 편의 이야기를 함께 읽게 한 활동이다. 마침 두 번째 책의 내용이 다양하니 각자 읽고 싶은 내용을 선정해서 읽게 하면, 다른 팀들도 지루하지 않게 진행할 수 있을 것이다.

③ 올바른 경청법과 대화법 실습

선정 자료 『엄마, 화내지마』의 내용과 비폭력대화, 혹은 이미 엄

마들이 많이 들어서 알고 있는 PET(부모역할훈련)의 내용 등을 활용해 올바른 경청의 자세와 대화법을 실습해 보면 된다. 워낙 자료가 많은 부분이라 별도의 자료는 제시하지 않겠다.

제8회 친밀과 정서적 안정
〈우리 모두 다같이, 숟가락 바느질〉

이제 프로그램이 종반부로 치달으면서, 치료사는 참여자들의 상호작용을 증진시키고 나아가 친밀과 정서적인 안정을 꾀할 수 있도록 하기 위한 목표에 집중을 할 필요가 있다. 그래서 제8회를 위해 선정한 자료나 관련 활동 모두 편안한 마음으로 만날 수 있는 것들로 준비했다.

(1) 선정 자료

① 엄마의 의자 / 베라 윌리엄스 글·그림, 최순희 옮김 / 시공주니어

이 그림책은 작은 소망을 이루는 한 가족의 이야기이다. 아빠가 계시지 않아 식당에서 힘들에 일을 하는 엄마, 아이는 그런 엄마를 도와 식당일을 하며 틈틈이 받은 용돈의 절반을 유리병에 모은다. 이유는 엄마가 편히 쉴 수 있는 의자를 사기 위해서. 그러던 중 드디어 유리병이 가득 차게 되고, 아이와 엄마 할머니까지 온 가족은 의자를 사기 위해 외출을 한다. 모두의 소망이 이루어졌다는 감사함, 엄마를 위해 용돈을 쪼개서 모아온 아이에 대한 뿌듯함을 함께 가지고서 말이다. 어려운 생활 속에서도 빛나는 사랑에 관한 이야기이다.

② 내가 아빠를 얼마나 사랑하는지 아세요? / 샘 맥브래트니 글,
　아니타 제람 그림, 김서정 옮김 / 한국프뢰벨주식회사

서로 마주보며 사랑의 대화를 주고받는 아빠의 모습은 어떨까? 생각만 해도 흐뭇한 정경이 아닐 수 없다. 이 그림책에는 그런 토끼 부자가 등장한다. 내가 아빠를 얼마나 사랑하는지 아느냐고 묻는 아이에게 아빠는 모른 척 시치미를 뗀다. 그러자 자신의 아빠에 대한 사랑이 크고도 깊음을 알리기 위해서 아기 토끼는 표현할 수 있는 최대한의 노력을 한다. 하지만 아빠는 그럴 때마다 두 배 이상의 표현을 통해 아기 토끼에게 감동을 준다.

(2) 관련 활동

① 우리 모두 다같이

이 활동은 동요 '우리 모두 다같이'를 엄마와 아이가 함께 부르며 율동을 하는 것이다. 이 동요는 원래 스페인 민요로, 19세기 후반 필리핀에 전파가 된 것이고 이후 여러 나라에도 전해진 것이라 한다. 원제목은 'If you're happy and you know it, clap your hands'이다.

② 숟가락 바느질

이 활동도 치료 놀이에서 활용되는 것인데, 숟가락에 털실을 묶은 뒤 한 사람이 다른 사람의 몸을 재빨리 통과시키는 게임이다. 엄마와 아이가 함께하는 프로그램에서는 큰 대자로 팔을 벌리고 서 있는 아이의 옷 속을, 마치 엄마가 바느질을 하는 것처럼 통과시키도록 하면 된다. 만약 아이들도 해볼 수 있는 연령이라면 역할을 바꾸어 실시할 수도 있다.

제9회   자신감과 성취감 쌓기
〈소망 나무에 구름빵 달기〉

　어느덧 아홉 번째 세션이다. 이쯤 되면 프로그램에 참여한 부모님이나 아이들과도 정이 흠뻑 들었을 텐데, 이제 다음 세션이면 모두 종결이 된다. 그래서 이번 세션에는 종결을 위한 최종 정리를 하는 시간으로 삼을 필요가 있는데, 제9회까지 한 번도 빠지지 않고 참여를 한 가족이라면 분명 상호작용에 있어 어느 정도의 성취감과 함께 앞으로는 더 잘 해나갈 수 있을 것이라는 자신감도 갖고 있을 것이다. 따라서 치료사는 그런 부분들을 더욱 부각시켜 주기만 하면 된다.

(1) 선정 자료

① 나는 내가 좋아 / 제이미 리 커티스 글, 로라 코넬 그림,
　서애경 옮김 / 중앙출판사
　선정 자료에 대한 설명은 『책과 함께하는 마음 놀이터 3』의 첫 번째 놀이터를 참고하라.

② 구름빵 / 백희나 글·그림, 김향수 빛그림 / 한솔수북
　어린 시절(지금도 그렇지만), 하늘만큼 우리의 상상을 자극하는 곳도 없다는 생각을 해서인지, 하늘에 있는 모든 것들이 다 동경의 대상이 되곤 했다. 특히 날아다니는 것과 관련된 것은 더욱. 그 가운데 새의 날개나 구름은 많은 사람들이 한 번쯤 꿈꿔봤을 것 같은데, 이카루스나 손오공 등의 영향으로 그 꿈을 조금이나마 이룬 것 같기도 하고, 한 편으로는 상상을 더 할 수 있는 계기도 됐던

것 같다. 그런데 이 책『구름빵』을 읽으면 다시금 그 때의 기억들을 되살리며 상상의 나래를 활짝 펴지 않을까 싶다. 비가 오는 어느 날, 부모님 몰래 동생을 깨워 산책을 나갔다가 나뭇가지에 걸린 구름을 발견해 집으로 가져오는 고양이 형제. 그런데 엄마는 그 구름을 가지고 반죽을 해 빵으로 만든다. 자연히 그 빵을 먹은 가족들은 두둥실 떠오르게 되고, 마침 막히는 출근길을 대비해 아침도 거른 채 집을 나선 아빠에게도 빵을 전하기 위해 형제는 집을 나서게 된다. 작가의 상상처럼 구름으로 빵을 만들어 먹을 수 있을까? 그렇다면 정말 몸이 둥둥 떠오를까? 간단한 몇 가지 질문만으로도 아이들의 상상력을 마음껏 키울 수 있는 내용이기도 하고, 어렸을 적 우리가 생각했던 부분과도 일치해 재미있게 읽은 책이다. 이 책을 읽고 나면 아이들이 비 오는 날 나뭇가지를 유심히 바라보지 않을까 싶기도 하면서. 그럴 땐 구름과 비슷한 달콤한 솜사탕으로 아이들의 마음을 달래주는 건 어떨까?

(2) 관련 활동

① 소망 나무에 구름빵 달기

관련 활동에 대한 설명은 『책과 함께하는 마음 놀이터 1』의 첫 번째 놀이터를 참고하라. 다만 이 프로그램에서는 선정 자료였던 『구름빵』에 이어진 활동이므로, 나무 모양에 실제 빵을 달아서 아이들에게 선물을 해도 좋고, 미국이나 유럽 등지의 중국 음식점에서 후식으로 나누어 주는 과자인 '포춘 쿠키(Fortune cookie)'와 같은 방법을 활용하는 것도 괜찮다.

제10회 놀이터 빠져 나가기
〈서로에게 사랑의 편지 쓰기, 참여 소감 나누기〉

(1) 선정 자료
① 언제까지나 너를 사랑해 / 로버트 먼치 글, 안토니 루이스 그림, 김숙 옮김 / 북뱅크

"사랑해!"라는 말처럼 포근하고 달콤한 말이 또 있을까? 부모가 먼저 아이들에게 표현해 주고, 아이들도 부모에게 스스럼없이 할 수 있어서, 늘 가족의 사랑을 확인할 수 있다고 한다면 긍정적인 상호작용이야 앞으로도 잘 될 거라는 확신이 든다.

이 그림책은 "너를 사랑해 언제까지나 / 너를 사랑해 어떤 일이 닥쳐도 / 내가 살아 있는 한 / 너는 늘 나의 귀여운 아기"라는 시적인 문장의 반복을 통해, 평생 간직될 한결같은 어머니의 사랑을 부드럽게 전해준다.

(2) 관련 활동
① 서로에게 사랑의 편지 쓰기

그동안 열심히 참여해준 서로에게 감사와 사랑의 마음을 담아 편지를 쓰고 낭독해 주는 시간을 가져 보자. 엄마들 중에는 눈물과 함께 감동어린 편지를 전해주는 이들도 있다.

② 참여 소감 나누기

어느 기관에서 실시를 한 경우, 기관 자체에서 요구하는 평가서가 있다면 그걸로 대체를 해도 되고, 그렇지 않다면 향후 프로그램을 위해서라도 참여자들에게 소감을 들어보는 과정은 매우 중요하

다. 그러니 좋았던 점은 좋았던 대로, 아쉬웠던 부분은 또 아쉬웠던 대로 들어볼 기회를 갖자.

③ 아동 개별 평가 및 부모님 간담회

프로그램에 참여한 어머니들은 치료사가 자신의 아이를 어떤 관점에서 봤는지에 대해 매우 궁금해 한다. 물론 프로그램 중간 중간 언급을 해주기도 하지만, 종결하는 장면이기 때문에 종합된 의견을 들어보고 싶어 한다는 의미다. 더불어 아직 궁금한 부분이 남아 있기 때문에 그 점을 묻고 싶기도 하고. 그래서 필자는 엄마와 아이가 함께 참여하는 프로그램인 경우 아동 개별 평가서를 써 드린다. 물론 이 부분에 대해서는 프로그램 첫 날 오리엔테이션을 할 때 말씀을 드려서, 이후 프로그램에 열심히 참여할 수 있는 또 하나의 동기로 활용한다. '아동 개별 평가서'는 다음과 같다.

Hue Bibliotherapy Institute

치료 프로그램평가 보고서 Therapy Evaluation Report	사례번호 : 2009 - ○○ 집단
	이　름 : ○○○ & 어머니
	학　력 :
	실시기간 : 2009. 4. 11 - 6. 27

〈회기 별 내용 요약〉

1회 : 참여 아동별 특성과 어머니와의 관계에 관한 관찰

지난 프로그램에도 참여했던 친구입니다. 그래서 치료사를 바라보거나, 자리에 앉아 있는 모습은 편해 보였으나, 여전히 적극적이지 않은 모습이었습니다. 대신 엄마에게 치대는 면은 준 듯싶었습니다. 하지만 여전히 엄마는 요청을 하는 입장이었고, 아이는 욕구가 동하지 않으면 거절을 하는 모습도 보였습니다.

3회 : 엄마가 바라는 자녀의 모습, 자녀가 바라는 엄마의 모습

○○○ : 닌텐도 사주기, 에버랜드 가기, 일요일 날 꼭 놀러가기, 한 달은 용돈 5천원 주기, 씽크빅 시켜주기, 학급문구 사주기, 하루에 1시간씩 놀아주기, 컴퓨터 시간 늘려 주기, 한 달에 한 번씩 과자 사주기, 동물 기르기, 스티커 사주기를 적었는데, 그 가운데 네 가지만 발표를 했습니다. 그래도 거절하지 않고 밝은 표정으로 발표를 해주어, 약간 달라짐을 느꼈습니다.

어머니 : 반찬을 골고루 먹었으면 좋겠어, 혼자서도 다닐 수 있으면 좋겠어 등 두 가지만 적으셨는데, 다른 엄마들처럼 아이들에게 크게 바라는 점이 없다는 것이 자신의 문제라 생각한다는 말씀을 여러 차례 하셨습니다.

4회 : 감정 신호등

○○○ : 초록색의 좋은 감정이 들 때는 원하는 걸 들어줄 때, 돈 줄때, 놀아줄 때, 맛있는 요리를 해줄 때, 해달라는 걸 해줄 때를, 노란색의 양가감정이 들 때는 아이스크림 같은 것 안 사줄 때, 특별한 날에 선물 안 사줄 때, 하기 싫은 걸 하라고 할 때, 도와주라는 걸 안 도와줄 때, TV 못 보게 할 때를, 빨간색의 나쁜 감정이 들 때는 화낼 때, 잠자고 일어나 짜증낼 때, 내 말을 씹을 때, 친구 등의 사람과 못 놀게 할 때, 숙제하라고 짜증낼 때라고 적었습니다.

어머니 : 초록색의 좋은 감정이 들 때는 놀이터에서 놀다 약속한 시간에 집에 돌아올 때, 엄마랑 정한대로 자기 일을 자기가 잘 할 때, 친구가 아니어도 잘 어울려 놀 때, 혼자서도 잘 자고 뭐든지 스스로 해보려고 하는 점, 과자나 단 것을 잘 안 먹고 사양할 때를, 노란색의 양가감정이 들 때는 반찬을 가려 먹을 때, 두 번 말하면 짜증내며 귀 막을 때, 빨간색의 나쁜 감정이 들 때는 늦잠자고 일어나서 도리어 짜증낼 때, 약 안 먹으려고 버둥거릴 때, 음료수·아이스크림을 먹으려고 졸라댈 때, 다른 사람과 놀기 시작하면 규칙을 무력화시키려고 할 때라고 적었습니다.

※ 어머니는 활동 후 소감에서 집에서는 객관적으로 이야기할 수 없는데, 이런 기회를 통하면 가능하다는 것을 느꼈다고 말씀하셨습니다.

5회 : 이해가 필요해!

　○○○ : 엄마를 이해할 수 없는 측면으로는 나는 왜 잠을 빨리 자라고 하고 엄마는 늦게 자, 왜 뭘 물어보면 대답해주길 싫어해, 왜 영화를 볼 때 왜 나는 공부하라 그래, 왜 제 멋대로 행동해, 왜 싫증을 금방 내, 뉴스를 왜 이렇게 많이 봐, 엄마는 왜 구두쇠야입니다. 이에 대한 엄마의 답은 ○○이는 키가 자라야 할 때니까 일찍 자야 하고, 엄마는 ○○이랑 같이 자고 싶어도 언니와 아빠가 늦게 집에 오니까 잘 수가 없어, 나도 자고 싶다. 엄마가 하던 일에 열중해서 못 들은 적도 많고, 또 들었을 때도 하던 일을 중간에 그만 둘 수가 없어서 그 일을 마치고 하려다 보니까 바로 대답 못했어. 앞으로는 ○○이 말을 들으면 곧장 대답해줄게, 기억이 잘 안 난다. 하지만 앞으로는 그런 일 없도록 할게. 엄마 멋대로 한다고 생각되면 엄마한테 말해줘. 그러면 엄마가 알아차리고 설명하거나 그런 행동은 안 할게. 엄마는 지루한 게 싫고 지루한 것을 벗어나고 싶을 때가 많아. 엄마의 병이야 하지만 요즘은 TV 뉴스를 거의 보지 않고 있어. 세상 일 보다는 ○○이를 더 많이 보려고 노력할게. 꼭 써야 할 돈인지 여러 번 생각하고 꼭 써야 하면 사줄게. 하지만 돈이 많다고 꼭 필요하지도 않은 물건을 사는 것은 바람직하지 못한 행동이라고 생각해. 그러니까 ○○이도 꼭 필요한지 꼭 사야하는 것인지 돈을 쓰기 전에 잘 생각해 보기 바래.

　어머니 : ○○이를 이해할 수 없는 측면으로는 왜 머리를 기르려고만 해, 예쁘게 다듬거나 좀 짧아도 깜찍하고 귀엽게 보일 텐데, 본 만화를 또 보고 또 보고 새로운 것을 보고 싶지 않니, 새로운 것이나 안 먹어본 것을 왜 한 번 해보거나 먹어보려고도 하지 않

는 거지, 왜 늘 먹는 것, 늘 익숙한 것만 하려고 하는 거야입니다. 이에 대한 ○○이의 답은 싫어, 나는 긴 머리가 좋아서 그래, 새로운 책을 보라고 할 거지, 나는 새로운 만화책을 볼 거야, 새로운 반찬을 먹어보면 너무 맛없어 입니다.

   ※ 어머니는 오늘도 선정 자료의 이야기가 모두 자신과 같다는 표현을 해주셨습니다. ○○이는 어머니의 발언을 손으로 막으려는 모습을 보여, 치료사가 이해가지 않는다는 피드백을 주기도 했습니다.

7회 : 엄마가 달아주는 사랑의 주머니

　○○○ : 이야기를 해도 아직 실현된 것이 없다며 엄마와의 상호작용에서 얻은 것이 없다는 말을 했습니다. 특히 닌텐도와 휴대폰을 언급했는데, 어느 때이든 1,200권의 책을 읽으면 받을 수 있다는 엄마의 말씀에도 불구하고 막무가내인 모습도 보였습니다. 본인이 원하는 것으로 이층침대, 기니피그, 사진기, 휴대폰, 다이어리, 닌텐도, 이마트 등을 적었습니다.

　어머니 : 물질적인 것 이외에도 주고 싶은 것이 참 많은데(예를 들면 맛있는 음식 만들어서 함께 먹기, 책 읽어주기, 함께 목욕하기 등) ○○이가 반대를 해서 적지 못하셨답니다. 대신 적은 내용은 2~3학년 때 책과 줄넘기, 4학년 때 운동화와 구두, 용돈, 5학년 때 화분과 동물, 5학년 때 닌텐도와 휴대폰, 중1 때 일기장, 저축통장, 중2 때 수첩, 중3 때 용돈, 고1 때 용돈, 고2 때 문제집, 고3 때 비타민제와 용돈, 대학교 1학년 때 옷과 화장품, 대학교 2학년 때 용돈과 보험, 대학교 3학년 때 해외여행, 대학교 4학년 때 용돈을 적으셨습니다.

   ※ 엄마의 무릎에 가 앉는 행동이 있었습니다. 또한 엄마가 쓰고 싶은 것을 쓰지 못하게 하는 등 권한에도 힘을 행사하는 면도 있습니다.

〈요약 및 제언〉

　○○이는 지난 번 프로그램에 참여한 적이 있기 때문에, 다른 친구들에 비해서는 훨씬 안정된 마음으로 참여했을 것입니다. 하지만 자발적으로 발표를 하지 않거나 엄마의 말을 가로막으며 자신의 욕구에 맞지 않으면 제지하는 모습 등은 여전하기도 했습니다. 그럼에도 불구하고 그 사이 성장 및 발달을 해서인지 엄마 무릎에 앉기, 떼쓰기, 움직이며 방해하기 등은 확연히 줄어든 모습입니다.

　감정적인 면이 크고 많은 부분을 수용해 주시기 때문에 권위를 잃고 계신 어머니, 자신의 욕구대로 어머니마저 통제하려는 딸 ○○이, 향후에는 이 입장이 뒤바뀌면서 서서히 심적·육체적으로도 분리가 필요하지 않을까 싶습니다.

상담심리사
독서치료전문가
임 성 관

두 번째 놀이터

대학생의 효율적인 학습습관 형성 및 진로계획 확립을 위한 독서치료 프로그램

1. 프로그램의 필요성

경제가 어렵다고들 한다. 따라서 취업대란이라는 용어를 낳을 정도로 심각한 취업난도 빚어지고 있다. 이런 현상은 졸업과 동시에 취업을 꿈꾸고 있는 대학생들에게도 변화를 요구하고 있는데, 무엇보다 자신의 능력을 최고로 향상시켜 타인보다 한 발 앞서나가 경쟁력을 갖추는 것이 중요한 덕목이 되고 있다. 즉 스펙(spec : specification의 줄임말로 직장을 구하는 사람들 사이에서 학력, 학점, 토익 점수 따위를 합한 것을 이르는 말)을 높여 자신의 가치 또한 높이는 것이 중요해지고 있다는 말이다. 그러려면 우선 가장 기본이 되는 학교의 성적부터 관리할 필요가 있는데, 공부를 효율적으로 하고 있지 못하기 때문에 성적 또한 만족할 만큼 받지 못해 고민하는 학생들이 있다. 이는 결국 학습의 부진뿐만 아니라 학교생활 적응에도 실패를 가져오고, 나아가 취업이라는 진로에도 영향을 미칠 수 있으므로, 효율적인 학습을 하지 못하고 있는 대학생들을 위한 훈련 프로그램이 필요하다고 하겠다.

인지심리학에서는 학습자의 효율적인 학습을 증진시키는 다양한 방법을 학습전략(learning strategy)이라고 하는데, 이 안에는 공부하는 시간을 어떻게 효율적으로 분배하고 시간을 얼마나 효율적으로 사용하느냐에 관한 학습계획에서부터 정신집중·기억력 향상·독해력 향상·교재 이해 능력·노트 필기, 그리고 시험을 준비하고 잘 치르는 가에 대한 시험능력 향상에 이르기까지 많은 것이 포함되어 있기도 하다.

따라서 이 프로그램은 대부분의 학습과 진로 관련 프로그램들이 중·고등학생에 치우쳐 있는 것은 물론, 독서치료적 관점에서도 접근한 전례가 없는 사정임을 감안해, 대학생들을 대상으로 자신에게 알맞은 효율적인 학습습관을 형성하고, 나아가 진로계획까지 확립해 학교생활에의 적응은 물론 자기성장에도 도움을 주고자 하는데 그 목표가 있다.

2. 프로그램의 구성

　이 프로그램은 대학생들의 성공적인 대학생활을 돕기 위해 대학 공부에 필요한 효율적인 학습습관을 형성하고, 나아가 진로계획도 성공적으로 확립하도록 돕는데 있다. 따라서 대학에 막 적응해 나가는 신입생은 물론이고 대학 학습에 어려움을 느끼는 학생들을 그 대상으로 한다. 필자는 이 프로그램을 수원여자대학의 2학년 학생들과 함께 했는데, 보조치료사와 함께 15명 내외의 학생들이 참여해 주었다.

　특히 본 프로그램은 독서를 바탕으로 성적 부진과 불투명한 진로로 인한 심적인 고통을 나누고, 나아가 적정 학습 습관을 형성하고 진로계획 형성하도록 돕는데 주안점을 두고자 한다.

　이 프로그램을 계획하면서 많은 도움을 받은 논문이 한 편 있다. 마침 이 논문에는 학생들에게 실시해 볼 수 있는 검사들도 포함되어 있어 더불어 활용했음을 밝힌다. 그 논문은 1999년 교육연구 제1권 제1호에 실린 안병환·천성문·이희백 선생님의 『대학생을 위한 효율적인 학습습관 훈련 프로그램』이다.

　프로그램을 위한 세부 계획표는 다음 페이지와 같다.

〈표 2-1〉 대학생의 효율적인 학습습관 형성 및 진로계획 확립을 위한 독서치료 프로그램

세션	세부목표	선정 자료	관련 활동
1	오리엔테이션, 학습습관 점검 및 필요성 인식	영상 : 그들이 열공하는 이유	프로그램 소개, 집단 서약서 작성, 두뇌기능 진단, 학습습관 검사
2	학습 준비도 및 방해 요인 점검하기	도서 : 에너지 버스	학습 스타일 검사, 내 안의 에너지 뱀파이어 찾아내기
3	경청 및 이해 기술 향상	시 : 어떻게 들으시나요 도서 : 하나라도 백 개인 사과	말 이어가기 놀이, 다양성 속의 핵심 찾기
4	기억 및 정리 능력 향상	도서:기적의 기억법	기억 기술 익히기
5	효율적인 시간 관리 기술 익히기	도서 : 버림받은 성적표	과제 계획표 만들기, 시간 계획표 만들기
6	흥미와 적성 탐색	〈도서 : 파란 막대〉	비판과 변호를 통해 탐색한 내 흥미와 적성
7	직업세계 탐색	〈도서 : 미래생활사전〉	전공 및 적성과 관련된 미래의 유망 직업 탐색
8	진로의사 결정	〈도서 : 갈매기 조나단〉	나만의 꿈 나누기
9	진로계획 확립	〈도서 : 포인트 스토리〉	나의 포인트 스토리 완성하기
10	긍정적인 미래 설계, 종결	〈도서 : 빨간 나무〉 〈도서 : 알버트〉	희망 나무 만들기, 참여 소감 나누기

3. 프로그램의 실제

1) 대학생의 효율적인 학습습관 형성 및 진로계획 확립을 위한 독서치료 프로그램

제1회 오리엔테이션, 학습습관 점검 및 필요성 인식
〈프로그램 소개, 집단 서약서 작성, 두뇌기능 진단, 학습습관 검사〉

숭의여자대학에서 6년 동안 강의를 해서 여대의 분위기를 잘 알고 있고, 워낙 어릴 때부터 여자들이 많은 환경에서 생활을 했기 때문에 특별한 부담 없이 학교에 입성을 했다. 그래도 필자의 이런 마음과는 달리 프로그램에 참여하는 여대생들은 치료사에 대한 기대를 할 것 같아, 이미 나이가 든(?) 치료사를 대신해 그 부분을 맡아줄 사람이 필요해 젊고 키도 크며 인물도 괜찮은 보조치료사를 대동했다. 물론 그의 역할은 멋지게 서 있는 병풍 역할만은 아니었지만. 『책과 함께 하는 마음 놀이터』의 여러 시리즈를 통해서 치료사와 보조치료사에 대한 언급을 여러 차례 했는데, 프로그램에서는 두 사람의 조화가 매우 중요하다. 앞서 말했듯 외적인 부분에서의 조화는 물론, 성별의 조화, 나아가 능력 면에서의 조화까지 말이다. 그래서 필자는 보조치료사를 선정할 때 많은 생각을 한 뒤에 결정을 내린다.

아무튼 이런 미세한 부분에까지 신경을 쓴 프로그램이 드디어 시작됐다. 프로그램에는 15명 내외의 대학 2학년 학생들이 참여를 했는데, 같은 전공에서 여러 사람이 한꺼번에 왔기 때문에 다른 참여자에 대한 서먹함은 덜한 상태였다. 그래도 다른 전공생들과는 처음 대면하는 자리이고, 앞으로 친밀감을 형성하며 이야기를 나누어야 할 대상들이니 다른 프로그램의 첫 회와 마찬가지로 이끌어 가면 된다.

(1) 선정 자료

① 그들이 열공하는 이유 : EBS-TV 프로그램 『지식채널 ⓔ』 中 / EBS-TV

EBS에서 절찬리에 방송되는 프로그램 '지식채널 ⓔ' 가운데 한 편이다. 필자는 프로그램 중에 '지식채널 ⓔ'를 자주 활용하는데, 이유는 짧은 시간 동안에 효과적인 메시지를 전달해 주기 때문이다. 그래서 제1회를 위한 자료로도 선정해 봤는데, 내용은 어렸을 때 형편이 어려워 학습의 기회를 살리지 못했던 분들이 늦게나마 열심히 공부를 하고 있다는 것이었다. 그것이 영원한 꿈이었기 때문에 말이다.

(2) 관련 활동

① 프로그램 소개

② 집단 서약서 작성

프로그램 소개 및 집단 서약서 작성 활동에 대한 소개는 생략한다.

③ 두뇌기능 진단

모든 사람들은 각자 특정한 방식으로 자연스럽게 기능하고 학습한다. 두뇌는 보통 '전체'로서 기능하지만, 실제로 두뇌는 두 가지 반구로 나뉜다. 두 반구는 작용-반작용을 하며 사고하고 자료를 처리하며, 아주 특정한 방식으로 문제를 풀어낸다. 각 반구는 다른 하나와는 아주 다르며, 보통 둘 중 하나가 더 우세하다. 두 반구가 거의 동등한 균형을 이루어 통합되어 있을 때 두뇌의 능력은 최고가 된다. 이 검사는 참여자의 두뇌 중 어느 반구가 더 우세하며 그로 인한 학습방법의 강점, 그리고 각 방법의 특징들에 대한 자기평가를 하는데 목적이 있다. 검사지는 〈참여자 활동 자료 1-1〉에 있다.

④ 학습습관 검사

이 검사는 내가 과연 얼마나 효율적으로 공부를 하고 있는지를 알아보기 위한 것으로, 이를 바탕으로 필요한 학습습관을 익히고 발전시키기 위한 목적으로 활용했다. 검사지는 〈참여자 활동 자료 1-2〉에 있다.

〈참여자 활동 자료 1-1〉

두뇌 기능의 진단

    모든 사람들은 각자 특정한 방식으로 자연스럽게 기능하고 학습한다. 두뇌는 보통 '전체'로서 기능하지만, 실제로 두뇌는 두 가지 반구로 나누어진다. 두 반구는 작용-반작용을 하며, 사고하고 자료를 처리하며, 아주 특정한 방식으로 문제를 풀어낸다. 각 반구는 다른 하나와는 아주 다르며, 보통 둘 중 하나가 더 우세하다. 두 반구가 거의 동등한 균형을 이루어 통합되어 있을 때 두뇌의 능력은 최고가 된다. 이 검사는 여러분의 두뇌 중 어느 반구가 더욱 우세하며 그로 인한 학습방법의 강점, 그리고 각 방법의 특징들에 대한 자기-평가를 하는데 목적이 있다. 당신이 더 효과적이고 능률적으로 학습하는 방법을 찾는 과정에 있어, 이 검사의 결과들은 매우 가치 있는 것이 될 것이다.

의식 유형 검사

이 검사는 여러분이 여러 가지 정보들을 좌측 뇌와 우측 뇌 중 어느 뇌로 의식하는지 파악하여, 보다 능률적으로 공부하는데 필요한 여러 가지 도움을 주기 위해서 만들어진 의식 유형 검사이다.

의식 유형은 사람마다 다르므로 이 검사에서는 맞는 답과 틀린 답이 없으며 또한 좋은 답과 나쁜 답도 없다. 그러므로 검사 문항을 잘 읽고 솔직하고 성실하게 답하면 된다.

답하는 방법은 50개의 문항을 하나씩 차례대로 읽어 가면서 평상시 자신의 행동 또는 사고 특성을 잘 나타낸다고 생각되는 문항에만 V표를 하면 된다.

〈보기〉

| 1. 나는 통학에 시내버스를 이용한다. 그렇다면 (V)
| 2. 나는 통학에 시외버스를 이용한다. 아니라면 (   )

1. 나는 일에 대한 결정을 정확하게 잘하는 편이다. (   )

2. 나는 문제점들 또는 그림들의 일부분이나 세부적인 측면을 보기보다는 전체적인 측면을 보는 경향이 있다. (   )

3. 나는 문서로 된 지시를 가장 잘 따르며, 글로 쓰고 말하기를 좋아한다. (   )

4. 나는 한 번에 한가지씩만 생각하기보다는 한꺼번에 많은 것들을 생각하는 경향이 있다. (   )

5. 나는 평소에 시간에 대한 의식을 하고 있는 경우가 많다.
   (   )

6. 나는 어떤 사람을 처음으로 소개받았을 때 특별히 그 사람의 얼굴에 주의를 기울인다. (   )

7. 나는 항상 분석적이고 논리적인 방식으로 문제를 해결한다.
   (   )

8. 나는 어떤 사람들을 비교할 때, 보통 그들의 차이점보다는 공통점을 더 많이 찾는 경향이 있다. (   )

9. 나는 논술시험보다는 맞음(○)/틀림(×), 4지 선다 등의 시험방식을 더 좋아한다. (   )

10. 나는 대부분의 경우에 나 자신의 상상력을 사용하며 추상적인 방식으로 사고하는 경향이 있다. (   )

11. 나는 문제가 발생하면 그것의 해결을 위해 좀 더 다루기 쉽도록 문제를 작은 부분들로 나눈다. (   )

12. 나는 시범을 직접 보거나 지시문을 읽을 때 가장 쉽게 배울 수 있다. (   )

13. 나는 일반적으로 상황을 통제하는 것을 선호하며, 너무 많은 위험을 감수해야하는 일은 좋아하지 않는다. (   )

14. 나는 구조화되어 있는 과제보다는 제한이 없는 과제를 더 좋아한다. (   )

15. 나는 직접 보고 소리로 들어야 가장 잘 배울 수 있다.
    (   )

16. 나는 직접 만지고 실제로 해봐야 가장 잘 배울 수 있다.
    (   )

17. 나는 구체적으로 생각하고 난 다음에 단계적으로 문제를 해결하는 경향이 있다. (   )

18. 나는 내가 어떤 것을 기억해내려 할 때, 보통 마음속에서 그것을 그려본다. (   )

19. 나는 가끔 동요할 때도 있지만 아주 이성적인 사람이다. (   )

20. 나는 어떤 일이든 일단 시도해 보고 난 다음에 필요하다면 위험도 무릅쓴다. (   )

21. 나는 이떤 것을 생각하거나 배우기 위해 가끔 혼잣말을 한다. (   )

22. 나는 내 감정을 표출할 수 있으며 다소 감정적인 사람이라 생각한다. (   )

23. 나는 직관보다는 지적인 방법으로 문제를 해결한다. (   )

24. 사람들은 내가 창의적인 사람이라고 말한다. (   )

25. 나는 한 번에 한 가지씩 생각하는 것을 좋아한다. (   )

26. 나는 자연스러운 방식으로 행동하는 것을 좋아한다. (   )

27. 나는 계획 세우기를 좋아하며 앞으로 무슨 일이 일어날지를 미리 아는 것을 좋아한다. (   )

28. 나는 멜로디나 노래 가락을 쉽게 기억할 수 있다. (   )

29. 나는 평소 내 감정을 잘 조절한다. (   )

30. 나는 기하학과 지리학을 아주 잘한다. (   )

31. 나는 보통 필요한 정보를 빠르고 쉽게 기억해 낸다.
    (   )

32. 나는 시를 읽고 쓰는 일을 즐기며 내가 쉽게 할 수 있는 일이다. (   )

33. 나는 마음만 먹으면 쉽게 집중할 수 있다. (   )

34. 나는 여러 사람과 함께 일할 때 다른 이들의 기분을 느낄 수 있다. (   )

35. 나는 수학적인 개념들을 빨리 이해한다. (   )

36. 나는 문제를 해결하거나 시험을 치를 때, 결론에 도달하기 위해 하나의 생각에 기초하여 다른 생각으로 발전해간다.
    (   )

37. 나는 새로운 단어들을 쉽게 익힐 수 있다. (   )

38. 나는 파티나 행사를 계획할 때 세밀하고도 차근차근 계획하기보다는 어떻게 되겠지라고 생각하는 경향이 있다.
    (   )

39. 나는 보통 어떠한 선생님에게서도 쉽게 공부를 배울 수 있다.
    (   )

40. 나는 보통 수업시간에 학우들이 무엇을 하고 있는지를 알고 있다. (   )

41. 나는 세세한 부분까지 주의를 기울이며 기억도 잘 해낸다.
    (   )

42. 나는 몇 개의 퍼즐 조각만 있어도 전체 그림을 쉽게 상상할 수 있다. (   )

43. 나는 어떤 것을 습득하기 위해 반복하는 것을 싫어하지는 않는다. (   )

44. 나는 전화보다는 사람들과 직접 대면한 자리에서 의사소통을 더 잘한다. (   )

45. 나는 농담이나 재미있는 이야기를 잘 기억하는 편이다. (   )

46. 나는 집중해야만 한다고 생각할 때는 집중하기 어렵다. (   )

47. 나는 분명하고 논리석으로 지시문을 쓸 수 있다. (   )

48. 나는 어떤 결정을 내릴 때 직관에 의존하는 경향이 있다. (   )

49. 나에게는 원래 일상의 정해진 일이 있다. (   )

50. 나는 간혹 어떤 것을 몇 페이지에서 보았는지 기억 해내곤 한다. (   )

〈채점판〉

우뇌 능력 : 짝수 문항 표시한 개수 =   좌뇌 능력 : 홀수 문항 표시한 개수 =

좌뇌와 우뇌 우세 특성들

좌뇌	우뇌
· 순차적인	· 전체적인
· 지성적인	· 직관적인
· 조직 / 계획된	· 자연스러운
· 감정을 조절	· 감정을 표출
· 분석적인	· 창의적인 / 민감한
· 논리적인	· 보다 추상적인
· 이름을 잘 외움	· 얼굴을 기억하는
· 이성적인	· 감정에 따라 행동하는 경향
· 문제를 부분으로 나누어 해결	· 전체적으로 보고 문제를 해결
· 시간-지향적인	· 공간-지향적인
· 시청각적 학습자	· 운동 감각적 학습자
· 쓰고 말하기를 좋아함	· 사물을 그려보고 조작하는 것을 좋아하는
· 구두 지시를 따름	· 적혀있거나 시범을 보여주는 지시를 따름
· 생각하고 배우기 위해 말로 하는	· 생각하거나 배우기 위해 사물을 그려보는
· 맞다 / 아니다, 사지 선다, 혹은 짝 맞추기 시험을 선호	· 논술 시험을 더 선호
· 모험을 거의 하지 않는(통제적인)	· 큰 위험을 감수하는(덜 통제적인)
· 차이점을 찾는	· 공통점을 찾는
· 몸의 오른쪽 부분을 담당	· 몸의 왼쪽 부분을 담당
· 수학적으로 생각	· 음악적인 능력
· 구체적으로 생각	· 감정적인
· 언어	
· 한 번에 한 가지씩 생각	· 동시에 생각

〈참여자 활동 자료 1-2〉

학습 습관 검사

당신은 얼마나 효율적으로 공부하고 있는가? 내가 어떤 식으로, 언제, 어디서, 왜 공부하는지 진지하게 생각해 본적이 있는가? 이런 것들을 알아야 매우 중요한 학습 습관을 익힌다든지, 이미 익힌 습관을 발전시킬 수 있다. 만약 이런 것들을 잘 모르거나, 시간을 효율적으로 사용하고 있는지 알고 있지 못하다면, 다음의 질문을 통해 한 번 알아보고 나서 여러분의 학습 방법을 발전시켜 보라.

〈학습 습관 검사〉

이 검사는 여러분의 학습 습관을 파악하여 보다 능률적으로 공부하는데 필요한 여러 가지 도움을 주기 위해서 만들어진 것입니다.

학습 습관은 사람마다 다르므로 이 검사에서는 맞는 답과 틀린 답이 없으며 또한 좋은 답과 나쁜 답이 없습니다. 그러므로 검사 문항을 잘 읽고 솔직하고 성실하게 답하면 됩니다.

답하는 방법은 38개의 문항을 하나씩 차례대로 읽어 가면서 평상시 자신이 공부할 때의 습관, 태도와 일치하는 정도를 아래와 같이 ○표를 하시면 됩니다.

〈아래〉

1. 나는 통학에 시내버스를 이용한다.
   거의 그렇지 않다　　　　가끔 그렇다　　　　항상 그렇다

2. 당신이 집중하고 암기할 때 공부하려는 의도로 하십니까?
   거의 그렇지 않다　　　　가끔 그렇다　　　　항상 그렇다

3. 당신은 매일의 짜여진 계획표에 따르십니까?
   거의 그렇지 않다　　　　가끔 그렇다　　　　항상 그렇다

4. 당신은 정해진 장소에서 일하고 공부하십니까?
   거의 그렇지 않다　　　　가끔 그렇다　　　　항상 그렇다

5. 공부 장소는 잘 준비되어 있고, 조명도 적당하며 편안합니까?
   거의 그렇지 않다　　　　가끔 그렇다　　　　항상 그렇다

6. 당신은 과제가 나오는 분량만큼 책의 진도를 해 나가십니까?
   거의 그렇지 않다　　　　가끔 그렇다　　　　항상 그렇다

7. 당신은 시험, 과제, 레포트를 계획표에 따라 해나가십니까?
   거의 그렇지 않다　　　　가끔 그렇다　　　　항상 그렇다

8. 당신은 공부한 내용을 일주일 내에 복습하는 계획을 가지고 있습니까?
   거의 그렇지 않다　　　　가끔 그렇다　　　　항상 그렇다

9. 당신은 수업내용을 효율적으로 필기하시는 편입니까?
   거의 그렇지 않다　　　　가끔 그렇다　　　　항상 그렇다

10. 당신은 매 과목마다의 필기 노트를 갖고 있습니까?
    거의 그렇지 않다　　　　가끔 그렇다　　　　항상 그렇다

11. 당신은 노트필기를 조직적으로 하고 계십니까?
    거의 그렇지 않다　　　가끔 그렇다　　　항상 그렇다

12. 당신만의 노트 필기 방식이 있습니까?
    거의 그렇지 않다　　　가끔 그렇다　　　항상 그렇다

13. 당신은 필기한 내용을 편집하십니까?
    거의 그렇지 않다　　　가끔 그렇다　　　항상 그렇다

14. 당신은 시험 공부한 자료들을 모아 놓습니까?
    거의 그렇지 않다　　　가끔 그렇다　　　항상 그렇다

15. 당신이 어떻게 해야 가장 잘 학습하는지 알고 있습니까?
    거의 그렇지 않다　　　가끔 그렇다　　　항상 그렇다

16. 당신은 친구와 함께 공부하십니까?
    거의 그렇지 않다　　　가끔 그렇다　　　항상 그렇다

17. 당신은 수업 내용을 잘 경청하십니까?
    거의 그렇지 않다　　　가끔 그렇다　　　항상 그렇다

18. 당신은 무엇이 당신의 마음을 산란하게 하는지 알고 계십니까?
    거의 그렇지 않다　　　가끔 그렇다　　　항상 그렇다

19. 당신은 새로운 단어가 나오면 사전에서 찾아보십니까?
    거의 그렇지 않다　　　가끔 그렇다　　　항상 그렇다

20. 당신은 새로운 단어를 학습하려는 계획에 따라 진도를 나가고 있습니까?
    거의 그렇지 않다　　　가끔 그렇다　　　항상 그렇다

21. 당신은 사전류를 활용하시는 편입니까?
    거의 그렇지 않다   가끔 그렇다   항상 그렇다

22. 당신은 교재를 공부하는 당신 나름대로의 방법을 갖고 있습니까?
    거의 그렇지 않다   가끔 그렇다   항상 그렇다

23. 당신은 읽을 책의 양을 미리 정해놓습니까?
    거의 그렇지 않다   가끔 그렇다   항상 그렇다

24. 당신은 책읽기 전에 얼마나 많이 읽어야 하는지를 먼저 살펴보십니까?
    거의 그렇지 않다   가끔 그렇다   항상 그렇다

25. 당신의 교재의 표, 그림, 그래프 등을 살펴 보십니까?
    거의 그렇지 않다   가끔 그렇다   항상 그렇다

26. 당신은 노트 필기할 때 사용하는 당신만의 속기 체계가 있습니까?
    거의 그렇지 않다   가끔 그렇다   항상 그렇다

27. 당신은 글을 쓰기 전에 미리 자료들을 정리, 조직하십니까?
    거의 그렇지 않다   가끔 그렇다   항상 그렇다

28. 당신은 글을 쓸 때 초안을 미리 작성하십니까?
    거의 그렇지 않다   가끔 그렇다   항상 그렇다

29. 당신은 글을 쓴 후 철자와 구두점이 맞는지 교정을 보십니까?
    거의 그렇지 않다   가끔 그렇다   항상 그렇다

30. 당신은 효과적으로 공부하십니까?
    거의 그렇지 않다   가끔 그렇다   항상 그렇다

31. 당신은 학교에서 배우려고 하십니까?
   거의 그렇지 않다   가끔 그렇다   항상 그렇다

32. 당신은 매일 밤 충분한 수면을 취하십니까?
   거의 그렇지 않다   가끔 그렇다   항상 그렇다

33. 당신은 규칙적으로 운동하십니까?
   거의 그렇지 않다   가끔 그렇다   항상 그렇다

34. 당신은 매일 일정한 시간대에 운동을 하십니까?
   거의 그렇지 않다   가끔 그렇다   항상 그렇다

35. 당신의 마음을 건강하게 유지하시는 편입니까?
   거의 그렇지 않다   가끔 그렇다   항상 그렇다

36. 당신의 학습 습관을 증진시키려고 노력하십니까?
   거의 그렇지 않다   가끔 그렇다   항상 그렇다

37. 당신은 여러 날에 걸쳐 공부 주기의 간격을 두십니까?
   거의 그렇지 않다   가끔 그렇다   항상 그렇다

38. 당신은 최근의 자료들을 가지고 공부하십니까?
   거의 그렇지 않다   가끔 그렇다   항상 그렇다

39. 당신은 자주 복습을 하십니까?
   거의 그렇지 않다   가끔 그렇다   항상 그렇다

학습 습관 검사 질문지를 분석해 보자. 이 질문지는 공부 시간 계획, 집중력, 듣기와 노트 필기, 교재 읽기, 시험 준비와 시험 치르기, 세밀하게 읽기, 쓰기 기술에 관한 사항을 측정하고 있다. 아래 각각의

평가 영역 문항을 제시하였으니, 각 영역에 답한 개수를 적어 보자.

영역	시간 계획		노트 필기	
문항	2	거의 아니다 / 가끔 그렇다 / 항상 그렇다	8	거의 아니다 / 가끔 그렇다 / 항상 그렇다
	5	거의 아니다 / 가끔 그렇다 / 항상 그렇다	9	거의 아니다 / 가끔 그렇다 / 항상 그렇다
	6	거의 아니다 / 가끔 그렇다 / 항상 그렇다	10	거의 아니다 / 가끔 그렇다 / 항상 그렇다
	7	거의 아니다 / 가끔 그렇다 / 항상 그렇다	11	거의 아니다 / 가끔 그렇다 / 항상 그렇다
	19	거의 아니다 / 가끔 그렇다 / 항상 그렇다	12	거의 아니다 / 가끔 그렇다 / 항상 그렇다
			25	거의 아니다 / 가끔 그렇다 / 항상 그렇다
개수		개 / 개 / 개		개 / 개 / 개

영역	학습 습관		학습 방법	
문항	1	거의 아니다 / 가끔 그렇다 / 항상 그렇다	13	거의 아니다 / 가끔 그렇다 / 항상 그렇다
	14	거의 아니다 / 가끔 그렇다 / 항상 그렇다	16	거의 아니다 / 가끔 그렇다 / 항상 그렇다
	29	거의 아니다 / 가끔 그렇다 / 항상 그렇다	18	거의 아니다 / 가끔 그렇다 / 항상 그렇다
	30	거의 아니다 / 가끔 그렇다 / 항상 그렇다	20	거의 아니다 / 가끔 그렇다 / 항상 그렇다
	33	거의 아니다 / 가끔 그렇다 / 항상 그렇다	37	거의 아니다 / 가끔 그렇다 / 항상 그렇다
	35	거의 아니다 / 가끔 그렇다 / 항상 그렇다	38	거의 아니다 / 가끔 그렇다 / 항상 그렇다
	33	거의 아니다 / 가끔 그렇다 / 항상 그렇다		
개수		개 / 개 / 개		개 / 개 / 개

영역	공부 환경	
문항	1	거의 아니다 / 가끔 그렇다 / 항상 그렇다
	14	거의 아니다 / 가끔 그렇다 / 항상 그렇다
	29	거의 아니다 / 가끔 그렇다 / 항상 그렇다

	30	거의 아니다 가끔 그렇다 항상 그렇다
	33	거의 아니다 가끔 그렇다 항상 그렇다
	35	거의 아니다 가끔 그렇다 항상 그렇다
	33	거의 아니다 가끔 그렇다 항상 그렇다
개수		개 개 개

이제 각 평가 영역의 점수를 알았다. 만약 당신이 '거의 아니다'와 '가끔 그렇다'의 반응에 3~4개 이상 응답했다면, 그 영역에 대해 공부 방법 훈련 과정을 살펴보고 도움을 받아야 한다. 1~2개 이하이면 아마도 그 영역을 훈련받지 않아도 상당히 잘하고 있을 것이다. 그러나 점수가 잘 나왔다고 하더라도 흥미가 있다면 한 번 더 살펴보는 것도 좋을 것이다.

제2회 학습 준비도 및 방해 요인 점검하기
〈학습 스타일 검사, 내 안의 에너지 뱀파이어 찾아내기〉

이번 세션은 참여자 개개인의 학습 준비도와 학습을 방해하는 요인들을 점검하는 시간이다. 어떤 일이든 동기가 없으면 좋은 결과를 얻기가 쉽지 않기 때문에, 학습에 대한(대학생들이니 전공에 대한) 준비도와 흥미가 얼마나 있는지, 더불어 공부를 열심히 하고 싶지만 부득이한 요소들은 무엇이 있는지를 중심으로 점검해 보면 되겠다.

(1) 선정 자료

① 에너지 버스 / 존 고든 지음, 유영만·이수경 옮김 / 쌤앤파커스

우리나라에 소개된 자기계발서 가운데 『성공하는 사람들의 7가지 습관』 못지않게 많은 사람들에게 읽힌 책이다. 그 여세를 몰아 2권까지 나와 있는데, '에너지 버스'의 운전기사 조이가 그 버스에 타는 사람들을 위해 전해주는 10가지 룰에 대해 설명해 주고 있다. 그 룰을 바로 행복한 인생을 위한 것으로 구체적인 내용은 다음과 같고, 더불어 제2회를 위해 활용한 '에너지 뱀파이어 탑승금지' 부분은 〈참여자 활동 자료 2-1〉에 있다.

〈행복한 인생을 위한 10가지 '에너지 버스'의 룰〉

1. 당신 버스의 운전사는 당신 자신이다.
: 비록 위기일지언정 중요한 건 나의 태도다. 진심으로 내가 소망하는 게 무엇인지 정확히 알고, 그것을 이루기 위해 구체적인 비전을 구축해 방향과 나침반을 삼아라.

2. 당신의 버스를 올바른 방향으로 이끄는 것은 열망, 비전, 그리고 집중이다.
: 부정적인 생각을 하게 아니라 원하는 것만 생각해라. 생각은 자석과도 같다. 에너지를 비전에 집중시켜라.

3. 당신의 버스를 '긍정에너지'라는 연료로 가득 채워라.
: 잠자리에 들기 전 하루 중 가장 즐거웠던 일을 생각하는 시간을 가져라.

4. 당신의 버스에 사람을 초대하라. 그리고 그 목적지를 향한 당신의 비전에 그들을 동참시켜라.
: 에너지 티켓 발급 → 여기에 자신의 비전과 목표를 적어 그 비전의 여행길에 동참을 부탁하는 메시지를 진솔하고, 명확하게 적어 사람들을 초청해라.

5. 버스를 타지 않는 사람에게 에너지를 낭비하지 말라.
: 버스에 타지 않겠다는 사람들 때문에 불쾌해하거나 화를 낼 필요가 없다. 이런 에너지 소모는 버스에 탄 사람까지 에너지를 낭비하게 만들 뿐이다. 다만 동참하지 않는 자에겐 그들을 부정적인 '사람'으로 규정하지 말고, 그들이 표출하는 '부정성'에만 포커스를 맞추는 것이 중요하다.

6. 당신의 버스에 '에너지 뱀파이어 탑승금지' 표지판을 붙여라.
: 부정적인 사람이 당신을 공격해 올 때 내 비전에 대한 확신의 긍정에너지로 몸을 단련시켜야만 그들을 방어할 수 있다.

7. 승객들이 당신의 버스에 타고 있는 동안 그들을 매료시킬 열정과 에너지를 뿜어라.
: 사람은 존재로써 설득한다. 인생과 일에 열정을 가지면, 사람들은 불빛을 향해 달려드는 나방처럼 당신에게 몰려들 것이다.

8. 당신의 승객을 사랑하라.
: 그들을 숫자나, 직함이 아닌 하나의 인격체로 만남을 가져 몰입해라. 그리고 직원들의 발전과 미래, 경력, 영혼을 존중하며 섬겨라.

9. 목표를 갖고 운전해라.
: 팀원과 공동적인 목표와 비전으로 혼연 일체가 되어라.

10. 버스에 타고 있는 동안 즐겨라.
: 당신의 버스를 다른 버스와 비교하지 말고 그저 당신의 버스 여행만 즐기면 된다.

(2) 관련 활동

① 학습 스타일 검사

학습 스타일이란 무엇인가를 배우기 위해서 감각 정보를 사용하는 방법을 말한다. 학습 내용을 기억하기 위해서 사용하는 방법에는 기본적으로 세 가지가 있는데, 그것들은 다음과 같다.

▶ 시각 - 눈으로 봄으로써 배운다.
▶ 청각 - 귀로 들음으로써 배운다.
▶ 근육 운동 - 만지고, 조작해 보고, 움직여 봄으로써 배운다.

일반적으로 모든 사람들은 한 가지씩 우세한 감각을 가지고 있지만, 둘 혹은 세 개의 감각 사이에 '균형'이 잡혀 있는 사람들도 많다. 자신만의 으뜸가는 학습 감각을 아는 것은 매우 중요한데, 어떻게 학습을 시작할 것인지, 그리고 가장 도움이 될 자신만의 방법을 어떻게 적용할 것인가 알 수 있기 때문이다. 검사지는 〈참여자 활동 자료 2-2〉에 있다.

② 내 안의 에너지 뱀파이어 찾아내기

선정 자료『에너지 버스』에 이은 활동으로, 그렇다면 내 안에는 에너지 뱀파이어적인 요소가 무엇이 있는지 스스로 찾아보게 한 활동이다. 활동지는 〈참여자 활동 자료 2-3〉에 있다.

〈참여자 활동 자료 2-1〉

'에너지 뱀파이어' 탑승 금지

암운을 드리우는 그림자와 결별하는 방법은 그것을 내리쬐는 따사로운 햇빛을 철저히 차단하는 것이다.

"부정적인 태도라…. 조지, 이 대목에서 난 좀 직설적으로 말할게요. 세상에 만연해 있는 부정 에너지를 다루기란 만만치 않아요. 모질다 싶을지 몰라도 과감한 과단성이 필요하죠. 부정 에너지는 그렇게 하지 않으면 잘라내기 힘들어요. 우리가 인생에서 행복과 성공을 맛보기 위해서는 우리 주변을 긍정적인 사람과 긍정 에너지로만 가득 채워야 합니다. 누구도 고립무원에서 자기 혼자 성공할 수 없어요. 그러자면 파트너와 조력자를 신중하게 선발해야 하죠. 성공하고 싶다면, 버스에 태울 사람들을 신중하게 고르세요. 자, 잘 들어요. 우리 주변에는 우리에게 에너지를 더해주는 사람도 있고, 에너지를 빨아먹는 사람도 있어요. 후자를 나는 '에너지 뱀파이어'라고 부릅니다. 이들을 그냥 내버려두면 우리의 생명력을, 목표와 비전을 차츰차츰 갉아 먹지요. 이들은 버스의 연료를 줄줄 새게 만들고, 타이어에 구멍을 내며, 버스 여행을 끔찍한 악몽으로 둔갑시킵니다. 하지만 조지, 잊지 마세요. 개인적인 감정으로 그들을 바라볼 필요는 없어요. 그들은 세상에 만연해 있는 부정 에너지에 너무나 오랫동안 노출돼 감염된 사람들일 뿐이니까요. 단, 현재의 모습을 버릴 의지가 없는 뱀파이어들은 절대 내 버스에 발을 들여놓지 못하게 하겠다고 결심하세요. 여기에 동정이 끼어들 틈이 없어요. 이 원칙은 사생활에서도 마찬가지로 적용돼요. 불평투성이인데다가 '그런 게 뭐 되겠어?'하고 사사건건 부정적으로 나오는 친구들은 아예 멀리 하는 게 좋아요. 자, 그럼 이제 여섯 번째 룰을 소개할까요?"

Rule #6 : 당신의 버스에 '에너지 뱀파이어 탑승 금지' 표지판을 붙여라.

『에너지 버스 / 존 고든 지음, 유영만·이수경 옮김 / 샘앤파커스』

〈참여자 활동 자료 2-2〉

학습 스타일 검사

이 검사는 여러분이 자주 활용하는 학습 스타일을 파악하여 보다 능률적으로 공부하는데 필요한 여러 가지 도움을 주기 위해서 만들어진 학습 스타일 검사입니다.

학습 스타일은 사람마다 다르므로 이 검사에서는 맞는 답과 틀린 답이 없으며, 또한 좋은 답과 나쁜 답이 없습니다. 그러므로 검사 문항을 잘 읽고 솔직하고 성실하게 답하면 됩니다.

응답 방법은 각 질문과 응답란을 읽고 가장 맞는 답에 동그라미를 치십시오. 어떤 것은 답하기 어려운 부분도 있겠지만, 여러분이 일상적으로 공부할 때 가장 빈번하고 편안하게 느끼는 행동 한 가지를 답하시면 됩니다.

1. 내가 강의수업 내용을 가장 많이 기억하는 경우는
   1) 노트 필기를 하지는 않지만 아주 가까이에서 강의를 들은 경우
   2) 강의실 앞쪽에 앉아서 강사를 보면서 수업에 임한 경우
   3) 필기를 한 경우(그것을 다시 읽건 그렇지 않건 간에)

2. 나는 보통 다음과 같은 방법으로 문제를 해결한다
   1) 나 자신이나 친구에게 말함으로써
   2) 목록이나 계획표를 작성하는 등 조직적이고 체계적인 방법을 통해서

3) 산책하거나 육체적 활동을 통해서

3. 나는 다음과 같은 방법으로 전화번호를 기억한다
   (적을 수 없는 경우)
   1) 반복해서 번호를 '말함'으로써
   2) 마음속에 번호를 '그려보거나', '상상함'으로써
   3) 탁자나 벽에 손가락으로 번호를 '써봄'으로써

4. 이렇게 하면 새로운 것을 배우는 것이 쉽다
   1) 어떻게 하는지에 대해 설명하는 것을 들을 때
   2) 어떻게 하는지 직접 시범을 보여줄 때
   3) 내가 직접 해볼 때

5. 나는 영화의 이런 내용이 가장 잘 기억난다
   1) 주인공이 한 말, 효과음이나 배경 음악
   2) 장소, 장면과 의상
   3) 영화를 보면서 느낀 점

6. 나는 식료품 가게에 갈 때면
   1) 구입할 물건 목록을 마음속이나 입으로 반복해서 중얼거리며 간다.
   2) 뭐가 필요한지 살펴보기 위해 가게 안을 왔다 갔다 한다.
   3) 보통 집에서 나올 때 구입할 물건의 목록을 외우고 있다.

7. 나는 지금 어떠한 일을 기억하려고 한다. 그래서 나는
   1) 그 당시에 있었던 대화나 소리들을 다시 마음속에서 들으려 한다.
   2) 일어난 일들을 마음속에 다시 그려본다.
   3) 그 내용들이 내게 어떤 감정을 일으켰는지 느껴본다.

8. 나는 이렇게 하면 외국어를 가장 잘 배운다
   1) 테이프를 듣는다.

2) 써보거나 학습장을 이용해서 적어본다.

3) 수업에 참여해서 글을 쓰고 읽는다.

9. 단어의 철자가 맞는지 혼란스러울 때 나는
    1) 소리내어 말해 본다.
    2) 마음속에서 단어를 그려본다.
    3) 단어의 철자를 여러 번 써보고 맞는다고 생각되는 것을 선택한다.

10. 나는 이런 글을 읽을 때 가장 재미있다고 생각한다
    1) 주인공들 사이의 대화
    2) 장면을 상상할 수 있도록 묘사하는 글
    3) 시작부터 활동적인 이야기들(왜냐하면 앉아있기가 어려우므로)

11. 나는 보통 만났던 사람들에 대해 기억해 내는 것은
    1) 이름(얼굴은 잊어버리고)
    2) 얼굴(이름은 잊어버리고)
    3) 독특한 버릇, 신체 동작 등

12. 나를 가장 힘들게 하는 것은
    1) 소음
    2) 사람들
    3) 주위 환경(온도, 가구의 안락한 정도 등등)

13. 나는 보통 옷을
    1) 꽤 잘 입는 편이다(하지만 옷이 내게 그리 중요하지는 않다)
    2) 단정하게 입는 편이다(한 가지 스타일로)
    3) 편안히 입는다(그래서 쉽게 움직일 수 있다)

14. 나는 육체적인 일을 할 수도, 앉아서 책을 읽을 수도 없을 때
    1) 친구랑 이야기를 한다.
    2) TV를 보거나 창 밖을 내다본다.
    3) 의자나 침대에서 가볍게 움직여 본다.

〈채점〉

1. 여러분이 1), 2), 3)에 답한 개수를 각각 세어서 아래에 적으십시오.
    1)   개 → 청각적인 학습양식(들음으로써 가장 잘 배운다)
    2)   개 → 시각적인 학습양식(봄으로써 가장 잘 배운다)
    3)   개 → 근육적, 운동적 학습양식(만지고, 조작해보고, 움직여 봄으로써 가장 잘 배운다)

2. 두드러지게 높거나 낮은 감각은 무엇인지, 숫자상 비슷한 감각은 무엇인지를 살펴보십시오.

3. 여러분이 예상했던 결과가 나왔습니까? 당신이 알고 있던 모습인가요?

학습 스타일의 특징

다섯 가지 감각 중 세 가지는, 정보를 학습·저장·기억·회상하는 데 우선적으로 사용된다. 여러분이 의사소통하고 현실을 파악하며 타인과 관계를 맺는 방식에 있어, 눈, 귀, 촉감은 필수적인 역할을 한다. 그리고 자신과 같은 우세한 방법을 공유하는 사람에게서 가장 잘 학습할 수 있고, 그런 사람과 가장 잘 의사소통 할 수 있기 때문에, 시각, 청각, 운동 근육 감각적인 학습 방법의 특징을 알고, 여러 사람 중에서 각 방법들을 사용하는 이들을 알아내는 일은 여러분에게 커다란 이익이 될 것이다.

시각	청각	운동근육감각
· 말을 하며 무슨 일을 하다 보면 당황할 때가 있다. · 말하거나 행동하기보다는 관찰하는 편이다. · 과제를 해결하기 위해서 계획을 잘 세운다. · 읽기를 좋아한다. · 보통 철자를 잘 맞춘다. · 도표나 그림을 봄으로써 기억을 해낸다. · 그리 산만하지 않다. · 말로 불러주는 지시문은 알아듣기 어렵다. · 얼굴을 잘 외운다. · 낙서를 잘한다. · 원래 과묵하다. · 꼼꼼하고 말쑥한 모습이다. · 세세한 것에 신경 쓴다.	· 큰소리로 혼잣말 한다. · 말하기를 좋아한다. · 쉽게 산만해진다. · 글로 쓰여진 지시문은 알아보기 어렵다. · 이야기 듣기를 좋아한다. · 순서대로 단계를 밟아 기억한다. · 음악을 즐긴다. · 글을 읽는 동안 중얼거린다. · 얼굴을 외운다. · 소음 때문에 쉽게 산만해진다. · 흥얼거리거나 노래를 부른다. · 원래 외향적이다. · 듣는 일을 좋아한다.	· 물질적인 보상을 좋아한다. · 대부분의 시간동안 몸을 움직인다. · 사람들과 이야기할 때 건드리길 좋아한다. · 공부할 때 연필을 두드리거나 발을 구른다. · 몸으로 하는 행동을 좋아 한다. · 독서는 우선적인 일이 아니다. · 철자를 잘 못 맞춘다. · 육체적인 활동을 통해 문제를 해결하길 좋아한다. · 새로운 일을 시도하려 한다. · 원래 외향적이다. · 육체적인 수단을 사용하여 감정을 표현한다. · 말할 때는 손을 사용한다. · 편안하려고 옷을 입는다. · 조작할 수 있는 물건을 좋아한다.

학습 스타일에 대한 도움말

　당신의 특정하고도 우세한 학습 방법을 갈고 닦거나, 혹은 취약한 학습 방법을 강화하기 위해 아래의 도움말들을 이용하라. 그리고 당신이 매일같이 하는 여러 가지 행동들을 잘 파악하여 아래의 세 가지 방법들을 모두 개발할 수 있도록 해 보라.

시각	청각	운동근육감각
· 심상(마음에 그리는 상)을 사용하십시오. · 마음속에 그림을 그려보십시오. · 필기하십시오. · 이야기의 부분들을 보십시오. · '단서'가 되는 말을 이용하십시오. · 노트를 사용하십시오. · 색깔별 약호를 이용하십시오. · 학습 카드를 사용하십시오. · 사진을 이용하십시오. · TV를 보십시오. · 슬라이드를 보십시오. · 영화를 보십시오. · 도표나 그림을 이용하십시오. · 지도를 이용하십시오. · 실연해 보십시오. · 그림을 이용하거나 그려보십시오. · 전시품을 이용하십시오. · 거울 앞에서 입술의 움직임을 관찰하십시오.	· 카세트 테이프를 사용하십시오. · TV를 보십시오. · 음악을 들으십시오. · 직접 말하거나 남의 말을 들으십시오. · 노래 가사나 시를 써보십시오. · 큰 소리로 글을 읽으십시오. · 혼잣말을 소리 내어 하십시오. · 반복하여 말하십시오. · 리듬 있는 소리를 이용하십시오. · 토론하십시오. · 경청하십시오. · 말로 전하는 지시문을 이용하십시오. · 소리 내어 말하십시오. · 극장을 이용하십시오. · 똑똑히 발음하여 글을 읽으십시오.	· 공부하면서 걸어다니십시오. · 몸으로 직접 행해보십시오. · 반복 행동을 통해 연습하십시오. · 천천히 숨을 쉬십시오. · 역할 놀이를 하십시오. · 운동하십시오. · 춤을 추십시오. · 글을 쓰십시오. · 손가락으로 물건 위에 글을 쓰십시오. · 노트를 이용하십시오. · 개념이나 정보 등을 느낌과 연결하여 보십시오. · 목록을 반복하여 써보십시오. · 의자 위에서 몸을 뻗어 보거나 움직이십시오. · 거울 앞에서 입술의 움직임을 관찰 하십시오.

〈참여자 활동 자료 2-3〉

내 안의 에너지 뱀파이어

내 안의 여러 속성 가운데에는 에너지를 더해주는 것이 있고, 반대로 에너지를 빨아먹는 측면도 있습니다. 후자는 에너지 뱀파이어이지요. 그런데 그들을 그냥 내버려 두면 우리의 생명력을, 목표와 비전을 차츰차츰 갉아 먹는다고 하네요. 그래서 이번에는 그 뱀파이어를 찾아 쫓아버리려 합니다. 스스로 찾아보세요.

뱀파이어적인 측면	나타나는 상황	쫓아낼 수 있는 방법

제3회 경청 및 이해 기술 향상
〈말 이어가기 놀이, 다양성 속의 핵심 찾기〉

필자는 학부모님들에게 강의를 할 수 있는 기회가 있을 때마다 독서교육적 관점에서나 치료적 관점에서도 항상 아이들에게 책을 많이 읽어주라고 말한다. 이유는 긍정적인 상호작용이기 때문에 관계 형성에도 도움이 될 뿐만 아니라, 자연스럽게 듣기 교육이 되기 때문에 향후 또래 관계를 원만히 할 수 있는 것은 물론, 학교에서 선생님 말씀에도 귀를 기울일 수 있는 힘이 형성되기 때문에, 더불어 공부도 잘 할 수 있는 등의 효과도 기할 수 있기 때문이다. 결국 공부나 관계나 일단은 잘 듣는 것에서부터 시작된다는 공통점이 있는데, 이번 세션에는 그런 중요성을 바탕으로 경청 및 이해 기술을 향상시키는데 목표를 두었다.

(1) 선정 자료

① 어떻게 들으시나요 / [작자 미상] / [출판사 불명] / [출판년도 불명]

② 하나라도 백 개인 사과 / 이노우에 마사지 글·그림, 정미영 옮김 / 문학동네어린이

선정 자료에 대한 설명은 『책과 함께하는 마음 놀이터 3』의 다섯 번째 놀이터를 참고하라.

(2) 관련 활동

① 말 이어가기 놀이

이야기 이어가기를 위한 예시 자료는 〈참여자 활동 자료 3-1〉에 있다.

② 다양성 속의 핵심 찾기

이 활동은 선정 자료 『하나라도 백 개인 사과』를 함께 읽은 뒤 바로 이어서 실시한 것으로, 책의 내용처럼 모두가 다른 관점에서 사과를 보지만 결국 핵심이 한 가지라는 사실에는 변함이 없기 때문에, 그것을 찾아낼 수 있는 눈과 귀와 운동근육감각의 필요성에 대해 나누어 본 것이다.

〈참여자 활동 자료 3-1〉

이야기 이어가기

〈다윗과 골리앗〉

골리앗은 칼을 든 거인 군인이었어.
다윗은 새총을 가진 목동이었지.
두 사람은 왕 자리를 놓고 밤새도록 싸웠대.
다윗이 돌멩이를 쌩 던져서 골리앗 머리를 정통으로 맞혔어.
거인은 털썩 쓰러져서는 쿨쿨 드르렁 잠이 들었대. 끝.

『옛날 옛날에, 끝 : 60초 안에 잠드는 이야기 / 조프리 클로스크 글,
배리 블리트 그림, 김서정 옮김 / 열린어린이』

제4회 기억 및 정리 능력 향상
〈기억 기술 익히기〉

　직업 상 특히 여러 사람들을 만나는 분들 중에는, 나름의 방식으로 사람들을 기억하려 애쓰는 모습을 볼 수 있다. 예를 들어 필자의 펀드를 관리해 주고 있는 매니저는 워낙 많은 고객들을 상대하다 보니 일일이 기억할 수가 없어, 전화번호 저장 시 이름 앞에 지역 명을 넣어 실수를 최소한으로 줄이려고 했다. 또한 어떤 사람은 발달한 휴대폰 기기의 성능을 십분 활용해 고객들의 사진을 찍어서 함께 저장해 두는 방법을 쓰기도 했다. 이처럼 톡톡 튀는 아이디어로 사람들을 기억하려 애를 쓰고 있는데, 그 이유가 무엇이겠는가? 기억이 곧 성과로 연결되기 때문일 것이다.

　그런 면에서 보자면 학습에서의 기억 능력 역시 마찬가지이다. 물론 수학 등의 과목에서는 무조건적인 암기가 전부가 될 수는 없지만, 흔히 암기 과목이라 칭해지는 영역에서는 암기의 능력이야말로 가장 중요한 수단이 될 수 있다. 결국 암기 능력의 부족이나 방법의 미숙으로 인해 실패를 하는 사람들도 있는 걸 보면 말이다.

　그래서 이번 세션에는 세계 대회에서 여러 차례 챔피언을 했던 소녀가 쓴 책을 바탕으로 기억 기술을 익히는데 목표를 두었다.

(1) 선정 자료
① 기적의 기억법 / 크리스티아네 슈탱거 지음, 김영옥 옮김 / 글로세움
　이 책에는 '세계청소년기억력대회'에서 네 차례나 우승 경험이 있는 10대 소녀가, 기억력이 약하거나 그야말로 기적으로 여겨지는

기억법을 배우고 싶은 일반인들에게 그 방법을 알려주는 내용이 담겨 있다. 내용을 읽다보면 이미 여러 선생님들이 교육 현장에서 활용하고 계신 것들도 있는데, 이 책의 내용을 또 기억해야 한다는 과제가 주어지지만 알고 있으면 꽤 유용할 것이라서 선정했다.

(2) 관련 활동

① 기억 기술 익히기

선정 자료 『기적의 기억법』에 있는 내용 중 '기억 능력 향상'에 대한 부분을 발췌한 실시한 것으로, 세부 내용은 〈참여자 활동 자료 4-1〉에 있다.

〈참여자 활동 자료 4-1〉

기억 능력 향상

　당신의 마음은 기억하기 위해 만들어졌다. 우리는 일생동안 어느 것도 잊어버리거나 잃지 않는다. '잊었다'고 말할 때는, 실제로 기억의 장애물이나 정보가 잘못된 위치에 있어서 회상하는 능력이 떨어진 경우이다. 우리가 동의하거나 중요하다고 생각한 내용들만을 기억하는 것이 자연스러운 경향이다. 우리는 단지 기억하려고 하는 내용이나 우선적이라고 여기는 내용에 더 많은 주의를 기울인다. 거의 모든 것을 기억하고 회상하게 해주는 기술, 전략, 기억술, 요령 등이 많이 있다. 첫 번째로, 당신은 정보를 기억하고 배우려고 의도해야 하고 그리고 나서 현실적인 목표를 세워야 한다. 다른 대부분의 삶의 양상과도 같이, 당신이 기억하고자 집중을 하면 성공할 것이다. 기억 과정과 관련된 다음의 사실을 알아보자. 자료 '기억에 대한 조언'을 참고하라.

1. 기억에 포함되는 세 가지 근본적인 과정이 있다.
　· 부호화 : 정보가 저장되도록 준비시키는 과정
　· 저장 : 미래에 기억내용을 사용하기 위해서 정보를 축적하는 과정
　· 검색 : 저장-연속적인 과정으로부터 정보를 회상하는 일

2. 6가지의 기억 유형이 있다.

1) 감각 기억 : 통상적으로 오감을 포함하는 잠깐 동안의 인상으로 맛, 소리, 냄새, 촉감, 시각을 의미.
2) 운동 기능 기억 : 보통 육체적인 움직임을 포함한다. 자전거 타기, 수영 등.
3) 언어 / 의미 기억 : 보통 언어를 포함한다. 단어의 의미나 학수적인 상징물들과 관련 되어 있는 것.
4) 사진 기억 : 시각적인 정보를 기억. 그림 기억 등. 보통 짧은 기간 동안만 지속된다.
5) 단기 기억 : 선택적인 기억 항목들을 잠시 동안 저장. 어느 특정한 시점에서의 생각 / 경험. 일주일동안 단어를 발음, 인기곡의 멜로디, 면허증의 번호, 시험 직전의 벼락공부 등.
6) 장기 기억 : 통상적으로 많은 양의 자료를 영구적으로 저장한 것. 시점에 상관없이 능력에 한계가 없다. 당신의 이름, 주소 등. 읽을 수 있게 부호화 하는 기술로 인한 생일과 외국어 등도 포함된다.

3. 정보를 장기 기억하는 데 중요한 요소들

- 기억하려는 의도
- 그 정보가 나에게 얼마나 의미가 있는가
- 정보의 정리
- 사전 지식과의 연결
- 학습 단위의 간격
- 기억술 전략
- 오감의 통합

자료 '기억에 대한 조언'

1. 배움은 계속 됩니다. 어떤 것을 잊으려고 해도, 우선 그것을 배워야 합니다. 당신이 배웠거나 이해하지 않는 것은 잊을 수도 없습니다.
2. 인간의 두뇌는 단기간에 5개에서 7개의 관련 없는 정보를 기억할 수 있습니다.
3. 정보를 성공적으로 기억하고 저장하려면 며칠 동안 매일같이 15분에서 25분 동안 연습해야 합니다.
4. 프로이트는 동기, 욕망, 감정이 '두뇌 능력'에서 대부분의 역할을 하고 있다고 했습니다.
5. 질병, 상해, 죽음을 제외하고는 두뇌는 어떠한 것도 잊지 않습니다. 오직 우리의 회상 능력 부족만이 문제가 되는 것입니다.
6. 평균적으로 성인들은 방금 읽은 내용의 50%를 기억하지 못합니다. 24시간 이후에는 20% 정도 회상해 냅니다.
7. 오른손잡이 사람들에게는 시각적인 정보가 두뇌의 우반구에서 처리되고, 언어적인 정보는 좌반구에서 처리됩니다. 자료와 함께 당신이 그림을 떠올렸을 경우, 그것은 두 반구 전체에 심어지는 것입니다. 이 방법은 회상 가능성을 높여줍니다.
8. 적어도 학습시간의 40% 정도는 새 자료를 재검토하는데 쓰여야 합니다.
9. 성인의 주의집중 시간은 평균 10분에서 30분 정도입니다.

10. 반복하거나 연습하지 않으면 처음에는 새로운 정보가 급격히 망각됩니다. 그리고 나면 망각의 속도는 시간이 지나감에 따라 차차 수평적으로 됩니다.

11. 두뇌 연구결과 자료와 생각은 두뇌에 길을 낸다고 합니다. 이 일관된 길들을 신경의 자취라고 합니다. 자주 살펴봄으로써 자료를 사용하고 또 사용하면, 이 길들은 깊어져서 자료를 좀 더 쉽고 빠르게 회상할 수 있도록 해줍니다.

12. 효과적인 기억이란 적당한 시점에서 적절한 내용을 떠올리는 능력입니다.

13. 당신의 두뇌는 다음과 같은 순서대로 기억합니다. 가장 쉬운 것→가장 어려운 것, 그림→말→숫자.

14. 효과적인 기억은
   1) 당신의 적응력과 창의력을 증진시켜 줍니다.
   2) 새로운 자료와 알고 있는 것 사이의 관계를 발전시켜 줍니다.
   3) 일관되게 사용할수록 증진됩니다.
   4) 학습에 필수적입니다.

15. 우리들 대부분은 우리가 습득한 전화번호의 99% 이상과, 만난 이들의 이름 중 90% 이상을 잊어버립니다.

4. 기억 능력을 어떻게 향상시킬 것인가

플라톤 이후, 기억이란 정신적 작업을 전제로 하며 체험한 것을 오랫동안 기억하는 데는 모든 감각이 다 동원된다고 믿어 왔다. 우리의 뇌는 지극히 다양한 과정들을 조정하고, 그것을 위해 필요한 정보들을 계속해서 받아들이고 통합하기 위해 끊임없이 진화·발전해 왔다. 그러므로 자신의 능력을 의식적으로 사용하면 기억력도 강화된다. 근본적으로 우리 각자 안에는 기억 예술가가 하나씩 숨어 있다. 다음의 상황을 한 번 기억해 보고, 그 사건들에 대해 자연스럽게 떠오르는 낱말 세 가지를 적어 보라.

· 대학에 처음 오던 날

· 어렸을 때의 크리스마스

· 2008년 마지막 날

자신이 무엇을 기억해 냈는지 살펴보면, 아마도 그 기억이 매우 구체적인 그림과 감정과 연관되어 있음을 알 수 있게 될 것이다. 그림들이 화질 좋은 총천연색처럼 그렇게 선명하지는 않아도 당시의 상황을 다시 눈앞에 떠오르게 할 만큼 분명하리라.

아마도 대학에 처음 오던 날 얼마나 마음이 설레었는지 다시 한 번 느꼈을 테고, 어렸을 때의 크리스마스를 생각하면서 마음이 찡했을 것이다. 또한 새로운 한 해를 맞이하면서 가졌던 복잡 미묘한 감정을 다시 한 번 기억해 냈을지도 모른다. 그러나 어쩌면 가장 선명한 것은 입학 축하 선물, 크리스마스이브의 함박눈, 그리고 불꽃놀이와 같은 시각적 인상일 것이다. 따라서 당신이 기억 능력을 향상시키기 위한 첫 번째 기술은 상상력을 의식적으로 동원하는 것이다.

1) 그림을 만들고, 그 그림의 힘을 이용하라 : 좋은 기억력을 위한 전제 조건은 '그림 만들기' 훈련이다.
2) 새로운 정보를 이미 알고 있는 정보와 연결하라.
3) 중요한 것은 반복하라.

제5회 효율적인 시간 관리 기술 익히기
〈과제 계획표 만들기, 시간 계획표 만들기〉

밖에서의 활동은 다른 달에 비해 확연히 적지만, 필자에게 있어 매년 2월은 3월부터 시작될 강의와 프로그램을 준비하고 각 기관들과 일정을 협의하는 때이다. 그래서 머리와 마음이 복잡하고 바쁜데, 일주일 내내 꽉 짜인 일들을 실수 없이 해낼 수 있는 건 바로 이때 효율적으로 시간을 활용하기 위한 계획을 세우기 때문이다. 마침 어떤 일에서든 효율성을 따지는 성향의 필자에게, 또한 일주일 내내 일을 소화해 내야 하는 필자에게는 너무도 당연한 일인데, 가끔 어떻게 그렇게 많은 일을 해낼 수 있는가에 대해 물어오는 분들이 계셨기에 이 자리를 빌려 살짝 비결을 공개한 것이다.

'계획표'라는 단어를 들으면 많은 분들이 방학을 앞두고 세우는 것을 주로 떠올린다. 주전자 뚜껑을 대고 동그란 모양을 먼저 그린 뒤, 칸을 나누어 공부며 운동 등의 내용을 써 넣던 바로 그 계획표 말이다. 하지만 멋지게 만들었어도 정작 실천은 되지 않고 어느 순간부터 책상의 한 구석으로 밀려나기 일쑤였으니, 그런 결과가 빚어진 것은 너무도 당연하다. 무엇보다 너무 무리한 계획을 세우기도 했고, 그 계획이 또 포괄적이기만 하다 보니 말이다. 그래서 이번 세션에는 대학생인 참여사들에게 항상 주어지는 과제에 대한 계획과, 평소 시간을 잘 활용하기 위한 계획표까지 두 개를 만들어 볼 수 있는 기회를 주었다.

(1) 선정 자료
① 버림받은 성적표 : 『부산고등학교 1학년 4·5·6반 문집』 中 / 구자행 엮음 / 부산고등학교 / 2001년

낮은 성적으로 인해 아버지와의 사이에서 갈등이 생기고, 그런 갈등에 가슴 아파하는 학생의 마음이 솔직하게 드러난 시이다. 비록 시의 화자가 대학생은 아니지만 '성적'으로 인해 고민하고 있다는 면에서는 쉽게 공감할 수 있을 듯 싶어 선정해 본 자료이다. 시의 전문은 〈참여자 활동 자료 5-1〉에 있다.

(2) 관련 활동
① 과제 계획표 만들기
활동지는 〈참여자 활동 자료 5-2〉에 있다.

② 시간 계획표 만들기
활동지는 〈참여자 활동 자료 5-3〉에 있다.

〈참여자 활동 자료 5-1〉

버림받은 성적표

장 기 준

"성적표 갖고 와봐."
"여기요"
"이게 뭐고. 이게 성적표라고 갖고 왔나? 니 이 실력으로 대학 갈 수 있는지 아나? 내일 당장 공고로 옮겨."
"싫습니다."
찌익~ 사정없이 성적표를 찢어버린다.
주먹이 불끈 쥐어졌다.
벽을 맘껏 후려치고 싶다.
"장기준"
"예"
"니 정말 이랄래? 아버지는 니 하나만 믿고 사…"
말을 이으시지 못했다. 또 다른 아버지 모습이 보인다.
'못난 아들이구나.'
성적표가 싫다.
'이깟 게 뭔데 나와 아버지 사이를 갈라놓아'

『부산고등학교 1학년 4·5·6반 문집 / 구자행 엮음 / 부산고등학교 / 2001』

〈참여자 활동 자료 5-2〉

과제 계획표 만들기

	나의 과제 계획표				주(Week)
	과제	할당 날짜	예상 소요 시간	필요한 자료	마감 시간
이번 주					

다음주 이후					
시험	시험 본 내용	일시	시험 형태	특별히 기재할 내용	

〈참여자 활동 자료 5-3〉

시간 계획표 만들기

    고등학교와 달리 대학생활은 무엇이든 자기 스스로 해야 한다. 스스로 시간을 허비할 수도 있고 알차게 쓸 수도 있다. 그래서 대학에서의 성공 혹은 실패는 당신이 시간을 어떻게 쓰느냐에 달려 있다. 그러나 우리는 시간을 어떻게 관리할 것인가에 대해 전혀 훈련받은 바가 없다. 시간을 지혜롭게 쓰면 당신은 성공할 것이고, 쓸모없이 쓰면 당신은 반드시 하는 일을 실패하게 될 것이다. 시간 관리야말로 대학에서 배워야 할 첫째 기술이라고 강력하게 믿고 있다. 좋은 학습습관을 기초로 적절한 시간 계획표를 만드는 절차와 방법을 습득하기 위해 〈자료 1〉과 같은 내용들을 점검해 보고 실행계획을 수립해 보자.

〈자료 1〉 계획표 : 좋은 학습 습관의 기초

1. 현재 시간을 어떻게 이용할 수 있는지 분석하십시오.
   1) 신중하게 고려하십시오.
    (1) 언제 어디서 공부하십니까?
    (2) 얼마나 자주 공부하십니까?
    (3) 얼마정도의 시간을 낭비하며 얼마 정도의 시간을 현명하게 사용합니까?
    (4) 당신의 학습시간의 질(quality)은 어떻습니까?
    (5) 당신은 주로 어떤 '핑계'를 대십니까?
    (6) 당신에게는 어떤 일이 중요합니까?

2. 계획표 만드는 법을 익히십시오.

1) 매일 해야 할 일의 목록을 만드시고 각 일을 끝내는데 걸릴 시간을 현실적으로 계산해보십시오.

   (1) 다음과 같은 순서로 중요도를 고려하십시오.
   ① 수업시간
   ② 숙제하는 시간
   ③ 식사 시간
   ④ 잠자는 시간
   ⑤ 학교 외의 수업시간
   ⑥ 집안 일하는 시간
   ⑦ 공부하는 총 시간(적어도 하루에 한 시간 정도로 시작하십시오.)
   ⑧ 노는 시간

2) 준비된 계획표를 이용하여 적당한 란에 각 할 일을 적어보십시오.

   (1) 시작하기 전에 다음의 내용을 고려하십시오.
   ① 계획표를 어느 정도 융통성 있게 만드십시오.
      a. 하루의 매시간을 다 계획하려 하지 마십시오.
      b. 예상외의 일이 생길지 모르므로 공간을 남겨 놓으십시오.
      c. 일이 변경될지 모르므로 공간을 남겨놓으십시오. 그러나 타당한 이유를 위해서만 변경해야 합니다.
   ② 읽기 쉽게 쓰십시오.
   ③ 현실적으로 생각하십시오. - 당신은 당신이 가장 잘 압니다.

3. 계획표 / 과제 / 할 일 목록 등을 붙여 놓으십시오.

1) 달력을 가지고 다니십시오.

   (1) 노트 속에 (2) 사물함 문안에 (3) 당신 방의 게시판이나 벽에

2) 집에서 할 일의 계획표를 붙여 놓으십시오.

   (1) 냉장고 문에
   (2) 집의 게시판에
   (3) 다음의 일을 계획표에 포함시키세요.
      ① 가족 성원 모두의 공부하는 총 시간 ② 집안 일 ③ 특별한 행사

3) 매일의 '할 일' 목록을 만들어 붙여 놓으십시오.

4. 성공적인 계획표 작성을 위한 요령
1) 계획표를 바꾸기 전에 1주일간은 사용해 보십시오.
2) 계획표에 익숙해져서 습관이 되도록 하십시오.
3) 잘 붙여놓아서 하루에도 몇 번씩 볼 수 있게 하십시오.
4) 쉽게 볼 수 있도록 가지고 다니십시오.
5) 계획표는 융통성 있고 타당한 이유가 있을 때는 바꿀 수 있어야 함을 기억하십시오.

〈자료 2〉 일의 중요도 설정

일의 중요성을 정하는 일은 어려운 일이며 절충을 해야 할 때가 가끔 있다. 아래의 용지를 이용하여 여러 충돌을 정리하고, 현실적이고 신중한 방법으로 각 항으로부터 항목을 선택한다. 이 방법을 사용하면, 주/월 별 계획표, 매일의 할 일 목록, 공부하는 시간 등을 정하는 데에 도움을 받을 수 있다. 여러 가지로 생각해보고 떠오르는 어떤 생각이라도 기록한다. 그리고 나서 각 항목을 다시 살펴보고 우선 해야 할 일과 중요도에 따라 번호를 매겨 보라.

하고 싶은 일	해야 할 일

제6회 흥미와 적성 탐색
〈비판과 변호를 통해 탐색한 내 흥미와 적성〉

제6회부터는 본격적으로 진로 계획 확립을 돕기 위한 세션이다. 그래서 가장 먼저 흥미와 적성이 어디에 있는지 탐색하는 작업부터 시작했다.

(1) 선정 자료

① 파란 막대 파란 상자 / 이보나 흐미엘레프스카 글·그림, 이지원 옮김 / 사계절

이 책은 '숀 탠'이라는 작가와 더불어 필자가 무한신뢰와 존경을 보내는 작가 중 한 사람인 '이보나 흐미엘레프스카'의 작품으로, 세대를 이어가며 전해진 '파란 막대'와 '파란 상자'에 대한 이야기이다. 필자는 이 이야기를 '다양한 쓰임'이라는 측면으로 접근해, 프로그램에 참여하고 있는 학생들도 아직은 어떤 직업을 갖게 될지, 정말 내게 맞는 일은 무엇인지에 대해 알지 못하지만, 다양한 측면에서 빛을 발휘하는 사람이 될 거라는 메시지를 주기 위한 목적이었다.

(2) 관련 활동

① 비판과 변호를 통해 탐색한 내 흥미와 적성

이 활동은 자신이 흥미를 갖고 있는 분야에 대해 현실적으로는 얼마나 유용한지, 나에게는 정말 잘 맞는지 등을 비판적인 입장에서 따져 보는 것이다. 활동지는 『책과 함께하는 마음 놀이터 1』의 두 번째 놀이터 중, 8회에 들어가 있는 '나의 흥미와 적성 알기' 등을 활용했으니 그 부분을 참고하시라.

제7회 직업 세계 탐색
〈전공 및 적성과 관련된 미래의 유망 직업〉

청소년 상담이 어려운 점은 그들 자신이 통찰을 하기가 어려운 것도 있지만, 기본적인 상담 지식은 물론, 진로에 대한 부분, 학교 폭력에 대한 부분, 성에 대한 부분까지 치료사가 알고 있는 면이 많아야 하기 때문이다. 그 가운데 특히 진로는 시대의 변화에 민감해야 하는 것은 물론 다양한 정보를 갖고 있어야 하는데, 이번 세션은 그런 내용들을 바탕으로 미래의 직업을 걱정하는 참여자들에게 전공 및 적성과 관련된 것들을 탐색해 보게 하는데 목표가 있다.

(1) 선정 자료

① 미래생활사전 : 21세기를 위한 트렌드 키워드 1200 /
  페이스 팝콘·애덤 한프트 지음, 인트랜스번역원 옮김 / 을유문화사

선정 자료에 대한 설명은 『책과 함께하는 마음 놀이터 1』의 두 번째 놀이터 중, 10회 '직업세계탐색' 부분을 참고하라.

(2) 관련 활동

① 전공 및 적성과 관련된 미래의 유망 직업

이 활동은 선정 자료 『미래생활사전』을 읽고, 내 전공과 적성에 맞는 미래의 유망 직업들을 찾아 정리해 보고, 과연 현재의 내 위치에서는 도달 가능성이 얼마나 되는지도 점검해 향후 필요한 측면들까지 생각해 보게 한 것이다. 활동지는 〈참여자 활동 자료 7-1〉에 있다.

〈참여자 활동 자료 7-1〉

미래의 유망 직업 탐색

'미래생활사전'을 바탕으로 내 전공과 적성에 맞는 유망 직업을 찾아보세요. 또한 그에 따른 도달 가능성도 함께 생각해 봅시다.

관련 유망 직업	도달 가능성

제8회   진로의사 결정 〈나만의 꿈 나누기〉

이번 세션에는 6~7회에서 탐색한 결과를 바탕으로, 자신의 꿈을 위한 진로의사를 결정하도록 돕는다.

(1) 선정 자료

① 갈매기 조나단 / 리처드 바크 원작, 전우경 글, 한재홍 그림 / 은행나무

7080세대들에게는 필독서로 여겨졌던 책 『갈매기의 꿈』의 한국판 그림책이다. 더 높은 하늘을 날고 싶은 열망에 먹는 것도 자는 것도 잊고 연습을 하는 갈매기 조나단, 그런 노력 덕분에 그는 결국 다른 갈매기들이 꿈꾸지 못했던 넓은 바다를 볼 수 있었다는 내용의 이야기이다.

(2) 관련 활동

① 나만의 꿈 나누기

관련 활동에 대한 설명은 『책과 함께하는 마음 놀이터 3』의 네 번째 놀이터 내용 중, '나의 꿈 목록'을 참고하라.

제9회   진로계획 확립
〈나의 포인트 스토리 완성하기〉

(1) 선정 자료

① 포인트 스토리 / 강우현 지음 / 여성신문사

선정 자료에 대한 설명은 『책과 함께하는 마음 놀이터 2』의 네 번째 놀이터를 참고하라.

(2) 관련 활동

① 나의 포인트 스토리 완성하기

역시 선정 자료 『포인트 스토리』를 활용한 활동으로, 영문 알파벳 'I'나 혹은 '나', 또는 '●'를 활용해 자신만의 이야기를 써보는 것이다. 8절지 크기의 도화지를 준비해서 크레파스나 색연필, 기타 자신이 원하는 도구로 작업을 유도하면 여유롭게 활동하는 데 무리가 없을 것이다.

제10회   긍정적인 미래 설계
〈희망 나무 만들기, 참여 소감 나누기〉

어느덧 프로그램 마지막 세션이다. 정(情)이라는 것이 얼마나 무서운지, 또 그렇게 한 집단에 참여했던 분들을 떠나보내려니 아쉬움과 함께 뿌듯한 마음도 함께 들었다. 무엇보다 참여 학생들이 학습습관을 형성하고 진로계획을 확립해 더 발전한 모습을 보여준

것은, 이 프로그램 최대의 성과라 할 수 있다. 이는 프로그램이 진행될 수 있도록 애써주신 수원여자대학의 도서관에서도 바란 점일 것이다. 마지막으로 수원여자대학 도서관(인제학술정보관)의 관장님, 김철우 팀장님 이하 여러 직원 분들, 프로그램 운영을 도와주신 분들께도 감사 인사 올린다.

(1) 선정 자료

① 빨간 나무 / 숀 탠 글·그림, 김경연 옮김 / 풀빛

선정 자료에 대한 설명은 『책과 함께하는 마음 놀이터 1』의 두 번째 놀이터를 참고하라.

② 알버트 / 도나 조 나폴리 글, 짐 라마쉬 그림, 조세형 옮김 / 작은책방

이 책의 주인공 알버트는 비합리적인 신념으로 인한 사회공포증(대인공포증)이 있는 사람으로 그려진다. 그래서 선뜻 밖으로 나가지 않고 날씨 탓을 하며 집에만 머물러 있다. 연재만화를 읽거나 카드를 꺼내 요술을 부리고, 라디오로 야구 중계를 들으면서 잡지에 있는 사진을 오리거나 부치지 않을 엽서를 쓰면서 말이다. 그러다가 따스한 햇볕이 들던 어느 날, 늘 그랬듯 쇠창살 밖으로 손을 내밀어 날씨를 확인하던 중 다홍색의 수컷 홍관조 한 마리가 그 위에 둥지를 만드는 바람에, 다시 손을 거두어들이지 못하고 꼼짝없이 창가에 서 있게 된다. 덕분에 며칠 동안 밖에서 벌어지는 풍경들, 소리들을 보고 듣게 되면서 공포증을 극복하고 산책을 나가게 된다. 듣기 싫은 소리들, 보기 싫은 풍경들이 이 세상의 전부인양 생각했던 신념도, 이 넓고 아름다운 세상의 한 부분이라는 것으로 받아들이면서, 마치 막내 아기 새가 쉽게 날지 못하자 "자, 먼저 나는

연습을 해볼까?"라고 말하며 용기를 북돋아 준 것처럼, 스스로의 마음에도 '할 수 있다!'는 용기를 심으면서 말이다.

 담고 있는 내용과 그림이 아름다워서 필자는 이 책을 프로그램의 마지막 세션에 자주 사용하곤 한다. 따라서 이 프로그램에서도 사용했는데, 프로그램을 마치고 떠나가는 참여 학생들도 알버트처럼 용기를 내어 어려움을 극복했으면 하는 바람으로 성심껏 읽어 주었다.

(2) 관련 활동

① 희망 나무 만들기

 관련 활동에 대한 설명은 『책과 함께하는 마음 놀이터 1』의 두 번째 놀이터를 참고하라.

② 참여 소감 나누기

세 번째 놀이터

직장인의 직무스트레스 해소를 위한 독서치료 프로그램

1. 프로그램의 필요성

　직장인들은 많은 업무와 스트레스 속에 살고 있다. 때문에 다양한 질환에 시달리고 있으면서도 시간적 여유가 없고 적정 방법도 알지 못해 정신건강을 제대로 관리하고 있지 못하다. 그런데 직장인의 정신건강은 자신뿐만 아니라 기업 경쟁력에도 결정적 영향을 미치기 때문에, 최근 세계의 선진 기업들은 스트레스 해소와 정신건강을 위해 노력을 기울이고 있다. 하지만 우리나라 대부분의 기업들은 아직 치료 서비스를 제공하고 있지 못한다. 그러므로 스스로 관리할 수밖에 없는데, 앞서 말했듯 시간적 여유가 없고 여러 방법을 시도해 볼 여력도 없는 직장인들에게 책읽기는, 비교적 쉽게 혼자서 실행할 수 있으면서도 스트레스를 풀어낼 수 있으며, 나아가 성장을 위한 지식과 정보도 얻을 수 있기 때문에 매우 효율적인 방법이다. 따라서 이 프로그램은 직무스트레스에 시달리고 있는 직장인들을 독서치료적 관점에서 도움이 될 책을 소개하고 함께 나누는 기회를 가짐으로써, 스트레스 해소는 물론 성장을 위한 기회로 삼게 하는데 그 목표가 있다.

2. 프로그램의 구성

본 프로그램은 고양시아람누리도서관에서 처음 실시된 것으로, 최근 도서관들의 야간 연장 개관으로 인해 성사될 수 있었다. 제목에서 보다시피 대상은 직장인들이었고(전업 주부 등 직장 생활 경험이 있는 분도 포함), 참여 인원은 접수만 해놓고 참여하지 않는 사람, 중도 탈락자 등을 감안해 20명으로 정해 모집했다. 총 8회, 세션당 진행 시간은 2시간이었고, 2009년도에만 3기까지 진행이 됐다. 선정 자료를 고르는데 있어서의 주안점은 안 그래도 직무스트레스가 많아 참여를 하는 분들이니, 분량이 많은 책을 또 읽어 와야 한다는 부담을 주지 않는 것이었다. 그래서 가능한 시나 분량이 짧은 그림책, 노래, 영화를 선정했으나, 가끔은 분량이 있는 도서들도 선정을 했다. 이유는 참여자 중에는 책을 즐겨 읽는 분들도 많을 테고, 책을 읽는 과정이 독서치료에서는 매우 중요한 과정이기 때문이기도 했다. 프로그램 진행을 돕기 위해 보조 치료사 한 명이 함께 참여했고 1기 때에는 도서관 직원들도 참여를 했는데, 이는 참여자들 간의 라포 형성과 이후 진행에도 영향을 미칠 수 있는 중요한 측면이다. 따라서 치료사는 도서관이나 회사 등 관련 프로그램이 진행되는 곳의 담당자의 참여에 대해 생각해 볼 필요가 있다.

구체적인 프로그램 계획을 살펴보기 전에 '직무스트레스' 등의 개념에 대한 정확한 이해가 필요한 분들을 위해, '경기도인재개발원' 등에서 진행했던 특강의 원고 '직장인의 스트레스 해소를 위한 책읽기'의 내용을 옮겨 드리겠다. 이어서 프로그램에 참여할 참여자를 모집하기 위해 도서관 홈페이지에 공지한 내용, 마지막으로 프로그램 계획은 그 뒤에 이어진다.

직장인의 스트레스 해소를 위한 책읽기

1. 문제 짚어보기
1) 언론에 비친 직장인의 스트레스

직무 스트레스로 병든 노동자

지난 7월 10일 낮 12시 20분경 대한항공 김해정비공장 기체정비팀 최광진 과장이 김해정비공장 격납고 지붕에서 떨어져 사망하는 사고가 있었다. 유족들은 최 과장이 직무스트레스로 인해 자살 한 것이라고 주장한다. 최 과장은 최근 몇 달 동안 휴일에도 쉬지 못하고 근무를 했고, 최근에는 출근은 일찍(5시 30분~6시) 하고 퇴근은 늦게(8시~9시) 했으며, 퇴근 후에도 업무와 관련 된 전화 통화로 휴식 시간이 절대적으로 부족했다고 한다.

직무스트레스로 인한 돌연사, 자살 빈번

최 과장을 죽음으로 몰고 간 직무스트레스는 직무 요건이 근로자의 능력이나 바람과 일치되지 않을 때 발생하는 신체적 정신적 해로운 반응을 말한다. 97년 IMF 이후 구조조정, 고용불안, 성과급제, 비정규직 증가로 노동 강도가 강화되면서 그에 따른 직무스트레스도 높아지게 되었다. 이런 현상은 공공, 유통, 서비스 업종에 더욱 많이 나타난다. 민주노총 공공운수연맹 조성애 노동안전국장은, 공공부문의 경우 한정된 예산에서 인력을 운용하다 보니 자연히 노동 강도가 높아질 수밖에 없으며, 그로 인해 직무스트레스로 인한 돌연사, 자살 등이 빈번하게 발생한다고 한다. 그런데 산재 인정율은 낮은 수준이라고 한다. 이유는 공공부문의 특성상 산재를 인정하고 드러내는 것에 소극적이라는 것이다.

발전소의 경우 무재해 기간이 보통 15~20년이라고 주장하는데, 그 시간 안에서 사내 하청의 산재는 포함 되지 않는다. 또한 발전소별로 산재 점수를 매겨 기업평가 지표로 쓰기 때문에, 지난 해 30건의 산재가 있었다면 올해는 30건 발생 이후의 산재는 무조건 공상으로 처리하는 방식으로 산재 건수를 줄인다고 한다.

〈2007. 9. 29. 오마이뉴스〉

2) SBS-TV 2007. 4. 13. 뉴스 - "한국 직장인이 스트레스 최고!"

2. 직무 스트레스의 이해

하루에도 수없이 마음속으로 사직서를 썼다 찢는 직장인들. 이들을 괴롭히는 원흉은 직무 스트레스다. 무기력하고 불면증에 시달리기도 하고, 자고 또 자도 피곤하다는 호소를 하는 사람들. 그들은 '만병의 근원'이라 불리는 스트레스가 많다고 하지만, 정작 얼마만큼의 스트레스를 받고 있는지 모르는 경우가 많다. 다만 짜증이 나기 때문에, 마음은 물론 몸까지 힘들기 때문에 그것을 없애고 싶어 할 뿐이다.

그렇다면 이처럼 직장인들을 괴롭히는 직무 스트레스는 무엇인가? 미국 국립산업안전보건연구소(NIOSH)에 따르면, 직무 스트레스란 직무가 요구하는 것이 근로자의 능력이나 자원을 넘어서서 맞지 않을 때 발생하는 신체적·감정적 반응을 의미한다. 즉, 자신의 능력에 맞지 않는 일을 할 때 발생하는 신체적이며 감정적인 반응을 총칭하는 말인데, 이에는 업무 자체적인 면뿐만 아니라 그로 인해 발생하는 부수적인 면들도 포함된다 하겠다.

1) 어떨 때 생길까?

조직 및 조직과 관련된 사항으로 작업공정에 변화가 있다든지, 직장 구성원 간의 의사소통이 잘 되지 않을 때, 조직체의 목표에 대한 이견이 발생했을 때 스트레스가 생길 수 있다. 직무 또는 보직과 관련돼 질적, 양적으로 업무가 과다하거나 의사결정 재량권이 부족할 때도 발생한다. 나아가 작업환경과 작업조건으로는 미관의 불량, 육체적 노출이 심할 때, 인간공학적 문제가 대두될 때, 소음과 냄새가 심할 때, 작업교대가 원활치 못할 때 생긴다.

조사 결과 우리나라 직장인들은 서구와 달리 남성의 경우 '관계 갈등', '직장문화', 여성은 '성차별' 등으로 큰 스트레스를 받는 것으로 나타났다. '관계 갈등'의 핵심은 상사와의 관계다. 서구에서는 상사의 기능이 갈등의 완충 요인으로 작용하는 데 반해, 수직적·권위주의적·가부장적인 우리 문화 속에서는 오히려 갈등을 증폭시키는 주원인이 되는 경우가 많다. 상사와의 관계에 집중한 나머지 동료와의 관계는 그 중요도가 매우 미미한 것 또한 특징적이다.

개인주의적이며 계약에 바탕 한 서구식 직장문화와 달리 가부장적·집단주의적·지역주의적·혈연주의적인 직장문화 또한 큰 스트레스 요인이다. 합리적 의사소통 체계가 미흡한 가운데, 회식이나 술자리 등 비공식적 직장문화가 사회생활에서 지나치게 큰 부분을 차지하고 있기 때문이다. 퇴근 뒤 휴식을 취할 수 있는 것이 아니라, 오히려 그때부터 실질적인 비즈니스가 이루어져 스트레스를 받는 절대 시간이 연장되는 '고(高)스트레스 형' 사회 구조인 셈이다.

이는 반대로 상사가 적절한 조치를 취할 경우 직무 스트레스를 상당 부분 줄일 수 있음을 뜻한다. 서울아산병원 홍진표 교수(정신과)는 "유머 넘치고 희생적인 한두 명의 선임자에 의해 부서 분위기가 부드러워지고 활력이 넘치는 것은 흔한 예"라고 말했다.

2) 어떤 신체 반응과 질환이 생길까?

우리 몸이 스트레스를 받으면 우선 경고반응으로 교감신경계가 흥분해 가슴이 두근거리고 호흡이 가빠진다. 이어 저항단계로 되면 자극을 여유 있게 바라보고 적응 또는 저항한다. 이 시기에는 부신피질 호르몬 등 스트레스 호르몬이 분비돼 우리 신체가 변화에 적응할 수 있도록 한다.

그러나 저항단계를 넘어 스트레스가 계속되면 신체적 방어도 붕괴되고 적응 에너지도 고갈된다. 이때는 경고 반응의 신체적 증후가 다시 나타나는 소진단계로 진행되는데, 신체 기관이 고장 나서 병에 걸리거나 정신분열증 같은 정신병이 발생할 수 있다.

직무 스트레스로 관상동맥질환이 생길 수 있는데, 특히 성격이 급한 사람에게 발생빈도가 높다. 정신질환으로는 불안장애, 우울증, 수면장애, 공황장애 등이 있다. 그 밖의 질병으로 요통, 당뇨, 두통, 천식, 갑상선 질환 등도 발생할 수 있다.

3) 어떻게 대응하고 있나?

남성은 술과 담배로, 여성은 잠을 자거나 수다를 떠는 것으로 직장에서 받는 스트레스를 해소하는 것으로 나타났다.

온라인 취업사이트 사람인(saramin.co.kr)이 직장인 2,338명을 대상으로 설문조사를 실시해 14일 발표한 결과에 따르면, "평상시 스트레스 해소법"을 묻는 질문(복수응답)에, 남성 응답자의 경우 술을 마시고(45.2%), 담배를 피는(42.8%) 것으로 스트레스를 해소하고 있는 것으로 나타났다. 여성 응답자의 경우는 '잠을 잔다(47.9%)'거나 '수다를 떠는 것으로 푼다(42.6%)'는 의견이 많았다.

"직장에서 받는 스트레스로 인해 질병을 겪은 경험이 있습니까?"라는 물음에는, 응답자의 65.8%(1,539명)가 '있다'라고 답했으며, 성별로는 여성(74.8%)이 남성(58.2%)보다 질병을 겪은 경험이 많았다.

직장 스트레스로 인한 질병의 종류(복수응답)로는 '소화불량, 장 트러블과 같은 소화기 장애(58.5%)'가 가장 많았으며, 이어 '두통(52.3%)', '어깨 결림(47.6%)', '우울증, 불면증 등 신경정신계 질환(45.7%)', '안구 건조증 등 눈의 피로(41.9%)', '무기력증(35.9%)', '체중 증가 및 감소(32.9%)' 등의 순으로 나타났다.

질병의 치료 방법을 묻는 질문에는 43.1%가 '그냥 참았다'를 선택했으며, '병원치료(22.2%)'나 '전문가 상담(1.5%)'을 받는 등 적극적인 대처를 한 경우는 23.7%(365명)에 불과했다. 전문가 치료를 받지 않은(1,177명) 이유로는 '시간이 없어서(36.9%)'를 가장 많이 꼽았다.

4) 어떤 관리와 치료를 받아야 하나?

우선 내가 받는 스트레스가 어느 정도인지 파악해야 한다. 대부분 예방과 관리 수준에서 스트레스를 줄일 수 있지만, 정신질환이나 신체이상으로 진행됐다면 이미 '치료'의 영역이다.

직장 내 스트레스 관리를 위해서는 전문가 상담을 의뢰하고, 스트레스가 가중될 때 직속 상사에게 근무교대 주기의 수정 등을 요구해야 한다. 직무 스트레스 관련 증상이 3개월 이상 계속되면 업무상 사고 위험성이 매우 높을 뿐 아니라 정신질환을 일으킬 수 있다.

스트레스를 예방, 관리하는 방법으로 참선, 요가, 단전호흡, 명상 등의 이완요법도 좋다. 규칙적인 생활과 건전한 생활리듬을 유지하고 균형 잡힌 식사와 자기에 맞는 취미 생활, 오락, 운동 등은 직무 스트레스를 이겨내는 가장 좋은 방법이다.

결국 스트레스를 덜 받고 건강하게 생활하려면 자신이 어떤 요인으로 인해 얼마만큼 스트레스를 받고 있는지를 측정해 대책을 강구할 필요가 있다. 스트레스 자체를 아주 없앨 수는 없으니 자신의 생각, 마음, 생활습관, 신념 등을 변화시켜 좀 더 여유 있게 대처하는 법을 찾아야 하는 것이다.

다음은 신경정신과, 예방의학과 전문의들이 조언하는 대표적 스트레스 해소법이다.

(1) 비합리적인 신념을 수정한다

한국직무스트레스학회 조사에 따르면, 성취 결과에 대해 자신의 노력이나 의지가 중요하다고 평가하는 사람일수록 스트레스를 적게 받았다. 반대로 우연적 요인에 의해 결과의 성패가 좌우된다고 믿는 사람은 스트레스가 심했다. 예를 들어 승진에서 누락됐을 때 합리적 사고를 하는 사람은 "열심히 했는데 안 됐다. 운이 나빴지만 내 노력이 부족했을 수 있으니 더 열심히 하자"는 결론을 내린다. 그러나 어떤 이는 심사가 불공정했다며 불만을 터뜨리고 일할 의욕마저 잃어버린다.

(2) 통제할 수 있는 '나'에게서 해결책을 찾는다
스트레스 요인을 파악해보고 자신이 통제할 수 없는 것일 때에는 재빨리 대처 방식을 바꾼다. 스트레스의 원인에 적응하려 노력하는 것이다. 상사가 필요 이상 화를 내더라도 "저 사람은 원래 성격이 저렇다. 내가 미워서가 아니라 성격 탓이니 신경 쓰지 말자"고 생각한다. 상사의 지시가 과하더라도 수정할 수 없는 상황이면 빨리 이를 인정하고 긍정적으로 사고하는 편이 낫다.

(3) 속 터놓고 말할 사람을 구한다
직장동료, 친구, 가족 가운데 터놓고 대화할 수 있는 대상이 한두 명은 있어야 한다. 정신적 고통을 나누다 보면 자신이 처한 상황을 객관적이고 냉정하게 볼 수 있다. 특히 직장동료나 상사의 적절한 사회적 지지(지원 또는 인정)는 스트레스 완화에 큰 도움이 된다. 주변에서 지지자를 찾기 어려우면 전문의나 심리상담가를 찾는 것도 한 방법이다.

(4) 할 수 있는 일과 없는 일을 명확히 구분한다
중간관리자의 경우 상사나 부하직원의 과도한 기대 때문에 본인의 능력과 권한 밖의 일까지 껴안고 가는 경우가 많다. 할 수 없는 일은 과감히 포기하는 것이 서로간의 스트레스를 줄이는 길이다.

(5) 쉴 때는 '열심히' 쉰다

점심시간에는 일에 파묻혀 어영부영하지 말고 꼭 식사를 한다. 어떻게든 하루 30분 정도의 자유 시간을 확보해 공상을 하도록 한다. 공상은 스트레스를 해소해줄 뿐만 아니라 창조성도 길러준다. 휴일에도 잠에 빠져 지내기보다는 몸을 움직여 즐길 수 있는 일을 찾는다.

(6) 일이 없으면 사무실을 떠난다

간혹 "집보다 사무실이 편하다"며 업무가 끝난 뒤에도 자리를 지키고 앉아 PC를 들여다보는 사람들이 있다. 집에 가서 쉬든 다른 취미 생활이나 자기계발을 위한 시간을 갖든 사무실을 떠나는 것이 좋다. 같은 자세로 오래 앉아 있는 것, 컴퓨터를 오래 보는 것 등은 모두 스트레스를 가중시키는 일이다.

(7) 평소 좋은 신체 컨디션을 유지한다

이틀에 한 번 정도 숨이 가쁘고 땀이 날 정도의 운동을 10~20분 가량 한다. 요가나 복식호흡은 스트레스 해소에 큰 도움이 된다. 규칙적인 식사, 적당한 칼로리 섭취, 금연과 절주, 취침 패턴 지키기도 중요하다.

5) 기업 경쟁력 제고를 위한 노력

근로자의 정신 건강은 기업 경쟁력에 결정적 영향을 끼친다. 우종민 교수는 "스트레스로 인한 정신적 질병은 그 중증도(重症度)에 비해 작업 손실과 생산성 저하가 훨씬 크다"고 말한다. 고혈압, 당

노병 등 만성 질환보다 오히려 더 위협적이라는 것이다.

그런 만큼 요즘 세계 선진 기업들은 근로자의 스트레스 해소와 정신 건강을 위해 막대한 예산을 쏟아 붓고 있다. IBM, 제너럴 모터스, 존슨 앤드 존슨, 소니 등 세계 유수 기업이 채택하고 있는 EAP(Employment Assistance Program) 등이 대표적 정신건강관리 시스템이다. 우리나라에서도 삼성전자, 유한킴벌리 등이 EAP와 유사한 제도를 운영하고 있다.

〈2005. 1. 11. 동아일보〉 & 〈2007. 6. 14. 부산프리즘〉에서 부분 인용

〈홈페이지 공지 내용〉

직장인의 스트레스 해소를 위한 책읽기

　직장인들은 많은 업무와 스트레스 속에 살고 있습니다. 때문에 다양한 질환에 시달리고 있으면서도 시간적 여유가 없고 적정 방법도 알지 못해 정신건강을 제대로 관리하고 있지 못하기도 합니다. 그런데 직장인의 정신건강은 자신뿐만 아니라 기업 경쟁력에도 결정적 영향을 미치기 때문에, 최근 세계의 선진 기업들은 스트레스 해소와 정신건강을 위해 노력을 기울이고 있지요. 하지만 우리나라 대부분의 기업들은 아직 치료 서비스를 제공하고 있지 못합니다. 그러므로 스스로 관리할 수밖에 없는데, 앞서 말했듯 시간적 여유가 없고 여러 방법을 시도해 볼 여력도 없는 직장인들에게 책읽기는, 비교적 쉽게 혼자서 실행할 수 있으면서도 스트레스를 풀어낼 수 있으며, 나아가 성장을 위한 지식과 정보도 얻을 수 있기 때문에 매우 효율적인 방법입니다. 따라서 이 프로그램은 직무스트레스에 시달리고 있는 직장인들을 독서치료적 관점에서 도움이 될 책을 소개하고 함께 나누는 기회를 가짐으로써, 스트레스 해소는 물론 성장을 위한 기회로 삼게 하는 데 그 목표가 있습니다.

　프로그램 신청을 하시기 전 미리 알아야 할 사항은 다음과 같습니다.

1) 이 프로그램은 총 8회로 구성되어 있으며, 매주 화요일 저녁 7시 30분부터 1시간 반에서 2시간 정도 진행이 됩니다.

2) 참여 대상은 직무스트레스에 시달리고 있는 직장인 10명 내외입니다.

3) 집단상담 형식으로 진행이 되기 때문에, 참여하는 분들은 자신이 주인공이 되어 스스로의 이야기를 해야 합니다. 물론 본인의 의지에 따라 전혀 말을 하지 않아도 되지만, 이왕 도움을 받으시려면 스스로를 깨고 나와 열심히 이야기를 해주실 필요가 있습니다.

4) 매주는 아니지만 책읽기 과제가 주어집니다. 따라서 책읽기를 좋아하고 그럴 시간적 여유도 낼 수 있는 분이면 더 좋겠습니다.

자, 이제 프로그램에 대한 이해가 다 되셨나요? 혹 안 되셨다면 다시 한 번 읽어보신 후에 신청을 해주십시오. 신청만 해두고 참여하지 않는 행동은 다른 이들의 기회를 **뺏**는 것입니다. 그러니 신중하게 선택해 주시고, 아울러 선택한 프로그램은 열심히 참여해 주시기를 부탁드립니다.

〈표 2-1〉 직장인의 직무스트레스 해소를 위한 독서치료

session	세부목표	선정 자료	관련 활동	준비물
1	직무 스트레스의 이해 및 점검	시 : 넥타이	자기소개 및 참여 동기 나누기, 집단 서약, 직무 스트레스 검사	활동지, 검사지
2	협력적 관계 확립 및 자기 관찰	만화 : 용하다 용해 도서 : 직장인 생존 철칙 50	역할 조각하기 : 나, 방해자, 도움 주는 사람, 원하는 모습으로 바꾸기	만화, 도서 요약본
3	버리고 싶은 마음과 갖고 싶은 마음 그릇	도서 : 미운오리새끼의 출근 가요 : 오리 날다	내 마음속의 미운 오리 새끼 VS 백조	도서, 노래, 노래 가사, 활동지
4	부정적 감정 해소 및 인지적 강화	도서·영화 : 악마는 프라다를 입는다	인물 묘사 후 빈 의자에 고백하기	영화, 활동지
5	위로와 칭찬을 통한 자존감 회복	시 : 나를 위로 하는 날	그림으로 본 뜬 자기 칭찬하기	시, 전지, 색연필
6	쉼과 욕구 확인을 통한 나 충전	시 : 가던 길 멈춰 서서 글 : 내가 사랑하는 소음, 음향, 음성들	3분 명상과 이완, 나를 행복하게 하는 것들	글, 명상음악, 활동지
7	나의 미래 비전 확립	도서 : 행복한 청소부 가요 : Bravo My Life	미래상 프레젠테이션	도서, 노래, 노래 가사
8	건강한 직장인으로의 변신!	도서 : 30년만의 휴식 글 : 어느 직장인의 기도	명함 나누기, 참여 소감 나누기	도서, 글, 활동지

〈기타 참고 자료〉

도서 : (꿈의 궁전을 지은) 우체부 슈발 / 오카야 코지 글, 야마네 히데노부 그림, 김창원 옮김 / 진선출판사

도서 : 어느 샐러리맨의 죽음 / 최복현 지음 / 뜻이있는사람들

도서 : 용하다 용해 1-6 / 강주배 지음 / 반디출판사

도서 : 미래 생활 사전 / 페이스 팝콘·애덤 한프트 지음, 인트랜스번역원 옮김 / 을유문화사

도서 : 직장인의 심리상자 / 스리쿠마 S. 라오 지음, 이은주 옮김 / 명진출판사

도서 : 더 나은 직장생활을 위한 심리실험 100 / 리오넬 다고 지음, 윤미연 옮김 / 궁리

도서 : 만화로 보는 365일 직장예절 이것이 기본이다 / 장수용 글, 김진태 그림 / 현대미디어

도서 : 삼국지로 배우는 직장 성공학 / 쉬여우 지음, 황보경 옮김 / 비즈포인트

도서 : 직장 내 정치학의 법칙 / 게리 랭·토드 돔키 지음, 강미경 옮김 / 세종서적

도서 : 루나 파트 – 사춘기 직장인 / 홍인혜 지음 / 애니북스

도서 : 대한민국에서 일하는 여자로 산다는 것 / 임경선 지음 / 랜덤하우스코리아

도서 : 굿바이, 잡 스트레스 도흥찬 지음 타임스퀘어

도서 : 상사 사용설명서 / 마이크 핍스 지음, 박영도 옮김 / 용오름

도서 : 직장인을 위한 전략적 책읽기 / 싸이월드 비즈북 집필진 지음 / 호이테북스

도서 : 직장인을 위한 긍정의 힘 – 성공편 / 조엘 오스틴 지음, 정성묵 옮김 / 비전과리더십

도서 : 직장인의 성공 에너지 – 배움 / 강효석 외 지음 / 국일미디어

도서 : 독서경영 / 박희준 외 지음 / 위즈덤하우스

도서 : 에너지 버스 1·2 / 존 고든 지음 / 쌤앤파커스

※ 이외 자기계발 및 업무성과 증진을 위해 필요하다고 생각하시는 분야라면 장르에 관계없이 꾸준히 읽으시면 좋겠습니다.

3. 프로그램의 실제

1) 직장인의 직무스트레스 해소를 위한 독서치료 프로그램

제1회 직무스트레스의 이해 및 점검
〈자기소개 및 참여 동기 나누기,
집단 서약서 작성, 직무 스트레스 검사〉

(1) 선정 자료

① 넥타이 : 시집 『시인의 모자』 中 / 임영조 시 / 창작과비평사

임영조(1943-2003) 시인은 월간문학 신인상과 중앙일보 신춘문예 당선으로 문단에 등단한 후 활발히 활동하여, 서라벌문학상, 현대문학상, 소월시문학상 등 다수의 상을 수상했다. 또한 1985년 첫 시집 『바람이 남긴 은허』 이후 『그림자를 지우며』, 『갈대는 배후가 없다』, 『귀로 웃는 집』, 『지도에 없는 섬 하나를 안다』, 『시인의 모자』 등 6권의 시집을 남겼다. 제1회에서 활용한 시 '넥타이'는 『시인의 모자』에 실린 작품으로, 참여자들의 공감을 이끌어 내는데 탁월한 힘을 발휘한 작품이기도 하다. 시의 전문은 〈참여자 활동 자료 2-1〉에 소개하겠다.

(2) 관련 활동

① 자기소개 및 참여 동기 나누기

이 프로그램에 참여하는 참여자들에게는 자기를 소개하고 참여 동기를 나누는 기회를 갖는 것이 치료사는 물론이고 참여자 자신에게도 매우 중요하다. 왜냐하면 참여자는 자신의 참여 동기를 짚어 보면서 프로그램 전체를 통해 얻고자 하는 목표를 다시금 다질 수 있기 때문이고, 치료사에게는 개개인별 특성을 파악하면서 참여 의지 또한 엿볼 수 있기 때문이다. 치료사는 〈홈페이지 공지 내용〉을 통해 참여에 대한 제한을 나름대로 했지만, 이것만으로는 부족하다. 왜냐하면 그 글을 모두가 읽어본 뒤에 참여 신청을 하는 것은 아니기 때문이다. 즉 동료의 추천으로 그냥 따라오거나 도서관에 오다가다 게시판에 붙어 있는 간략 내용만 보고 참여 신청을 하시는 분들도 계시는 등, 참여자 모두가 치료사의 바람대로 큰 목표를 갖고 오지는 않는다는 것이다. 따라서 이 시간은 두 번째 세션부터 꾸준히 참여를 할 참여자와 탈락될 참여자가 대략적으로 결정되는 장이기도 하다. 그러므로 치료사는 프로그램에 대한 설명을 가능한 자세하게 한 뒤 편안한 분위기를 제공하며 참여자 자신이 어떤 동기와 목적으로 오게 되었는지 이야기를 할 수 있게 해야 한다. 더불어 만약 프로그램의 운영 목적 및 추구하는 목표와 다른 동기가 있는 참여자들에게는 그 부분에 대해 명확히 이야기할 필요도 있다.

② 집단 서약서 작성

관련 활동에 대한 설명은 『책과 함께하는 마음 놀이터 1』의 첫 번째 놀이터를 참고하라. 아이들 프로그램에서는 '약속 지키기 서명'이라는 말로, 청소년 프로그램 이상에서는 '집단 서약서'라는 말로 자주 표현한다.

③ 직무스트레스 검사

이 프로그램의 참여자들이 얼마나 높은 직무스트레스를 갖고 있는가를 알아보기 위해 사용한 측정도구는, 한국직무스트레스학회에서 만든 '한국인 직무스트레스 측정도구' 가운데 24문항짜리 '기본형'이다. 직무스트레스 검사에 대한 전반적인 설명은 한국직무스트레스학회 홈페이지(www.jobstress.or.kr)의 '직무스트레스 측정도구' 메뉴에 있는 것을 그대로 인용하겠고, 기본형 측정도구는 〈참여자 활동 자료 2-2〉에 제시하겠다.

♣ 개발 배경

직무스트레스에 관하여는 기존에 외국에서 개발된 설문도구가 다수 있으며, 이는 현대 산업사회의 특징적 구조 및 상황으로부터 비롯되는 유해한 근로환경에 대한 평가의 필요성으로부터 마련되었다. 그 중 일부는 오랜 시간에 걸쳐 많은 시행과 평가 수정과정을 거치면서 높은 수준의 타당성과 신뢰성을 확보한 것들도 있다. 그러나 이를 단순히 우리말로 번역하여 사용하는 것만으로 한국적 특수 환경에서부터 비롯되는 작업현장의 직무스트레스를 제대로 평가하기에는 많은 한계를 가지고 있다. 이러한 문제를 해결하기 위해서는 한국의 상황, 한국인 근로자의 스트레스를 제대로 파악하는 측정도구가 필요하였다. 이에 한국직무스트레스학회가 중심이 되어 한국형 직무스트레스 측정도구를 개발하기에 이르렀으며 그 구체적인 배경은 다음과 같다.

첫째, 기존의 직무스트레스 평가도구가 외국의 직무 환경을 배경으로 만들어져있어 우리나라의 사회문화적 환경과 조직구조를 적절하게 반영하고 있다고 볼 수 없고, 둘째, 기존도구를 사용하다보면 현실이 측정도구를 만들어 내는 것이 아니라 기존의 측정도구가 현실을 만들어 내는 상황이 반복적으로 시행되어 결국 연구결과의 신뢰성에 의문이 제기되기 때문이다. 따라서 무엇보다도, 우리나라의 직장인에 맞는 측정도구를 개발하여 현황과 원인을 파악하고, 설명모델을 개발하는 연구의 필요성이 무엇보다 중요하게 대두되었다. 이에 직무스트레스에 대한 개념 정립 및 한국인 직무스트레스의 특성 규명, 이에 기반 한 한국인 직무스트레스의 정확한 측정과 평가를 가능하게 해줄 수 있는 한국판 표준 직무스트레스 측정도구를 개발하였고, 이를 토대로 한 전국 규모의 직무스트레스 실태 연구 조사와 직무스트레스 관련요인 및 영향에 대한 평가 작업을 수행하였다.

♣ 측정요인

한국인 직무스트레스의 측정도구는 총 43개 항목(단축형 24개 항목)의 설문으로 구성되어 있으며, 일반적이고 보편적인 의미에서 직무스트레스 요인을 평가하기 위하여 문항들이 구성되어 있다. 한국인 직무스트레스 측정도구는 8개의 영역(단축형 7개 영역: 물리환경 제외)으로 구성되어 있으며, 구체적으로는 물리환경, 직무요구, 직무자율, 직무불안정, 관계갈등, 조직체계, 보상부적절, 직장문화로 구성되어 있다. 따라서 각 작업장의 더 구체적인 직무스트레스 요인은 별도의 분석 및 조사가 심층적으로 추가되어야 한다. 직무스트레스 요인을 구성하는 8개의 영역에 대한 조작적 정의는 다음과 같다.

'물리환경'은 직무스트레스에 영향을 줄 수 있는 근로자가 처해있는 일반적인 물리적 환경을 일컫는 것으로서, 작업방식의 위험성, 공기의 오염, 신체부담 등을 말한다.

'직무요구'는 직무에 대한 부담정도를 의미하며, 시간적 압박, 업무량 증가, 업무중 중단, 책임감, 과도한 직무부담 등이 여기에 속한다.

'직무자율'은 직무에 대한 의사결정의 권한과 자신의 직무에 대한 재량활용성의 수준을 의미하며, 기술적 재량 및 자율성, 업무예측가능성, 직무수행권한 등이 이 범주에 포함된다.

'직무불안정'은 자신의 직업 또는 직무에 대한 안정성의 정도로 구직기회, 고용불안정성 등이 여기에 속한다.

'관계갈등'이라 함은 회사 내에서의 상사 및 동료 간의 도움 또는 지지부족등의 대인관계를 평가하는 것이며 동료의 지지, 상사의 지지, 전반적 지지 등이 여기에 속한다.

'조직체계'는 조직의 전략 및 운영체계, 조직의 자원, 조직 내 갈등, 합리적 의사소통 등의 직무스트레스 요인을 평가하는 것이다.

'보상부적절'은 업무에 대하여 기대하고 있는 보상의 정도가 적절한지를 평가하는 것으로 존중, 내적 동기, 기대 부적합 등이 여기에 속한다.

'직장문화'는 서양의 형식적 합리주의 직장문화와는 다른, 한국적인 집단주의적 문화, 비합리적인 의사소통체계, 비공식적 직장문화 등의 직장문화 특징이 스트레스요인으로 작용하는지를 평가한다.

♣ 점수 산출방법

한국인 직무스트레스는 각 문항별로 '전혀 그렇지 않다', '그렇지 않다', '그렇다', '매우 그렇다'로 응답하도록 하였고, 각각에 대해

1-2-3-4점을 부여하였다. 점수가 높을수록 직무스트레스 요인이 높은 것으로 평가되는 문항은 1-2-3-4점을 그대로 두었고, 점수가 높을수록 직무스트레스 요인이 낮게 평가될 수 있는 문항은 4-3-2-1로 재코딩하여 개별문항을 평가하였다.

한국인 직무스트레스의 전체적 평가는 각 영역별로 실제점수를 단순 합산하는 방식과 100점으로 환산하는 방식이 있다. 먼저, 실제 점수를 각 영역별로 단순 합산하는 방식은 계산수식이 단순하여 산출이 용이하고 실제점수를 전국 근로자의 점수분포와 직접 비교하는 장점이 있다. 그러나 이 방법은 각 8개 영역의 문항수가 동일하지 않고 한국인 직무스트레스 요인을 하나의 점수로 표현할 때 일부 영역 점수가 과도하게 반영될 수 있는 한계점이 있다. 두 번째 방식은 8개 영역의 점수를 아래 수식과 같이 100점으로 환산하여 합산한 후 다시 이를 8로 나누는 방식이다. 이 방법은 첫째 방법이 갖는 단점을 보완할 수 있기 때문에 직무스트레스 수준평가에 더 적합하다고 할 수 있다. 여기서 단순 100점 환산이 아닌 아래 수식을 적용한 이유는 측정값의 분포가 치우치는 것을 피하고 정규분포에 근사하는 측정값을 얻기 위함이었다. 실제 점수를 100점으로 환산하는 수식은 다음과 같다. 만일 연구자가 위의 8개 영역에 대한 합산 점수를 가지고 직무스트레스를 총체적으로 보고자 할 때는 아래와 같은 방법으로 전체적인 직무스트레스요인에 대한 평가를 할 수 있으나 해석 시 주의를 필요로 한다.

- 각 영역별 환산점수 = $\dfrac{(\text{실제점수} - \text{문항 수})}{(\text{예상 가능한 최고점수} - \text{문항 수})} \times 100$

- 직무스트레스 총 점수 = $\dfrac{(\text{각 8개 영역의 환산 점수의 총합})}{8}$

〈참여자 활동 자료 2-1〉

넥타이

임 영 조

이른 아침 거울을 보며
스스로 목을 맨 올가미가
온종일 나를 끌고 다닌다

사무실로 거리로
찻집으로 술집으로
또 무슨 식장으로 끌고 다닌다
서투른 근엄을 위장해 주고
더러는 나를 비굴하게 만들고
갖가지 자유를 결박하는 끈

도대체 누굴까?
이 견고한 줄로
내 목을 거뜬히 옭아 쥔 者는...

답답해라
어머니의 탯줄을 끊고
세상에 나온 이후

나는 아무런 줄도 잡지 못하고
불안한 도시 안개 속을 헤매는 羊

제발 정신 좀 차려야지
하루에도 몇 번씩 다짐하면서
뒤틀린 넥타이를 고쳐 매지만
나는 다시 고분고분 길들여진다
낯선 시간 속으로
바쁘게 끌려가는 서러운 노예처럼

『시인의 모자 / 임영조 시 / 창작과비평사』

〈참여자 활동 자료 2-2〉

한국인 직무스트레스 측정도구

설문 내용	전혀 그렇지 않다	그렇지 않다	그렇다	매우 그렇다
1. 나는 일이 많아 항상 시간에 쫓기며 일한다.				
2. 업무량이 현저하게 증가하였다.				
3. 업무 수행 중에 충분한 휴식(짬)이 주어진다.				
4. 여러 가지 일을 한꺼번에 해야 한다.				
5. 내 업무는 창의력을 필요로 한다.				
6. 내 업무를 수행하기 위해서는 높은 수준의 기술이나 지식이 필요하다.				
7. 작업시간, 업무수행과정에서 나에게 결정할 권한이 주어지며 영향력을 행사할 수 있다.				
8. 나의 업무량과 작업 스케줄을 스스로 조절할 수 있다.				
9. 나의 상사는 업무를 완료하는데 도움을 준다.				
10. 나의 동료는 업무를 완료하는데 도움을 준다.				

11. 직장에서 내가 힘들 때 내가 힘들다는 것을 알아주고 이해해주는 사람이 있다.				
12. 직장사정이 불안하여 미래가 불확실하다.				
13. 나의 근무조건이나 상황에 바람직하지 못한 변화(예, 구조조정)가 있었거나 있을 것으로 예상된다.				
14. 우리 직장은 근무평가, 인사제도(승진, 부서 배치)가 공정하고 합리적이다.				
15. 업무수행에 필요한 인원, 공간, 시설, 장비, 훈련 등의 지원이 잘 이루어지고 있다.				
16. 우리 부서와 타 부서간에는 마찰이 없고 업무 협조가 잘 이루어진다.				
17. 일에 대한 나의 생각을 반영할 수 있는 기회와 통로가 있다.				
18. 나의 모든 노력과 업적을 고려할 때, 나는 직장에서 제대로 존중과 신임을 받고 있다.				
19. 내 사정이 앞으로 더 좋아질 것을 생각하면 힘든 줄 모르고 일하게 된다.				
20. 나의 능력을 개발하고 발휘할 수 있는 기회가 주어진다.				
21. 회식자리가 불편하다.				
22. 기준이나 일관성이 없는 상태로 업무 지시를 받는다.				
23. 직장의 분위기가 권위적이고 수직적이다.				
24. 남성, 여성이라는 성적인 차이 때문에 불이익을 받는다.				

제2회 협력적 관계 확립 및 자기 관찰
〈역할 조각하기〉

이 프로그램은 전체 세션이 8회로 매우 짧기 때문에, 두 번째 세션부터 본격적인 작업에 돌입해야 한다. 이는 참여자들로 하여금 생각보다 빠른 시간 내에 자신을 오픈해야 한다는 불안감을 심어줄 수 있으나, 그만큼 용기를 내 자신을 드러낼수록 프로그램에 참여한 효과를 볼 수 있다는 면을 상기시키고, 더불어 안전한 환경 제공과 함께 치료사의 전문성을 드러내 보임으로써 참여자들이 적극적으로 임할 수 있도록 이끌 필요가 있다. 나아가 참여자들이 또 다른 참여자들을 독려하거나 경청 및 긍정적인 피드백을 주는 것도 큰 도움이 되겠다. 만약 그렇게만 된다면 집단 운영의 성패를 결정지을 수도 있는 협력적 관계는 아주 빨리 형성될 것이다.

(1) 선정 자료

① 용하다 용해 무대리 1-6 / 강주배 지음 / 반디출판사

이 책은 샐러리맨들의 애환과 슬픔을 '무대리'라는 주인공을 전면에 내세워 사실적이고도 해학적으로 표현해, '스포츠 서울'과 '일간 스포츠', '메트로 신문' 등에 연재되며 큰 인기를 끈 만화를 엮은 것이다. 필자는 여러 에피소드 가운데 '믿음과 배신', '스트레스성 치매' 편을 활용했다.

② (하늘이 무너져도 살아남는) 직장인 생존 철칙 50 /
   스티븐 비스쿠시 지음, 박정현 옮김 / 진명출판사

제목 그대로 직장 내에서 생존의 위협을 받고 있는 직장인들에

게 생존할 수 있는 방법들을 50가지에 걸쳐 설명해 주고 있는 책이다. 필자는 이 가운데 몇몇 내용들을 간략히 요약해 세션 중에 제시하고 이야기를 나누는 방법으로 활용했다. 이처럼 많은 항목이 나뉘어 있는 자료들은 참여자들에게 미리 읽어 오라고 안내한 뒤, 특히 어떤 내용에 마음이 갔는지(동일시)를 짚어 보면서 이야기를 풀어나가는데 아주 유용하다.

(2) 관련 활동
① 역할 조각하기

우리가 호소하는 문제의 대부분은 결국 '사람' 사이에서의 것이다. 따라서 직장 내에서의 스트레스 역시 상사나 동료, 부하 직원과의 갈등이 큰 요소일 것이다. 이 활동은 바로 그런 점을 점검해 보기 위한 것으로, 내가 스트레스를 느낀 한 장면을 선정해 '나'를 중심으로 스트레스를 주는 사람과 반대로 도움을 주는 사람을 조각해 보게 한 것이다. 이어서 내가 원하는 모습으로 바꾸는 과정과, 내 역할 면에 있어서도 수정이 필요한 부분이 있다면 바로 잡아서 실행을 해보는 것까지 연결을 지을 수 있다. 다만 이 활동에는 다른 참여자들의 도움이 필요하기 때문에 치료사가 잘 이끌어야 하며, 필요 시 참여자가 하지 못하는 말을 대신 해주면서 카타르시스적인 면을 자극할 수도 있어야 한다. 하지만 가장 바람직한 것은 참여자 스스로가 해내는 것임을 명심하자. 다만 치료사는 장면을 설정하고 실행하는데 도움을 주는 역할일 뿐이다.

제3회 : 버리고 싶은 마음과 갖고 싶은 마음 그릇
〈내 마음속의 미운 오리 새끼와 백조〉

앞서 말했듯 우리가 겪는 어려움의 대부분은 사람과의 관계에서 비롯된다. 그러다 보니 내가 어떻게 할 수 없는 입장에서는 더욱 극심한 혼란과 고통을 받을 수밖에 없는데, 그럴 때면 오히려 상대방을 탓하기보다는 스스로에게 비난의 화살을 돌리기도 한다. 비록 원하는 해결책은 아니겠지만 말이다. 물론 그렇다고 갈등이 생길 때마다 할 말을 다하고 싸우는 면도 바람직하지는 않으리라. 특히 그 장면이 직장에서라면 회사를 그만두어야 하는 상황으로까지 번질 염려도 있을 테니 말이다. 그래서인지 직장인들의 큰 소망 가운데 하나가 창업을 해 내가 사장이 되는 것이리라. 위 아랫사람들 눈치 볼 것 없이, 그들과 갈등을 빚을 것도 없이, 내 나름대로 일을 하고 그만큼의 결과를 얻는 자리 말이다.

그래서 제3회에서는 그동안의 직장 생활을 돌이켜 보며, 아직도 마음속에 간직하고 있는 갈등이나 미움을 덜어내는 기회를 마련했다. 또한 비운만큼 다시 채워 넣어 보다 원만한 관계 속에서 생활하는데 필요한 무엇인가를 생각해 채울 수 있는 장도 열어 드렸다.

(1) 선정 자료

① 미운오리새끼의 출근 / 메트 노가드 지음, 안진환 옮김 / 생각의 나무

이 책은 덴마크에서 태어나 미국에서 활동하고 있는 최고의 자기 계발 컨설턴트인 저자가 안데르센의 우화 여섯 가지를 통해 현대 직장인들의 삶과 일의 의미에 대한 본질적인 질문들을 생각하

게 하는 독특한 자기발견서이다. 저자는 안데르센의 동화가 어린이들이나 읽는 단순한 우화가 아니라, 인간의 본성과 욕망, 복잡한 심리구조에 대한 이해를 바탕으로 우리의 일터에서 볼 수 있는 여러 유형의 인물들과 조직의 특성을 탁월하게 상징화해낸 '현대인들을 위한 우화'임을 재발견했다. '미운오리새끼의 출근'은 여섯 개의 우화 가운데 대표 격으로, 자신 스스로가 우아하면서도 사람들의 호응을 받는 '백조'임을 모르는 직장인들에게 주는 글이다. 본문의 내용 중 '우리들의 직장생활 이야기' 부분을 조금만 옮겨보겠다.

　　남들이 부러워하는 경력을 가진다고 해서 인생에서 성공하는 것일까? 인생의 성공은 자신의 고유한 영역을 발견하고 애초에 의도된 '인간'으로 완성되는 것이다. 특정한 사람들과 함께 일한다고 해서 우리는 그들을 동료라고 부를 수 있을까? 갈망을 공유하거나 격려하는 사람을 우리는 동료라고 부를 수 있는 것이다. 마찬가지로, 나이가 들면 우리는 자연적으로 의도된 '인간'으로 성장하는 것일까? 그릇된 자아를 버리고 진정한 자아로 태어날 때 비로소 우리는 성장하여 실체를 갖게 되는 것이다.

　② 오리 날다 : 체리필터 3집 『The Third Eye』 中 /
　　체리필터 작사·작곡·노래 / FARM 제작 / 2003년 발매
듣고만 있어도 에너지가 넘치는 체리필터의 노래이다. 마침 가사가 앞서 선정한 자료 '미운오리새끼의 출근'에 딱 떨어지게 부합되는 면도 있고, 참여자 거의 모두가 알고 있는 곡일 듯 싶어 의미를 더하고자 고르기도 했다. 노래 가사는 〈참여자 활동 자료 3-1〉에 제시해 드리겠다.

(2) 관련 활동

① 내 마음속의 미운 오리 새끼와 백조

다른 사람이 볼 때는 매우 완벽하고 행복해 보여도, 자신 스스로를 비추어 보면 누구에게나 마음에 들지 않는 부분은 있게 마련이다. 그런데 그런 면이 있다는 것을 스스로 인정하고 노력을 통해 나아지려고 하는 사람이 있는가 하면, 다른 면의 포장으로 인해 그 부분을 감추려고 하는 사람도 있다. 과연 어느 쪽이 더 건강하고 발전된 모습을 갖겠는가? 당연히 전자이다. 따라서 이 활동은 내 안과 밖의 모습을 점검해 미운 오리 새끼와 같은 면과 백조 같은 면을 점검해 보는데 목적이 있다. 관련 활동지는 〈참여자 활동 자료 3-2〉에 있다.

〈참여자 활동 자료 3-1〉

오리 날다

작사·작곡·노래 체리필터

나는 꿈을 꾸었죠 네모난 달이 떴죠
하늘 위로 올라가 달에게 말을 했죠
늦은 밤 잠에서 깨어 날개를 흔들었죠
오리는 날 수 없다 엄마에게 혼났죠

이제는 하늘로 날아갈래요
하늘 위 떠있는 멋진 달이 되고 싶어

날아올라 저 하늘 멋진 달이 될래요
깊은 밤하늘의 빛이 되어 춤을 출 거야
날아올라 밤하늘 가득 안고 싶어요
이렇게 멋진 날개를 펴 꿈을 꾸어요
난 날아올라

나는 꿈을 꾸었죠 달님이 말을 했죠
어서 위로 올라와 나와 함께 놀자고
늦은 밤 잠에서 깨어 날개를 흔들었죠
엄마도 날 수 없다

오늘도 혼이 났죠

이제는 하늘로 날아갈래요
하늘 위 떠 있는 멋진 달이 되고 싶어

날아올라 저 하늘 멋진 별이 될래요
깊은 밤 하늘의 빛이 되어 춤을 출 거야
날아올라 밤하늘 가득 안고 싶어요
이렇게 멋진 날개를 펴 꿈을 꾸어요

난 날아올라 이제는 하늘로 날아갈래요
하늘 위 떠있는 멋진 팔 베고 싶어
날아올라 저 하늘 멋진 별이 될래요
깊은 밤 하늘의 빛이 되어 춤을 출 거야
날아올라 하늘 가득 안고 싶어요
이렇게 멋진 날개를 펴 꿈을 꾸어요
난 날아올라

〈참여자 활동 자료 3-2〉

내 마음속의 '미운오리새끼' 대 '백조'

미운오리새끼와 같은 면	백조와 같은 면

제4회 부정적 감정 해소 및 인지적 강화
〈인물 묘사 후 빈 의자에 고백하기〉

(1) 선정 자료

① 악마는 프라다를 입는다 1·2 / 로렌 와이스버거 지음,
   서남희 옮김 / 문학동네

② 악마는 프라다를 입는다 / 데이빗 프랭클 감독, 앤 해더웨이·
   메릴 스트립 주연 / 미국 / 코미디, 드라마 / 2006년 작품

정작 내가 하고 싶은 일을 따로 있지만, 현재 다니고 있는 직장은 많은 사람들이 부러워하는 곳이다. 만약 내가 이런 상황에 놓여 있다면 어떤 선택을 할 것인가? 하고 싶은 일을 위해 현 직장을 그만 두겠는가? 아니면 싫은 일도 하다보면 차츰 나아지고 언젠가는 좋아지게 될 거라 생각하며 마음을 다독이겠는가, 그도 아니면 현실적인 입장에서 절대로 그만두지 않겠는가?

선정 자료인 책과 영화에서도 같은 딜레마에 빠진 한 여자 주인공이 나온다. 그녀는 세상에서 가장 철저하고 까다롭기까지 한 상사 아래에서 일을 시작한다. 한 번의 실수도 용납되지 않고 열심히 준비한 것도 'NO' 한마디면 물거품으로 만들어 버리는 그런 사람 밑에서 말이다. 그러나 그녀는 점차 상사의 신뢰를 얻게 되고, 나중에는 그녀 없이는 일이 잘 돌아가지 않는 상황에까지 이르러 가치를 인정받게 된다. 하지만 그제야 그녀는 자신이 정말 하고 싶은 일을 하기 위해 직장을 떠난다. 다른 사람들이 모두 '미쳤다'고 할 결정을 내린 것이다. 왜냐하면 자신의 진정한 행복을 위해서!

보고 있으면 정말 통쾌하면서도 부럽기까지 한 영화이다. 영화의 초반, 주인공이 궂은일을 하면서 고생하는 장면에서 참여자들은 마

치 나와 같은 처지에 놓인 것 같아 백분 그 마음에 공감이 갈 테고, 까다로운 상사의 입맛을 맞추며 일을 척척 해내는 장면을 볼 때는 마치 자기가 인정을 받은 듯 기쁨이 느껴질 것이다. 마지막으로 주인공이 이제 안정 궤도에 오른 자신의 지위를 버리고 정말 자신이 하고 싶은 일을 하기 위해 떠나가는 장면에서는 부러움과 함께 '나도 그래야 하는데' 하는 부러움과 함께 새로운 의지를 다지는 계기가 되어 줄 것이다.

도서나 영화 모두 분량이 많기 때문에, 도서는 미리 읽어 오라고 참여자들에게 권할 필요가 있고, 상사가 사무실로 들어오며 옷과 가방을 아무렇게나 던지는 장면 등 영화에서는 필요 부분만 편집해 함께 보면 되겠다.

(2) 관련 활동

① 인물 묘사 후 빈 의자에 고백하기

관련 활동에 대한 설명은 『책과 함께하는 마음 놀이터 2』의 세 번째 놀이터를 참고하라.

제5회 위로와 칭찬을 통한 자존감 회복
〈그림으로 본 뜬 자기 칭찬하기〉

필자가 이 활동을 진행하면서 놀란 점 한 가지는 참여 직장인들이 생각보다 자주 거울을 보지 않는다는 것이었다. 아니 어디 흐트러짐이 없는가 점검의 차원에서 거울을 보기는 하지만, 자신의 외적인 모습만이 아닌 내적인 모습까지 살펴보기 위해 거울을 본 적은 거의 없다는 것이다. 다른 말로 하자면 겉모습을 슬쩍 보기 위한 거울보기는 하지만, 진정한 나의 모습을 살펴보기 위한 목적에서의 거울보기는 하지 않는다는 것이다. 그래서 이번 세션에서는 전신 거울과 함께 자신의 몸 전체를 본 뜬 그림을 활용해 내 모습을 다각도로 살펴볼 수 있는 기회를 주고, 나아가 외로움 속에 그냥 두었던 나를 칭찬하고 사랑해 주는 시간도 가졌다.

(1) 선정 자료

① 나를 위로 하는 날 : 이해인 시집 『외딴 마을의 빈집이고 싶다』 中 / 이해인 시 / 열림원

선정 자료에 대한 설명은 『책과 함께하는 마음 놀이터 2』의 다섯 번째 놀이터를 참고하라.

(2) 관련 활동

① 그림으로 본 뜬 자기 칭찬하기

관련 활동에 대한 설명은 『책과 함께하는 마음 놀이터 2』의 두 번째 놀이터를 참고하라. '인체 본뜨기' 활동을 참고하면 되고, 다 뜬 자신의 모습을 칭찬할 수 있게 하면 된다. 필자는 이 활동 시 세워 놓을 수 있는 전신 거울을 함께 활용하기도 했는데, 거울에 비치는 내 모습은 내가 지각하고 있는 의식의 나, 그림으로 본 뜬 내 모습은 지각하고 있지 못했거나 어떤 바람이 담긴 나의 모습으로 각각 설정해 살펴보게 했다. 인체 본뜨기는 어떤 면에서는 전지에 표현한 사람 그림(그림투사검사에서의 사람 그림)과도 같으니, 그쪽 방향에서 해석을 해볼 수도 있다.

제6회 쉼과 욕구 확인을 통한 나 충전
〈3분 명상과 이완, 나를 행복하게 하는 것들〉

직장인들에게 있어 가장 큰 바람 중 하나는 무엇일까? 바로 '쉼'일 것이다. 일반 직장인들처럼 9시까지 출근을 해 6시까지 근무를 하지는 않지만, 일주일 내내 더 많은 시간을 일하는 필자만 해도 늘 기회가 되면 며칠이라도 마음 편히 쉬고 싶다, 어디 여행을 다녀오고 싶다는 말을 자주 하는 걸 보면 일하는 이들의 영원한 바람은 역시 '쉼'일 것이다. 그래서 이번 세션에서는 앞만 보고 달려 나가던 길옆에 잠시 멈추어 서서 뒤를 돌아볼 수 있는 기회, 진정 나를 행복하게 하는 것은 무엇인지 생각해 볼 수 있는 기회를 드리고자 목표를 정했다.

(1) 선정 자료

① 가던 길 멈춰 서서 : 장영희의 영·미 시 산책『생일』中 /
월리엄 헨리 데이비스 시, 장영희 옮김 / 비채

필자는 이 시를 읽을 때마다 꼭 내 이야기를 하고 있는 것 같아 마음이 아프다. 그래서 이 시에 공감을 하는 참여자들과의 이야기가 더 잘 통하는 면도 있는데, '쉼'의 욕구를 점검해 보기 위한 목적으로 선정을 했다.

② 내가 사랑하는 소음·음향·음성들 : 산문집『우리를 슬프게 하는 것들』
中 / 안톤 슈낙 지음, 차경아 옮김 / 문예출판사

독일 태생의 작가 안톤 슈낙(1892~1973)의 산문 집『우리를 슬프게 하는 것들』에 실린 단편으로, 작가 자신이 사랑하는 소음과 음향, 음성들을 섬세하게 되살려낸 글이다. 제6회를 위해 이 글을 선정한 이유는 소소한 주변의 일상들에서 행복을 찾고 사랑을 느끼는 작가의 눈과 귀와 마음이 참여자들에게도 전해져, 크고 먼 곳에 있는 것이 아닌 가까운 곳에서 행복을 찾을 수 있도록 돕기 위해서이다.

(2) 관련 활동

① 3분 명상과 이완

최근 명상과 요가 등이 인기를 끌고 있는데, 이를 통해 이완을 이끌어 내는 가장 큰 목적은 직접적이고 실제적인 변화를 유발해 만병의 근원이라 일컬어지는 스트레스와 관련된 신체 증상과 불안, 부정적 사고 등을 감소시키고, 더불어 자기 수용과 면역력을 증가시켜 결과적으로 자신이 행복한 사람이라고 느끼는 마음의 크기 또한 키우는데 목적이 있다. 그래서 이번 세션에서는 완벽한 신체적·정서적·정신적 이완을 이끌어 내는데 효과적인 방법인 요가 니드라적 요소를 활용했는데, 요가 니드라(Nidra)에 대한 설명과 간략한 이완 훈련의 방법은 다음과 같다.

요가 니드라는 신체적·정신적 이완뿐 아니라 영적 발전을 위해 마음을 준비시키는 역할도 한다. 이것은 요가의 여덟 가지 단계 중 주로 다섯 번째 프라티야하라[Pratyahara : 제감 : 모든 인지 대상으로부터 감각을 끊는 것]과 여섯 번째 다라나[Dharana : 집지, 집중]에 주로 관련된 것이다. 보통 수면 상태에서는 의식이 없어지고 무의식이 관장하지만 요가 니드라에서는 의식이 무의식을 통제하여 휴식을 취하게 한다. 요가 니드라는 괴로움, 스트레스, 긴장과 근심을 잠재우면서 통상적인 수면보다 훨씬 깊은 휴식인 지극히 행복한 자각의 상태에 이르게 한다. 요가 니드라는 사마디[삼매]에 이르는 길이라고 일컬어진다.

이어서 이완 훈련의 방법은 다음과 같다.

　　1단계 : 정신을 집중할 대상을 정한다. 긍정적인 단어나 기도문, 좋은 글귀도 좋다.
　　2단계 : 조용한 장소에서 편안한 자세로 앉는다.
　　3단계 : 눈을 편안히 감는다.
　　4단계 : 몸의 모든 근육을 이완시킨다.
　　5단계 : 천천히 자연스럽게 호흡한다. 숨을 내쉴 때마다 단어나 글귀를 반복한다.
　　6단계 : 잘 될 것인가에 대해 걱정하지 말고, 혹 다른 생각이 끼어들면 '괜찮아'라고 생각하고 반복한다.
　　7단계 : 하루 2-3회 연습으로 20분 정도 지속한다.

② 나를 행복하게 하는 것들

이 활동은 선정 자료인 안톤 슈낙의 글을 바탕으로 '나를 행복하게 하는 것들'이 무엇이 있을지 간략히 적어보는 기회를 줌으로써, 힘든 직장생활로 인해 떨어져 있는 자존감과 의지를 올릴 수 있도록 돕기 위한 목적으로 실시한 것이다. 관련 활동지는 〈참여자 활동 자료 6-1〉에 있다.

〈참여자 활동 자료 6-1〉

가던 길 멈춰 서서

윌리엄 헨리 데이비스

근심에 가득 차, 가던 길 멈춰 서서
잠시 주위를 바라볼 틈도 없다면 얼마나 슬픈 인생일까?
나무 아래 서 있는 양이나 젖소처럼
한가로이 오랫동안 바라볼 틈도 없다면
숲을 지날 때 다람쥐가 풀숲에
개암 감추는 것을 바라볼 틈도 없다면
햇빛 눈부신 한낮, 밤하늘처럼
별들 반짝이는 강물을 바라볼 틈도 없다면
아름다운 여인의 눈길과 발
또 그 발이 춤추는 맵시 바라볼 틈도 없다면
눈가에서 시작한 그녀의 미소가
입술로 번지는 것을 기다릴 틈도 없다면,
그런 인생은 불쌍한 인생, 근심으로 가득 차
가던 길 멈춰 서서 잠시 주위를 바라볼 틈도 없다면.

『생일 / 장영희 지음 / 비채』

〈참여자 활동 자료 6-2〉

내가 사랑하는 소음, 음향, 음성들

안톤 슈낙

아득히 들려오는 장닭의 울음소리를 나는 사랑한다. 그리고 그것은 아무런 움직임도 소리도 없는, 졸음과 납덩어리 같은 나른함이 몰려오는 뜨거운 여름 한낮이어야 한다. 살아 있다는 것이라고는 지상에 아무것도 없는 듯 느껴지는 그때, 그 우렁찬 계명이 나팔소리처럼 울려 퍼지는 것이다.

九月의 어느 날 밤, 투명한 정적 속으로 한 알의 사과가 툭 떨어지는 소리는 쾌적하게 울려온다. 이튿날 아침 풀밭에서 그 열매를 찾다가 눈에 띄었을 때의 기쁨이란!

아침나절 기다란 낫을 가는 망치 소리는 잠을 깨우는 울림이다. 공기에서는 취할 듯이 짙은 향내가 난다. 이제부터 뜨겁고 건조한 하루가 되리라. 이글이글 열을 지은 채원의 풀줄기가 햇볕 속에서 찌듯이 익어 가리라.

화려한 농촌의 소음으로는 기다란 장대에 달린 나무 갈퀴로 마른풀을 뒤적거릴 때 들려오는 메마른 바삭거림이 있다. 그 소리가 들려오면 나는 어느덧 경건한 기도 소리 들리는 밤을 생각하게 된다. 초원 사이로 열린 오솔길을, 그리고 마주 걸어오는 쟈네트의 어깨 위로 드리워진 새하얀 수건을 생각하게 된다.

어느 어린애의 손에 쥐어진 펜촉의 사랑스런 끄적임. 그것은 '사랑하는 어머니!'라는 귀절 다음에 한동안 막혀 버린다.

마을 대장간의 망치 소리를 나는 즐겨 듣는다. 하지만 그것은 바로 이웃에서 들려 와서는 안 된다. 얼마간 바람결을 타고 불어와 조화된 소리여야 한다. 그 금속성은 내 어린 가슴을 한껏 설레게 했었다. 프랑컨의 장터에 자리 잡은 대장간에서는 섬뜩한 느낌의 풀무가 훨훨 타오르는 석탄 불길 속에서 용해를 하고 있었고, 시커먼 칠을 묻힌 대장장이가 멀찌감치 서서, 쇠망치로 달아오른 쇳덩어리를 때리면, 불똥의 빗줄기가 꿈처럼 아름답게, 곡선을 그으며 어두운 대장간 창고 안으로 비산(飛散)하는 것이었다.

지칠 줄 모르는 분수의 낙수 소리. 중세풍의 슈바벤 할 시(市)의 어느 주막 앞에는 분수가 하나 서 있어 온 달밤이 지새도록 전설과 동화를 이야기하는 것이다.

폭풍이 몰아칠 때 소나무 수관을 휙휙 스치는 바람 소리. 그리고 그 바람은 벽난로 안에서도 노래를 한다. 이 두 개의 소리에 나는 언제까지나 귀 기울일 수 있다. 바람 부는 날 고성이나 농장의 뜰에서 들리는 그 소리는 도깨비라도 나올 듯 전혀 기묘한 것이다.

거울처럼 잔잔하게 잠든 호면에서 보트에 몸을 맡기고 흘러가 보라. 끌어 올린 노에서는 이따금 물방울이 뚝뚝 떨어진다. 구원의 물방울. 알아보기도 힘든 자디잔 물체와 들릴 듯 말 듯한 소음. 그것은 은빛으로 반짝이며 스러져 가는 것이다.

바다의 소음. 칠흑 같은 밤, 그것이 그윽하게 성난 듯이 백사장의 조약돌이나 해변의 암석에 탄식하듯이 부딪치는 소리는 우리를 야

릇한 그리움과 설렘 속에 몰아넣는다. 그것은 속세의 음성이 아니라 해신의 음성이며, 수정의 유혹하는 호소이며, 인어의 노래이다.

산골짜기에서 와르릉 꽝꽝 바위 구르는 소리. 저 푸른 절벽의 심연 속으로 사라져 가는 무시무시하게 쿵쾅거리는 굉음! 다시 한 번 이 죽음의 음성은 바로 곁에까지 왔다가 다시금 스쳐 지나가 버린다. 그리고 나면 얼마나 깊고 탐욕스럽게 가슴 깊숙이까지 안도의 한숨을 들이쉬었던가.

전차 바퀴의 덜컹거리는 운율을 나는 더 없이 사랑한다. 또 그르릉거리는 뱃고동과 추진기 주변을 소용돌이치는 물소리를 나는 얼마나 사랑하는지! 닻의 쇠사슬이 쩔렁거리는 소리, 배를 정박시키는 말뚝의 삐걱대는 소리. 투박한 시골의 우편 마차 위에서 철썩 내리치는 채찍의 울림. 비행기 모터의 성급한 붕붕거림. 이것은 귀가 겪는 순수한 음향의 모험들이다. 고도의 아치 성문을 덜그럭 덜그럭 지나는 말발굽 소리를 나는 얼마나 사랑하는지 모른다. 그때 나는 방랑하는 시인 아이헨드르프를 생각하고 마리안네 폰 빌레머(장년기 괴테의 애인-역주)의 여행복에서 풍기는 라벤더의 방향을 생각하게 한다.

타닥타닥 장작불 타는 소리와 그 위에 얹힌 물 주전자의 노래 소리는 나를 환상으로 몰아넣는다. 그것은 어린 시절의 부엌, 파란 그릇들로 가득 찬 할머님의 부엌, 곡식과 과일 냄새 풍기는 농촌의 부엌에서 들려오는 자장가와 같은 소음인 것이다.

헤쎈과 프랑컨의 작은 마을들, 고향에서의 잊을 수 없이 화려한 밤의 소음들이 있다. 밀가루 덮인 농촌의 물방앗간 방파제 위로 단조로운 파도를 치면서 끊임없이 좔좔 흐르는 시냇물 소리. 버릇에

젖은 어느 주정뱅이가 포도 위를 비틀비틀 질척거리고 걸어가며 끊임없이 끄륵대는 트림 소리. 돌풍인가 아니면 사랑하는 이의 손 마디인가 덧문을 쾅쾅 두들겨 대는 소리. 문간 구석에서 새어 나오는 어느 처녀와 총각의 입맞춤 소리. 그리고 교회 탑의 시계가 뚝 딱거릴 때마다 녹이 슨 듯 한숨을 쉬고 있었다.

몽롱한 잠결에, 가벼운 거품 같은 아침 꿈속에 듣기 좋은 정다운 멜로디로는 민첩한, 가느다란 또는 푸다닥거리는 온갖 종류의 새 소리가 있다. 처마 끝을 똑똑 긁어 대는 박새의 날쌘 발톱 소리. 세련된 타이프라이트의 끊임없는 두들김처럼, 빨간 부리의 때까치가 성난 듯이 쪼아 대는 소리. 그리고 후루룩 날아가는 제비의 지저귐.

풀베기를 끝낸 추원 위를 구름처럼 떼 지어 나르는 뇌명 같은 찌르레기의 날개 치는 소리도 나는 듣기 좋아한다. 그러면서도 벌써 여름이 갔구나, 철새들이 먼 여행을 준비하는구나, 또 어느덧 한 해가 흘러가는구나—하는 가슴 속의 일말의 울적함을 떨칠 수가 없다.

눈이 일으키는 소음도 내가 사랑하는 소리에 속한다. 섬세하고 알알한 싸라기 내리는 소리에서부터 봄철 높새바람에 무너져 내리는 눈사태의 우레 소리까지. 마을 우편배달부가 눈 속을 사박거리며 걸어오는 발자국 소리도 독특한 매력이 있다. --반갑고 궂은 소식, 아득히 먼 세계가 이 소리와 함께 들려온다. 기차역의 덜커덕대는 소리. 도시의 왁자한 소음. 해변으로 파도가 부서지는 소리. 뜨거운 그리움이 사박거리며 함께 들려오는 것이다. 미움과 사랑, 환희, 그리고 어쩌면 영원히 들을 수 없는 소리 죽음의 발자국까지.

썰매를 끄는 말방울 소리. 그것 역시 신비스럽다. 들리는가 하면 어느덧 지나쳐 버린다. 그렇게 불현듯 스쳐 불어가는 것이면서도 영혼의 가장 깊은 곳을 건드리는 소리이다.

어느 오케스트라가 악기를 연주할 때, 그것은 얼마나 묘한 일인가! 찍찍 긁어 대며 활주하는 불협화음 뒤에는 베토벤의 제구교향곡의 장려하고 거창한 음의 바다가 높이 펼쳐지는 것이다.

뚝… 뚝…. 끝없이 지루하게 이어지면 지난날 수업 시간에 들리던 납같이 무거운 소음. 교실에서는 선생님의 피로에 지친 울먹한 음성이 들려 왔다. —어느 누구도 죽음에 직면해서 행복을 구가할 수는 없다. 소년은 노교수의 육중한 지혜에는 아랑곳없이 창 앞에서 간간 들리는 소음에 귀를 기울이고 있었다. 그 곳에서는 비스듬히 걸려 있는 전선줄 위로 수백 개의 물방울이 나란히 매달려 있어서, 일순간 가만히 방울지어 있다가는 다음 방울에 밀려 곧 부서져 밑으로 굴러 떨어지고 있는 것이었다. 뚝… 뚝. 그것은 대자연의 언어이며, 구름의, 하늘의, 무한한 세계의 언어이다. 또한 그것은 바다의 인사이다. 쏟아지는 폭포수의, 넘쳐흐르는 샘물의, 돌고 드름 열린 종유동으로부터의 인사이다. 소곤거리는 분수와 졸졸 흐르는 시냇물의 인사이며, 나이아가라와 라인 강의 뇌성이며, 야성과 위대함, 충만함과 풍요함이 이 단 한 방울의 물방울 속에 스며 있는 것이다.

봄날 저녁 때 지어 들끓는 풍뎅이의 붕붕거림. 이제 곧 붉은 만월이 떠오르리라. 거리는 어느덧 시골 처녀들의 다감한, 조금은 구슬픈 노래 소리로 가득 찬다. 하모니카의 부드러운 선율이라도 끼든다면, 그 곳에야말로 깊어 가는 밤의 알 수 없는 고뇌와 감미로움이 자리 잡는 것이다.

아코디언 켜는 소리. 그 소리를 못 들어 본 지가 얼마나 되었던

가! 깊은 밤, 방안에서 무엇인가 가구에 딱 부딪치는 소리. 누가 오는 것일까? 아니면 가는 걸까? 창문으로 새어 들어온 바람이었을까? 걱정스러운 얼굴로 우리들의 잠자리를 굽어보시는 어머니였을까? 요정이었을까? 겁 많던 어린 시절부터, 나는 한밤중 방안에서 나는 유령 같은 소리를 사랑하고 있다. 그리고 또 내가 사랑하는 것이 있다면? 환희에 겨운 두 연인의 잔 부딪치는 소리. 춘삼월, 습기 찬 풀밭에서 연주하는 개구리의 울음소리. ―그것은 목신이 새로이 인생의 불멸을 구가하는 소리였다.

그리고 또 무엇이 있을까? 눈 녹은 물줄기가 홈통으로, 흐느낌처럼 후룩후룩 쏟아지는 소리. 물고기가 잔잔한 수면으로 팔딱 뛰어오르는 소리. 어린 아이의 종종거리는 발소리. 바람 잠든 날, 전선 줄의 윙윙거리는 소리. ―이것은 마을 소년들이 먼 곳의 사람들의 욕설처럼 변덕스럽게 생각하는, 신비스런 기상의 신호이다.

아, 한 잎 가랑잎이 살그머니 떨어질 때, 가슴 아프도록 지친 소리. 아직도 나무에는 여름이 달려 있는데 어느덧 한 잎이 떨어지고 있다. 그에 비하면 바람에 흔들리는 깃발의 펄떡거림이나 출발을 앞둔 말의 울음소리는 얼마나 우렁차고 자랑스러운, 힘의 소리이며 승리의 소리인가! 대목을 앞둔 장터에서 물건을 사라고 외치는 목쉰 음성은 얼마나 고무적인가. 또 화려한 조명을 받으며 무희가 막 사이로 미끄러져 나와 감사와 축복, 자랑과 기쁨의 미소를 띠울 때, 터져 나오는 갈채 소리는 얼마나 감동적인가.

찾아오는 여인의 발소리는 온 심장과 기대를 끌어당긴다. 아직 보이지는 않지만, 정원에 깔린 자갈 위로 그녀의 발자국 소리가 울려온다. 가볍고 날렵하게, 사뿐사뿐 걷는 우아하고 경쾌한 발자국 소리. 축복의 발소리, 후광을 지닌 발걸음, 그것은 걸음 중의 걸음 소리이다.

정적의 소리야말로 아름답고 매혹적이다. 무위로부터, 근원으로부터 울려 나오는 듯한 심연의 흐름. —바로 오르간의 음악 소리요, 조개껍데기의 소리이다. 그것은 무엇일까? 그것은 자신 속을 흐르는 피의 음악이다. 심실의 노래이며, 자체에서 터져 나오는 환호성인 것이다.

한껏 부풀어 격동하는 심장을 가진 자는 축복을 받은 자이다. 사랑하는 이를 향한 입맞춤은 심장을 그렇게 고동 시킬 수 있는 것이다. 나는 그녀의 심장과 나의 심장이 질주하며 울리는 격동을 듣고 있다. 이 이중창을 듣는 것보다 더 충만하고 축복받은 일이란 지상에 그 어느 것도 없는 것이다.

『우리를 슬프게 하는 것들 / 안톤 슈낙 지음, 차경아 옮김 / 문예출판사』

제7회 나의 미래 비전 확립
〈미래상 프레젠테이션〉

혹시 이 책을 읽고 있는 분 가운데 정녕 내가 하고 싶은 일을 하고 있기 때문에 행복한 마음인 분들은 몇 명이나 될까? 아마 손에 꼽을 정도로 적을 거라 생각된다. 그렇다면 왜 이런 현상이 발생하고 있을까? 그건 자아정체감이 혼란한 청소년기 때부터 자신에 대한 고민을 진지하게 하지 않았기 때문이리라. 즉 내가 좋아하는 것이 무엇이고, 잘하는 것은 무엇인가에 대한 진지한 고민 끝에 고등학교 대학교, 나아가 사회에서의 직업까지 연결해 선택을 했어야 하는데, 나오는 성적에 맞추거나 부모님의 바람에 부응을 하다 보니, 그도 아니면 그저 별 생각 없이 흘러가는 대로 지내다 보니 종래에는 내가 원하는 것이 아닌 다른 일을 하고 있게 된 것이다. 따라서 기회가 된다면 내가 하고 싶은 일을 꼭 해보고 싶다는 분들이 많은데, 이번 세션은 그런 참여자들의 바람을 미래상에 그려보는, 동시에 자신의 목표와 의지를 여러 사람에게 천명함으로써 목표 실현에 한 발짝 더 다가설 수 있도록 돕기 위한 목적으로 진행이 됐다.

(1) 선정 자료

① 행복한 청소부 / 모니카 페트 글, 안토니 보라틴스키 그림, 김경연 옮김 / 풀빛

선정 자료에 대한 설명은 『책과 함께하는 마음 놀이터 1』의 두 번째 놀이터를 참고하라.

② 브라보 마이 라이프 / 김종진 작사·작곡, 봄여름가을겨울 노래 / 동아기획 제작 / 2002년 발매

더 이상 말이 필요 없는 그룹 '봄여름가을겨울'이 불러 공전의 히트를 친 노래이다. '지금껏 달려 온 인생을 위해 브라보 브라보 마이 라이프 마이 인생아 찬란한 우리의 미래를 위해 브라보!'로 이어지는 가사는 부르는 사람들에게 지나간 과거에 대한 회상과 미래에 대한 꿈을 부풀리게 만드는 힘이 있다. 그래서 미래의 비전을 확립해야 하는 제7회를 위해 선정해봤다. 노래 가사는 〈참여자 활동 자료 7-1〉에 있으며, 같은 제목으로 2007년 9월에 개봉한 한국 영화도 있으니(브라보 마이 라이프 / 박영훈 감독 / 백윤식, 임하룡, 박준규, 임병기, 이소연 주연 / 코미디·드라마) 함께 활용하셔도 좋겠다.

(2) 관련 활동

① 미래상 프레젠테이션

직장인들은 프레젠테이션에 익숙한 감이 있다. 왜냐하면 대부분의 회의가 프레젠테이션 형식으로 진행되기 때문인데, 그동안의 프레젠테이션의 회사의 어떤 제품이나 상품을 개발하기 위한 아이디어 나눔을 위한 것 혹은 경쟁을 위한 측면이었다면, '미래상 프레젠테이션'은 자신을 주인공으로 자기 스스로가 작성해 여러 사람들에게 알리기 위한 것이다. 이 활동을 위해 치료사는 여섯 번째 세션을 마치면서 자신의 미래상을 그려보고 오라는 과제물을 부여해야 하는데, 형식이나 내용, 분량에 대한 면은 철저히 참여자들의 자유의지에 맡겨 두는 대신, 이 활동의 취지에 대해서면 자세히 설명할 필요가 있겠다.

실제 활동을 해보면 정말 회사에서 사장 이하 중역들을 모시고 하는 프레젠테이션처럼 준비를 해오는 분도 있고, 아주 간단히 메모 정도만 해 와서 이야기를 하시는 참여자도 계시는 등 다양한데, 그 모든 것들이 가능하다. 왜냐하면 자신의 미래상을 스스로 설계해 와서 여러 사람 앞에 내놓는 것이기 때문이다.

참여자들이 준비해온 프레젠테이션을 별 거부감 없이 마치면, 치료사는 그 내용을 보다 세분화하면서 동시에 구체적인 방안을 생각해 봤으면 좋겠다는 차후 작업에 대한 독려를 하고, 서로 발표를 하고 다른 참여자의 이야기를 들어본 소감 등도 나눈 뒤 마치면 되겠다.

〈참여자 활동 자료 7-1〉

Bravo My Life

김종진 작사·작곡, 봄여름가을겨울 노래

해 저문 어느 오후
집으로 향한 걸음 뒤에
서툴게 살아왔던
후회로 가득한 지난날
그리 좋진 않지만
그리 나쁜 것만도 아녔어

석양도 없는 저녁
내일 하루도 흐리겠지
힘든 일도 있지
드넓은 세상 살다보면
하지만 앞으로 나가 내가 가는 곳이 길이다

* 브라보 브라보 마이 라이프 나의 인생아
　지금껏 달려온 너의 용기를 위해
　브라보 브라보 마이 라이프 나의 인생아
　찬란한 우리의 미래를 위해

내일은 더 낫겠지
그런 작은 희망 하나로
사랑할 수 있다면
힘든 일 년도 버틸 거야
일어나 앞으로 나가 니가 가는 곳이 길이다

* 반복 1번

고개 들어 하늘을 봐
창공을 가르는 새들
너에 어깨에 잠자고 있는
아름다운 날개를 펼쳐라

* 반복 3번

  Bravo!

제8회 건강한 직장인으로의 변신
〈명함 나누기, 참여 소감 나누기〉

프로그램이 워낙 짧다 보니 벌써 마지막 세션이다. 따라서 이번 세션에는 그동안 나눈 이야기들을 정리하고, 참여자들이 다시 직장으로 돌아가 건강한 생활을 할 수 있도록 독려하는데 목표를 두면 무난하겠다. 또한 기회가 없어 자신의 이야기를 전혀 하지 못한 참여자들에게도 이번 시간만큼은 적극적으로 표현할 수 있는 기회를 주어 아쉬움을 달랠 수 있도록 하고, 그럼에도 불구하고 아직 부족한 감이 남은 분들은 다음 프로그램에 다시 참여해 줄 것을 요청하는 선에서 마무리를 짓자.

(1) 선정 자료

① 30년만의 휴식 / 이무석 지음 / 비전과 리더십

『30년만의 휴식』은 성공은 했으나 행복하지 않은 30대 성공지상주의자 '휴(休)'의 내면여행을 담은 책이다. 늘 조급하고 지나치게 성취 지향적이어서 쉴 줄도 몰랐던 그가 30년 만에 마음에 진정한 쉼을 얻고 자유로워진 이야기를 통해 독자들도 심리적 현실의 자유를 누릴 수 있도록 돕는다.

성공이 모든 것을 보장할 것이라 믿는 휴. 인정받기 위해 제대로 된 휴식을 경험한 적이 없던 어느 날, 정신과 의사를 만나면서 사람을 이끌어 가는 동력이 무의식에서 많은 영향을 받는 '마음'이라는 것을 깨닫는다. 마음에 대해 깊이 생각해 본 휴는 자신을 몰아쳤던 내면의 '어린아이'로부터 벗어나 성숙해지고 진정한 휴식을 누리게 된다.

이 책은 '휴'에 대한 이야기뿐만 아니라, 세상의 '휴'들에 대한 이야기도 실려 있다. 분노하고, 좌절하고, 열등감을 느끼고, 조급하며, 교만하고, 의존적이며, 두 얼굴을 가지기도 하는 세상의 '휴'들. 저자는 그들에게 마음을 들여다볼 것을 권하며 자신의 무의식을 이해하고 상처 난 무의식의 감옥에서 해방되는 길로 안내한다.

마침 필자가 운영하고 있는 연구소의 이름에도 '휴(休)'라는 글자가 들어가고, 강의 장면에서 소개를 했더니 50년 만에 휴식을 얻었다며 감사를 표현해 온 수강생도 계셨다는 이유 때문에라도 더욱 기억에 남는 책이어서, 이 프로그램에 참여한 분들께도 꼭 권하고 싶은 마음에 마지막 세션에 선정 자료로 넣었다.

② 어느 직장인의 기도 / 작자 미상 / 발행처 불명

정말 모든 직장인이, 아니 나부터라도 이런 마음을 품고 하루하루를 살아갈 수만 있다면 너무 좋겠다는 생각이 절로 드는 글이다. 다만 작자와 발행처가 분명하지 않아 끝내 찾을 수 없었음이 아쉽고 죄송할 따름이다. 글의 내용은 〈참여자 활동 자료 8-1〉에 있다.

(2) 관련 활동

① 명함 나누기

명함은 내가 어엿한 사회인임을 증명해 주는 지표이자, 그 사람이 갖고 있는 여러 면들 가운데 또 한 면을 엿볼 수 있는 기회를 주는 것이기도 하다. 그래서 마침 이 프로그램에는 현재 직장에 다니고 있는 분들이 많이 참여를 하기 때문에, 향후 조언을 받고 싶은 일 등의 도움이 필요할 때 서로 연락을 주고받을 수 있도록 명함을 나누는 시간을 갖는 것도 의미가 있겠다.

② 참여 소감 나누기

직장인들과 함께 한 프로그램에서의 참여 소감은 보통 호프집으로 자리를 옮겨 듣곤 했다. 왜냐하면 참여자들이 헤어지는 아쉬움을 조금이나마 달래고픈 마음에 제안을 하기 때문인데, 이론적으로 보자면 이는 바람직하지 않기 때문에 프로그램실에서 모든 활동을 마치고 차후 행사에 대한 면은 따로 상의를 하는 것이 좋다고 이야기를 해야겠다. 그러나 프로그램에서의 역동을 본다면 오히려 치료사가 제안을 받아 들여 서로에게 부담이 가지 않는 선에서 참여 소감 나누기까지 진행을 하면 더욱 편안하고 매끄러운 분위기로의 연결, 허심탄회한 이야기를 들을 수 있는 기회도 가질 수 있다. 그러니 직장인이나 성인들과의 프로그램 중 마지막 세션에서는 이런 가능성도 열어둘 필요는 있겠다.

〈참여자 활동 자료 8-1〉

어느 직장인의 기도

작자 미상

매일 아침 기대와 설렘을 안고 시작하게 하여 주옵소서.
항상 미소를 잃지 않고,
나로 인하여 남들이 얼굴 찡그리지 않게 하여 주옵소서.

상사와 선배를 존경하고,
아울러 동료와 후배를 사랑할 수 있게 하시고,
아부와 질시를, 교만과 비굴함을 멀리하게 하여 주옵소서.

하루에 한 번쯤은 하늘을 쳐다보고,
넓은 바다를 상상할 수 있는 마음의 여유를 주시고,
일주일에 몇 시간은 한 권의 책과 친구와 가족과
오붓하게 더불어 보낼 수 있는 시간을 갖게 하여 주옵소서.

한 가지 이상의 취미를 갖게 하시어,
한 달에 하루쯤은 지나온 나날들을 반성하고,
미래와 인생을 설계할 수 있는 시인인 동시에 철학자가 되게 하여 주옵소서.

작은 일에도 감동할 수 있는 순수함과,
큰일에도 두려워하지 않는 대범함을 지니게 하시고,
적극적이고 치밀하면서도 다정다감한 사람이 되게 하여 주옵소서.

자기의 실수를 솔직히 시인할 수 있는 용기와,
남의 허물을 따뜻이 감싸줄 수 있는 포용력과,
고난을 끈기 있게 참을 수 있는 인내를 더욱 길러 주옵소서.

직장인 홍역의 날들을 무사히 넘기게 해 주시고,
남보다 한발 앞서감이 영원한 앞서감이 아님을 인식하게 하시고,
또한, 한 걸음 뒤쳐짐이 영원한 뒤쳐짐이 아님을 알게 하여 주옵소서.

자기반성을 위한 노력을 게을리 하지 않게 하시고,
늘 창의력과 상상력이 풍부한 사람이 되게 하시고,
매사에 충실하여 무사안일에 빠지지 않게 해주시고,
매일 보람과 즐거움으로 충만한 하루를 마감할 수 있게 하여 주옵소서.

그리하여 이 직장을 그만 두는 날,
또한 생을 마감하는 날에,
과거는 전부 아름다웠던 것처럼 내가 거기서 만나고 헤어지고,
혹은 다투고 이야기 나눈 모든 사람들이 살며시 미소 짓게 하여 주옵소서.

네 번째 놀이터

쉼터 여성의 자아존중감 향상을 위한 독서치료 프로그램

1. 프로그램의 필요성

치료 장면에서는 정말 다양한 분들을 내담자 및 참여자로 만날 수 있는 기회가 있는데, 필자에게 있어 탈(脫)성매매 여성들과의 만남은 아직도 지을 수 없는 기억이다. 왜냐하면 쉼터에 계신 분들이 모두 여성들이어서 직원들까지도 여자 분들로만 구성되어 있는지라 남자 치료사로서는 출입이 되지 않는 곳에 가서 진행한 프로그램이기도 하고, 다른 참여자들도 아니고 성매매를 하다가 탈출을 한 분들과의 작업, 비록 치료사와 참여자 간의 만남이기는 하지만 '남자'에 대한 인상을 어떻게 갖고 있을까 등의 걱정 등등으로 치료를 실시하기까지의 과정이 쉽지 않았기 때문이다. 하지만 치료사에 대한 믿음과 프로그램에 대한 갈망으로 총 두 번에 걸쳐 실시가 됐고, 2009년도에는 일정이 맞지 않아 실시하지 못하기도 했지만 여전히 가능성을 열어두고 있는 기관이자 대상자들이 되었다.

그렇다면 우선 탈(脫)성매매 여성들이 거주하고 있는 쉼터가 어떤 곳이고, 그 분들에게는 어떤 특성들이 있는지 간략히 정리해 보자. 먼저 쉼터는 성매매 방지 및 피해자 보호 등에 관한 법률에 의거하여 성매매 피해 여성에게 숙식, 주거공간제공, 상담(심리치료), 심신안정, 법적 분쟁 지원, 학업 및 직업 훈련 등을 통하여 그녀들의 재활을 도와 건강한 사회인으로 복귀할 수 있도록 하는 것을 목적으로 운영되는 곳이다. 즉 심리적 안정 사업, 사회적응훈련사업, 사회 재활훈련 사업을 중심으로 탈(脫)성매매 여성들을 지원하는 곳이다.

이어서 성매매 여성들의 심리·정서적 특성을 살펴보면 다음과 같다. 그녀들은 대부분이 빈곤과 가정폭력, 성폭력과 같은 부정적인 사건들을 이미 경험한 뒤, 20대 초반부터 성매매 활동을 시작해 다른 일을 한 경험이 전혀 없어 다른 직종으로의 이직에 대한 두려움을 갖고 있는 것은 물론, 그런 선택을 할 수밖에 없었던 점에 대해 타인을 원망하는 것은 물론 스스로에 대한 죄책감, 자포자기 하고 싶은 마음, 나아가 성매매 여성을 바라보는 사회의 편견과 시선 때문에 업소를 나오려는 의지가 부족하다. 따라서 심리적으로 위축되고 자아존중감 또한 저하된 면이 있다. 하지만 그럴수록 평범하면서도 안정된 생활을 하고 싶은 욕구는 상대적으로 높은데, 쉼터에 들어온 이후에도 자신의 마음 속 이야기를 하기까지는 상당한 시간이 걸린다고 하니, 이상과 현실 사이에서 느껴지는 괴리감이 또 클 것이라 생각된다. 그만큼 폐쇄된 곳에서 오랜 시간 동안 누군가의 감시를 받으며 생활했던 경험, 나아가 구타나 강간, 인신매매 등의 심각한 폭력을 경험한 분들은 외상 후 스트레스 장애(Post-Traumatic Stress Disorder, PTSD)에도 시달리기 때문에, 다시금 마음을 열고 힘을 내 사회에 적응해 나가는데 오랜 시간이 걸릴 수밖에 없고, 더욱 많은 관심과 지원이 필요한 것이다.

따라서 이 프로그램은 탈(脫)성매매 여성들이 힘들었던 과거를 원동력 삼아 다시금 일어서 당당한 한 사람으로서 살아갈 수 있는 힘을 키워주기 위해 계획된 것이다. 유치원 선생님이 되고 싶다던 A씨, 미용실을 차리고 싶다던 B씨가 지금은 모두 자신의 꿈을 이루었을 거라 믿으며, 프로그램의 구성으로 넘어가겠다.

2. 프로그램의 구성

이 프로그램은 총 8회로 구성이 됐다. 세션 당 진행 시간은 2시간이고, 마침 모든 참여자들이 한 공간에서 생활을 하고 있기 때문에 선정 사료를 돌려가며 미리 읽거나, 함께 시청을 할 수 있는 장점이 있었다. 그래서 쉼터에서 선정 자료들을 구입해 프로그램에 원활히 참여할 수 있도록 협조해 주셨지만, 특히 선정 자료가 책인 경우에는 한 권으로 부족할 듯 싶어, 치료사가 미리 빌려 드리는 방법을 취하기도 했다. 또한 중간에 퇴소를 하거나 입소를 하는 분들이 계신 점을 감안해 언제든 자유롭게 들고 날 수 있도록 열어 두었고, 그 날 그 날의 몸 상태나 기분 상태에 따라 참여가 어려운 분들은 쉴 수 있도록 배려하기도 했다. 마지막으로 아무래도 프로그램이 진행되는 곳이 참여자들에게는 먹고 자며 생활을 하는 장소이기도 하기 때문에, 가능하면 사생활을 침범하지 않는 장소, 또한 가능하면 많은 참여자가 함께 할 수 있는 시간대에 운영을 했으며, 중간에 10분 정도의 쉬는 시간은 매 세션마다 드렸다. 왜냐하면 보다 집중력 있게 프로그램을 운영하기 위한 이유와, 담배를 피우거나 할 수 있는 여유 시간도 드리기 위함이다. 프로그램에는 20대 초반부터 50대까지 고른 연령대의 분들 10명 내외가 참여했고, 매 세션마다 쉼터의 담당자가 함께 한 점도 특이사항이라 할 수 있겠다.

구체적인 프로그램 계획은 〈표 6-1〉에 있다.

〈표 6-1〉 쉼터 여성의 자아존중감 향상을 위한 독서치료 프로그램

세션	세부목표	관련 활동	선정 자료
1	'나' 드러내기 및 집단구성원으로 하나 되기	프로그램 소개, 집단 서약서 작성, 별칭 짓기 및 자기소개, 개인별 목표 정하기	〈동시 : 보잘 것 있단다〉
2	내 삶 살펴보기를 통한 '나' 인식하기	인생 그래프 그리기, 올바른 자기인식의 필요성을 통해 내 안에 무엇이 있는가 기억 더듬고 드러내기	〈영화 : 혐오스런 마츠코의 일생〉「나의 사직동」/ 보림
3	내가 갖고 있는 '어려움' 객관화하기	감정 단어에 담긴 내 어려움 찾아 담 허물기, 신문지 펀치	「담」/ 규장, 〈드라마 '인순이는 예쁘다' 15회 대본〉, 〈노랫말 : 가시나무〉
4	문제로부터 독립하기	점토로 상징화한 나의 문제(갖고 있는 어려움, 마음의 상태), 이야기치료 기법 활용 임금님 귀는 당나귀 귀	「공중그네·인 더 풀」/ 은행나무
5	인생을 새롭게 설계하기	나의 꿈 목록, 성공을 위한 7가지 결단, 내 가슴에 별을 달자!	「폰더 씨의 위대한 하루」/ 세종서적, 〈노랫말 : 나의 꿈〉
6	마음의 정리	주변 정리를 통해 마음 청소하기	「아무 것도 못 버리는 사람」/ 도솔
7	새롭게 태어나기	내가 가꾸고 싶은 텃밭은? - 내 마음의 텃밭	「작은 씨앗을 심는 사람들」/ 청어람미디어, 〈시 : 인생을 다시 산다면〉
8	창작 글쓰기 및 마음의 정리	나에게 쓰는 편지, 종결	「딸은 좋다」/ 한울림어린이, 편지지 〈시 : 한 그루의 나무〉

3. 프로그램의 실제

1) 쉼터 여성의 자아존중감 향상을 위한 독서치료 프로그램

제1회 나 드러내기 및 집단구성원으로 하나 되기
〈프로그램 소개, 집단 서약서 작성,
별칭 짓기 및 자기소개, 개인별 목표 정하기〉

앞서 말했듯 이 집단을 위한 프로그램은 진행될 때부터 필자에게 약간의 긴장감이 있었다. 그래서 첫 세션을 위해 쉼터에 가는 날, 가는 순간부터 마칠 때까지 '과연 프로그램이 잘 진행될까, 참여자들은 치료사에 대해 어떻게 생각할까' 등 끊임없이 걱정을 할 수밖에 없었는데, 그런 마음을 더욱 부추긴 건, 쉼터가 인적이 드문 산자락 아래에 자리를 잡고 있는데다가, 하필이면 진행을 해가 진 저녁 시간에 한 점 등도 일조를 했다. 생각해 보시라. 금방이라도 무엇인가가 튀어나올 듯한 칠흑 같은 어둠이 내린 시간, 주차를 할 수 있는 곳은 무속인이 살고 있는 곳임을 알리는 깃발이 꽂힌 집 앞이라고 한다면 어찌 마음이 편할 수 있겠는가. 아무튼 그런 여러 상황을 극복하고 드디어 도착한 쉼터, 필자의 걱정은 반갑게 맞아 주신 참여자들의 미소로 한 순간에 날아갔다. 오히려 저녁을 먹었는지, 달리 필요한 것은 없느냐며 살갑게 챙겨 주시는 모습에 감사한

마음과 함께, 프로그램 진행이 잘 될 것 같은 예감마저 들었다.

　이처럼 치료사도 엄연히 사람이기 때문에, 프로그램을 앞두거나 참여자들과 만날 때 여러 감정이 들 수 있다. 특히 초보 치료사라면 불안과 갈등의 요소는 더 많을 텐데, 필자는 그런 마음이 오히려 치료사를 키운다고 생각한다. 왜냐하면 그만큼의 준비를 할 것이기 때문에 말이다. 다만 불안한 마음이야 마음이고, 프로그램이 시작되면 그런 마음은 잠시 미루어 두고 참여자 한 사람 한 사람에게 집중하고, 계획된 목표를 이루기 위해 매끄럽게 이끌어 나가며 전문성을 느낄 수 있게 할 필요는 있겠다. 그래야 참여자들도 쉽게 마음을 열 수 있을 테니까.

　제1회에서는 다른 프로그램들과 마찬가지로 프로그램에 대한 전반적인 소개를 하고, 이어서 치료사 소개, 집단 서약서를 작성한 뒤 자기를 소개하는 시간도 갖는다. 또한 개인별로 8회 동안의 프로그램에 참여하면서 얻고 싶은 부분들을 생각해 목표를 정해 보게도 한다.

(1) 선정 자료

① 보잘 것 있단다 : 한국동시문학회 작품집 5호 『우리 집에 코끼리가 놀러 온다면』 中 / 한국동시문학회 글, 이영원 외 그림 / 대교출판

　이 책은 한국동시문학회에 속해 있는 동시인들의 작품을 엮은 것으로, '보잘 것 있단다'는 그 중 '허동인' 작가의 작품이다. 시의 전문은 〈참여자 활동 자료 1-1〉에 있다.

(2) 관련 활동

① 프로그램 소개

　쉼터에서는 여러 프로그램들이 진행된다. 특히 미술치료나 음악

치료 등의 치료가 진행되기도 하기 때문에, 그 프로그램에 참여한 경험이 있는 분들이 계시다면 독서치료에 대해 자세히 설명을 해드릴 필요도 있다. 또한 강제는 아니지만 가능하면 함께 참여하도록 권유를 하기 때문에, 참여자 가운데에는 큰 흥미가 없지만 참여를 하고 계신 분들도 있다. 때문에 그 분들을 위해 어떤 요소에 흥미를 느끼는지 확인해 보고, 프로그램에 반영할 수도 있다는 열린 대화를 나누는 것도 필요하다.

② 집단 서약서 작성

③ 별칭 짓기 및 자기소개

④ 개인별 목표 정하기

관련 활동에 대한 설명은 『책과 함께하는 마음 놀이터 2』의 다섯 번째 놀이터를 참고하라. 일반 주부들과는 상황이 많이 다르지만 성인 여성이라는 면에서는 비슷한 점도 있기 때문에 참고해서 응용할 부분은 그때마다 알맞게 적용을 하시면 되겠다.

〈참여자 활동 자료 1-1〉

보잘 것 있단다

허동인

들길에서 만난
노란 풀꽃송이들,
작지만
눈에 반짝 띄네.
나를 반겨 주네.

흙과
햇볕과
바람과
비가
한데 어우러져 만들어 낸
하느님의 작품.

그 누가
이 귀한 생명
보잘것없다 하겠는가?
국어사전에도
없는 말
내가 비로소 붙여주었지.
넌 참「보잘 것 있단다!」

「우리 집에 코끼리가 놀러온다면 /
한국동시문학회 글, 이영원 외 그림 / 대교출판」

제2회 내 삶 살펴보기를 통한 '나' 인식하기
〈인생 그래프 그리기, 올바른 자기 인식의 필요성을 통해 내 안에 무엇이 있는지 기억 더듬고 드러내기〉

두 번째 놀이터 「직장인의 직무스트레스 해소를 위한 독서치료 프로그램」의 제6회에 사용된 자료, '가던 길 멈추어 서서'를 보면, '가던 길 멈춰 서서 잠시 주위를 바라볼 틈도 없다면 얼마나 슬픈 인생일까?'라는 구절이 나온다. 이는 부와 명예라는 성공을 위해 앞만 보고 달려가는 현대인들에게, 쉼과 자신에 대한 점검의 필요성을 일깨워주는 내용이라 생각된다. 따라서 바쁘게 생활하고 있는 필자 역시 이 시를 읽을 때마다 '조금 더 쉬는 시간을 갖고, 그러면서 내 자신을 생각해 보는 기회를 갖고 싶다'는 마음을 품는데, 정작 생각에만 그칠 뿐 실천에는 옮기고 있지 못하니 이보다 더 우매한 일도 없다는 생각이다.

이번 세션은 이처럼 무슨 이유에서건 앞만 보고 달려왔을, 더 큰 생존 경쟁 상황에 놓여 있을 참여자들에게 자신을 돌아보며 인식할 수 있는 기회를 만들어 드리는 시간이다. 본격적으로 자신에 대한 노출을 시작하는 것이 이른 감은 있으나, 전체 세션의 길이가 짧아 어쩔 수가 없다. 그러니 혹 전체 세션에 더 여유가 있는 프로그램을 진행하는 경우라면, 한두 번 더 친밀감과 신뢰감을 형성할 수 있는 세션을 진행한 뒤 실시해도 되겠다.

(1) 선정 자료

① 혐오스런 마츠코의 일생 / 나카시마 테츠야 감독,
  나카타니 미키 주연 / 코미디, 뮤지컬 / 일본 / 2007년 개봉 작품
'너무나 아름다워 눈물이 나는 한 여자의 일생!', 이 영화에 대한

평을 꼭 써야겠다는 생각을 하자마자 떠올린 제목이다. 그런데 영화의 본제목과는 정반대의 제목이니 읽는 분들께서는 의구심이 들겠다. 도대체 어느 쪽이 맞는 것인지, 왜 이렇게 정 반대의 제목이 나온 것인지 말이다.

이 영화는 마츠코의 조카 쇼가 그녀의 죽음을 정리하는 역할을 맡으며 시작된다. 도쿄에서 백수 생활을 하던 쇼(에이타)는 고향의 아버지(카가 테루유키)로부터 한 통의 전화를 받는다. 행방불명되었던 고모 마츠코(나카타니 미키)가 사체로 발견되었으니 유품을 정리하라는 것. 다 허물어져가는 아파트에서 이웃들에게 '혐오스런 마츠코'라고 불리며 살던 그녀의 물건을 정리하며 쇼는 한 번도 만난 적 없는 마츠코의 일생을 접하게 된다. 중학교 교사로 일하며 모든 이에게 사랑받던 마츠코에게 지난 25년간 도대체 무슨 일이 일어난 것일까? 쇼는 마츠코를 기억하는 이들로부터 고모 마츠코의, 한 여자 마츠코의 삶을 듣게 된다.

노래를 너무나 잘하고, 너무나 사랑해 음악선생님이 된 마츠코는, 수학여행 중 제자가 일으킨 절도사건으로 해고를 당한다. 그 뒤 마츠코는 가출을 감행한다. 하지만 동거하던 작가 지망생은 '태어나서 죄송합니다'라는 짧은 글 한 줄을 남긴 채 자살을 하고, 마츠코는 작가 지망생 친구에게 열등감을 느끼던 친구와 불륜 관계에 빠진다. 하지만 곧 버림을 받고 절망에 빠져 몸을 팔게 된다. 이후 기둥서방에게마저 배신당한 마츠코는 그를 살해 후 자살을 시도하지만, 다시 한 남자를 만나 영원히 함께 하자는 약속을 한다. 그러나 그녀의 행복도 잠시, 경찰에 연행돼 8년형을 언도 받아 복역을 한다. 출소 후, 미용사로 일하던 마츠코는 자신을 해고당하게 만들었던 절도사건의 범인인 제자 류 요이치와 재회하고 운명적인 사랑에 빠지게 되는데, 야쿠자에 몸담고 있는 그는 놀음을 하는데 돈을 써 조직의 추격을 받아 결국 교도소 행을 택한다. 그러는 동안 마츠코는 그를 기다리고, 한편 교도소에서 우연히 신약성경을 읽고 종교에 귀의한 류는 그녀가 자신에게는 하느님과 같은 존재였음을 깨달으며, 그녀를 위하는 일은 앞으로 그녀를 만나지 않는 것이라는 결정을 내린다. 드디어 출소 날, 이 날이 오기만을 기다린 마츠코는 꽃다발을 들고 미리 나와 있지만, 정작 류는 그녀의 뺨을 때린 뒤 소리치며 달려가 버린다. 이후 고향에 있는 강과 비슷한 강가 아파트를 빌려 생활하게 된 마츠코는, 씻지도, 청소를 하지도 않는 생활을 통해 이웃들로부터 '혐오스런 마츠코'라는 소리를 듣는데, 다시 미용사 일을 할 수 있다는 자신감을 찾은 날 허무한 죽음을 맞는다.

영화의 내용을 대략 들으셨으니 이제는 왜 그런 제목이 붙여졌는지 아실 것 같다. 사실 최루성이어서 눈물이 나게 만들지도 않았지만, 그렇다고 이 영화가 코미디로 분류될 만큼 우스운 장면도 그닥 없다. 또한 마츠코의 삶을 다룬 노래들이 중간 중간 나오기 때문에 뮤지컬적인 요소가 가미되어 있지만, 그렇다고 역시 유쾌하거나 또한 경박하지도 않다. 오히려 화려한 색감과 CG로 더해진 영상이 촌스러우면서도 아름답게 그려진다. '마츠코'의 일생에 초점을 맞추어서 말이다.

이 영화는 제80회 키네마준보 베스트10 여우주연상, 제30회 일본 아카데미영화상 여우주연상 / 최우수음악상 / 편집상, 제61회 마이니치 영화콩쿨 여우주연상 / 기술상, 제31회 호우치영화상 여우주연상 수상이 말해주듯, 일단 여우 주연을 맡은 나카타니 미키의 연기가 압권이다. '역도산'에서 설경구와 함께 출연하기도 했던 이 배우는, 연기는 물론 노래와 춤까지 발군의 실력을 보여주며, 한 여자로서의 마츠코를 완벽하게 보여준다. 그 외 일본의 내노라하는 연기파 배우들이 총 출동한 이 영화는 흠잡을 데 없는 완벽 캐스팅을 보여준다.

이 영화를 심리학적인 관점에서 보자면, 마츠코는 어릴 때부터 사랑에 대한 갈망이 아주 컸다. 이유는 병으로 누워 있는 동생 때문이었는데, 특히 아빠는 관심도 선물도 동생에게만 주셨다. 아빠가 원하는 아이로 자라, 결국 아빠가 원하는 직장을 택했음에도 불구하고. 같은 학교에 근무하는 남자 선생님과 데이트를 시작한 이야기를 동생에게 들려줬을 때도, 아빠는 동생 생각은 전혀 하지 않는다면서 마츠코를 나무란다. 이 일은 이후 마츠코가 집을 나갈 때 나가지 말 것을 만류하는 동생을 뿌리치고 목을 조르며 하는 말 속에 잘 녹아 있다. "너 때문에…."

또한 마츠코에게는 스스로 심하게 궁지에 몰렸다고 생각되면 나오는 행동이 있는데, 이 행동 역시 처음에는 아빠가 웃는 모습을 보였기 때문에 수시로 사용했던 방법이다. 그런데 이후 이 방법 또한 통하지 않았기 때문에, 이후 스스로를 위로하기 위한 방법으로 변용된 것이 아닐까 싶다.

어렸을 때부터 사랑에 대한 갈망이 컸던, 상대적으로 외로움이 많았던 마츠코는, 그 외로움을 달래기 위해 자신을 사랑해 주는 사람이 있으면 기꺼이 마음을 허락한다. 때문에 동거를 한 남자도 많았고, 그들이 시키는 일은 무엇이든지 한다. 그렇게 자신을 파괴시키면서까지.

더불어 마츠코는 그리움 또한 많은데, 이는 고향에 대한 그리움, 가족에 대한 그리움이다. 때문에 그녀의 마지막 종착지 역시, 고향의 강을 닮은 곳 옆이었고, 그녀가 그 강을 바라보며 자주 울었다는 대사를 통해 확인할 수도 있다. 또한 영화의 마지막 장면에서도 그녀의 삶을 거꾸로 되짚어 간다.

이 영화는 치료적인 속성을 많이 담고 있는데, 우선 음악치료적인 속성은 마츠코가 부르는 노래에 있다. 이 노래는 마츠코 자신에게 힘을 주는 요소가 된다. 기쁠 때나 슬플 때나. 따라서 영화 중간 중간에도 독백처럼 노래가 흘러나온다. 또한 이야기치료적인 속성도 담겨 있다. 그녀는 새로운 사람을 만날 때마다 자신이 살아온 이야기를 들려주는데, 특히 자살하려고 했을 때 만났던 이발사는 "너의 과거가 어땠는지 아무 상관이 없다"는 말로 그녀의 마음을 달래주기도 한다. 마지막으로 글쓰기치료적인 면도 잠깐 나오는데, 혼자 사는 아파트에서 유일하게 좋아했던 가수에게 자신의 일생을 담은 글을 쓴다. 너무 많아서 우체통에 들어가지도 않는 오랜 세월 자신의 이야기를 말이다.

한 여자의 일생을 어찌 두 시간에 다 담을 수 있을까? 하지만 우리는 그 짧은 시간에도 '마츠코'라는 여인이 갖고 있던 아픔과 사랑, 그리고 행복과 꿈을 느낄 수 있다. 결코 혐오스럽지 않은 그녀의 삶을 만나보시라고 여러분들께도 권하고 싶다.

② 나의 사직동 / 김서정 글, 한성옥 그림 / 보림

선정 자료에 대한 설명은 『책과 함께하는 마음 놀이터 3』의 다섯 번째 놀이터를 참고하라.

(2) 관련 활동

① 인생 그래프 그리기

② 올바른 자기 인식의 필요성을 통해 내 안에 무엇이 있는지
   기억 더듬고 드러내기

관련 활동에 대한 설명은 『책과 함께하는 마음 놀이터 3』의 다섯 번째 놀이터를 참고하라.

제3회 : 내가 갖고 있는 '어려움' 객관화하기
〈감정 단어에 담긴 내 어려움 찾아 담 허물기, 신문지 펀치〉

(1) 선정 자료

① 담 / 글로리아 J. 에반즈 글·그림, 김성웅 옮김 / 규장

> 언제 처음으로 벽을 쌓기 시작했는지는 기억나지 않아요.
> 담을 쌓아 놓으면,
> 사람들이 내게 집적거리지 못하겠다고 생각한
> 바로 그 때부터인 것 같아요.
> 담은
> 경계선,
> 아니
> 보호막 같은 게 되는 거지요.

항상 불안에 시달리는 사람들은 자신을 보호하기 위해 담을 쌓는다. 그러나 그 담은 자신을 보호해 주는 역할도 하지만, 동시에 다른 사람들과의 관계를 차단하기 때문에 결국 빛이 들어오지 않

는 어둠속에서 외로움을 견디며, 누군가 손을 내밀어 주기를 기다려야 하는 처지로 만들기도 한다. 결국에는 스스로가 쌓은 벽을 혼자의 힘으로 허물어 나가야 함도 모른 채 말이다.

이 책은 이처럼 점점 담을 높게 쌓게 됐을 때와, 반대로 그 담을 하나씩 허물고 더 넓은 세상으로 나가 사람들을 만났을 때 어떤 일이 발생하는가를 여실히 보여준다. 비록 종교적인 색채가 짙지만, 그 부분을 치료사로 해석을 해도, 혹은 내 안에 있는 근원적인 힘이나 해결책이라 생각을 해봐도 충분히 공감을 할 수 있는 내용의 책이라 선정을 해봤다. 참여자들에게도 높게 쌓여 있을 벽, 그 안에 무수히 많은 어떤 무엇인가의 벽돌들을 스스로 치워나갈 수 있는 동기를 만들어 주기 위해 말이다.

② 드라마 『인순이는 예쁘다』 대본 /
　KBS-2TV 2007년 12월 26일 수요일 15회 방송 분

벌써 방영된 지 3년이 다 되어가는 작품으로, '인순이'라는 여성의 굴곡진 삶을 담고 있다. 인순이는 동생 대신 살인 죄목으로 옥살이를 하다 나온 여성으로, 그로 인해 사회에서 편견과 차별 어린 대접을 받는다. 하지만 그에 굴하지 않고 하루하루를 당당하게 헤쳐 나가는 모습이 인상적이다. 이번 세션을 위해 선정한 자료도 그런 인순이의 모습을 잘 담고 있는 장면으로, 영상이 아닌 대본을 골라 읽어 보며 마치 내가 인순이가 된 듯한 경험을 해 볼 수 있도록 유도했다. 대본은 〈참여자 활동 자료 3-1〉에 있다.

③ 가시나무 : 조성모 『2.5 Classic 앨범』中 /
　하덕규 작사·작곡, 조성모 노래 / 도레미

선정 자료에 대한 설명은 『책과 함께하는 마음 놀이터 3』의 다

섯 번째 놀이터를 참고하라.

(2) 관련 활동

① 감정 단어에 담긴 내 어려움 찾아 담 허물기

이 활동은 참여자들에게 다양한 감정 단어가 쓰여 있는 프린트나 카드를 나누어 주고, 그 중에서 내 주요 감정에 해당하는 것을 찾아보고, 이어서 그런 감정이 드는 이유가 무엇인지 어려움 중심으로 이야기를 풀어가는 것이다. 참여자들에게 제공한 감정 단어 목록은 〈참여자 활동 자료 3-2〉에 있고, 이를 바탕으로 담을 완성해 보는 활동지는 〈참여자 활동 자료 3-3〉에 있다.

② 신문지 펀치

관련 활동에 대한 설명은 『책과 함께하는 마음 놀이터 4』의 네 번째 놀이터를 참고하라.

〈참여자 활동 자료 3-1〉

인순이는 예쁘다 대본

#30 상우집 식당(낮)

소주병이 하나 놓여 있다. 식탁에 엎드려 잠든 명숙. 들어오는 상우. 다가와 바라본다. 가슴이 아프다. 가만히 다가와 소주병을 치우고 명숙을 바라보는 상우. 부스스한 머리카락에 주름진 얼굴. 얼핏 잠에서 깨는 명숙.

상우 : 왜 여기서 주무세요.
명숙 : (부랴부랴 얼굴을 추스르고) 어, 언제 왔니.
상우 : 들어가세요, 방에 가서 편히 주무세요.
명숙 : (정신 차리고) 넌 왜 또 들어왔어. 들어오지 말라 그랬잖아.
상우 : 집이 여긴데 어딜 나가라구요. 밖에 추워요, 엄마.
명숙 : 농담 받을 기분 아니다. (일어나며 휘청)
상우 : (얼른 부축한다) 술두 못하면서.
명숙 : 놔, 이거.
상우 : (다시 꽉 붙잡고) 엄마.
명숙 : (코웃음) 참 무서운 여자드라. 세상에 그런 악질이 있나 싶 드라.
상우 : (멈칫)
명숙 : 자식 팔아 장사 해먹겠다는 거 아니냐, 그것두 지가 키운 자 식이면 말을 안 해. 버렸다며? 어릴 때 버렸다며? 천하에

최고루 나쁜 년이드라. 느이 아버지 안목이 그렇다. 그런 여자한테 헐렐레.

상우 : (착잡하다)

명숙 : 걔두 참, 듣고보니 엄청 딱한 애드라.

상우 : (본다)

명숙 : 착각하지 마. 나는 그런 아이 싫어. 보나마나 사람 정에 굶주렸을 거구, 아무리 무슨 실수였대두. 감옥살이 했던 아이야. 내가 젤 싫어하는 애들이 바루 그런 애다. 성장과정이 어두운 애들.

상우 : 엄마 나두 어두웠어요.

명숙 : 뭐?

상우 : 나두 만만찮게 어두웠어요. 성장과정.

명숙 : 허

상우 : 엄마가 날 사랑해주셨지만 나두, 마음속은 늘 어두웠어요. 인순이 덕분에 간신히 버텼어요.

명숙 : 먼 소릴 하는 거야?

상우 : 어차피 우리 모두 다 따지고 보면 모두가 조금씩 어둡다는 얘길 하는 거예요. 꼭 감옥에 가야만 어두운 건 아니잖아요.

명숙 : (어처구니없다는 듯) 너 걔 불쌍해서 사귀지?

상우 : 걔 안 불쌍해요. 얼마나 씩씩한지 제가 들어갈 틈이 없어요. (씩 웃는다)

『KBS-2TV 2007년 12월 26일 수요일 15회 방송 대본』

〈참여자 활동 자료 3-2〉

감정(상태)을 나타내는 형용사·동사

가당찮은	가뜬한	가려운	가소로운	가증스러운
간드러지는	간지러운	갈팡질팡	감동적인	감미로운
감격스러운	감탄하는	강탈하는	거나한	거추장스러운
건방진	게으른	격앙된	경황없는	계면쩍은
고뇌하는	고단한	고된	고마운	고집센
곤드레만드레	공포스러운	관찰하는	괴로운	근지러운
글썽글썽	근엄한	급한	기막힌	기진맥진한
긴장한	기특한	꼬장꼬장한	냉랭한	노기등등한
눈물겨운	능청스러운	다정다감한	답답한	당황한
더러운	더운	따가운	떼쓰는	(오줌 등이) 마려운
맛있는	매정한	매콤한	맥없는	무서운
무시하는	바쁜	바보같은	변덕스러운	부끄러운
(눈을) 부릅 뜬	분주한	분한	불만스러운	불쌍한
불편한	비아냥거리는	삐친	사이좋은	생동감 넘치는
생기발랄한	서러운	서글서글한	서글픈	서운한
설레는	섭섭한	아니꼬운	아름다운	악쓰는
안절부절못하는	얄미운	얌전한	어리둥절한	예쁜
온순한	우울한	우유부단한	울먹이는	웃기는
으스스한	자유로운	자지러지는	잠잠한	적극적인
절박(절실)함	정신 팔린	조용한	지친	졸린
증오에 찬	지겨운	지루한	진땀나는	진지한
짓궂은	찜찜한	차분한	착각한	참다못해
탐내는	태연자약한	투덜거리는	퉁명스러운	파렴치한
표독스러운	포근한	허무한	허전한	허풍떠는
화끈한	환희에 찬	황홀한	후련한	흥겨운

〈참여자 활동 자료 3-3〉

내가 쌓고 있는 담

여기 한 여인과 그 여인이 쌓고 있는 담이 있습니다. 과연 이 여인은 어떤 담을 쌓고 있을까요? 떠오르는 대로 적어보세요.

제4회   문제로부터 독립하기
〈점토로 상징화 한 나의 문제, 임금님 귀는 당나귀 귀〉

(1) 선정 자료

① 공중그네 / 오쿠다 히데오 지음, 이영미 옮김 / 은행나무

② 인 더 풀 / 오쿠다 히데오 지음, 양억관 옮김 / 은행나무

이 세상에 살고 있는 사람들 누구에게든 크고 작은 문제는 있다. 또한 기쁘고 감동적인 순간들만큼이나 힘들고 괴로운 순간들도 찾아온다. 그래도 포기하지 않고 살아갈 수 있는 건 용기를 얻을 수 있는 사람들이 주변에 있고, 이처럼 나와 비슷한 혹은 나보다 더 큰 문제를 갖고 있는 사람들의 이야기를 전해들을 수 있기 때문이기도 하다.

두 권의 책을 보면서 '오쿠다 히데오'라는 작가가 무척 궁금했다. 어떤 사람이기에 이처럼 독특하면서도 유쾌하고, 동시에 심리학적 지식을 잘 전해주는 책을 썼는가 하는 존경심이랄까. 그래서 이력을 찾아보니 주로 글 쓰는 일을 하다가 작가로 데뷔, 나오키 상 등을 수상한 작가였다. 또한 발표하는 책마다 특유의 재담과 독특함이 가득한 작가로 정평이 나 있었다. 이 두 권의 책처럼 말이다.

이 책에는 어떤 '문제'를 갖고 있는 환자들이 등장하고, 그들을 치료해 주는 정신과 의사 '이라부', 그리고 늘 핫팬츠 차림으로 근무하는 '마유미'라는 간호사가 등장한다. 또한 이 병원은 지하 어두운 곳에 위치하고 있는 등, 모든 것들이 범상치 않다. 그래서인지 '뾰족한 물건만 보면 오금을 못 펴는 야쿠자의 중간 보스', '공중그네에서 번번이 추락하는 베테랑 곡예사', '휴대폰 문자 중독 성향의 소년' 등 찾아오는 환자들 역시 일반적이지 않은데, 때로는 엽기적

이지만 결국 환자들 자신이 스스로의 힘으로 문제를 해결할 수 있도록 돕는 장면들은 매우 인상적이다.

　제4회를 위해 이 책을 선정한 이유는, 참여자 중에는 특히 강박 성향이 강한 분도 계셨기 때문에 읽어 보면 도움이 될 것 같은 점도 있었고, 더불어 글 첫머리에 이야기 했듯이 누구에게나 크고 작은 어려움은 있지만, 그것을 어떻게 해결해 나가느냐는 다를 수 있음을 인식시켜 주기 위함이다.

(2) 관련 활동
① 점토로 상징화 한 나의 문제

　관련 활동에 대한 설명은 『책과 함께하는 마음 놀이터 2』의 네 번째 놀이터를 참고하라. 단, 이 활동에서는 점토 이외에 호일과 신문 등 몇 가지의 재료를 더 제공해서 실시함으로 인해 표현의 효과를 더 높였다. 이처럼 재료가 추가 되면 치료사에게는 그만큼 준비를 위한 노력 또한 더해지지만, 참여자들이 '상징적'으로 자신의 어려움을 표현해 내는 데에는 더 유용하기 때문에 필요하다면 그렇게 할 필요가 있다. 다음 사진은 참여자들이 만들어 낸 작품을 찍은 것이다.

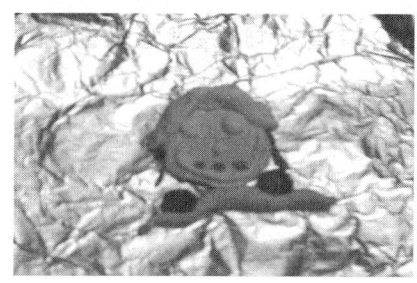
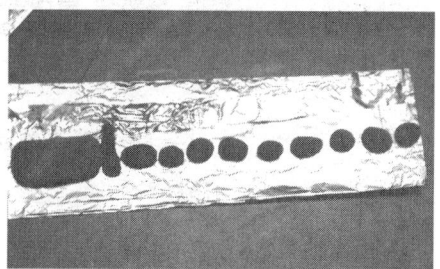

② 임금님 귀는 당나귀 귀

　이야기 치료(Narrative Therapy)라는 분야가 있다. 이야기 치료는 내담자 및 참여자들이 가지고 오는 문제 이야기를 대안적인 이야기로 바꾸어 그 문제를 해결할 수 있도록 돕는 것으로, 독서치료는 이미 누군가가 써 놓은 문학작품을 주로 활용하지만 이야기치료에서는 치료사와 상호작용하며 이야기를 만들어 간다는 특징이 있다.

　유명한 전래동화의 제목이자 이 활동의 제목이기도 한 '임금님 귀는 당나귀 귀'는, 다른 참여자의 이야기를 또 다른 참여자가 들어주어 속을 시원하게 해주기 위한 목표로 진행을 한 것이다. 상담 및 심리치료에서는 그저 상대방의 이야기를 있는 그대로 받아들여만 주어도 상당한 치료 효과가 있다는 이야기를 하는데, 혹 부정적인 피드백이나 섣부른 조언으로 인해 화자의 마음을 상하게 할 수도 있겠다는 생각이 들면, 고개를 끄덕여 주고 간단한 추임새만 넣어주며 온전히 들어주도록 하자. 한 사람의 이야기가 끝나면 들어주셨던 분과 역할을 바꾸어 진행하면 된다.

제5회 : 인생을 새롭게 설계하기
〈나의 꿈 목록, 성공을 위한 7가지 결단, 내 가슴에 별을 달다!〉

　글씨를 쓰다가 틀리면 지우개로 깨끗이 지운 뒤 다시 쓸 수 있는 것처럼, 내 인생에서 지우고 싶은 부분들도 쉽게 지우고 다시 써 넣을 수 있다면 얼만 좋을까? 하지만 이는 어려운 일이다. 오죽하면 많은 직장인들이 사실 마음속으로는 다른 일을 하고 싶지만,

과감히 그것을 버리고 새로운 일에 뛰어들지 못하겠는가. 그러나 환경이 사람을 만든다고, 누구나 그런 상황에 처하면 초인적인 힘을 내어 결국 뜻하는 바를 이룰 수 있을 거라 생각한다. 내가 원하는 만큼의 100%는 아닐지라도 말이다.

제5회에서는 부정적인 측면을 비워낸 참여자들에게 인생을 새롭게 설계해 볼 수 있는 기회를 드리기 위한 목표로 진행을 했다. 마침 참여자들 대부분은 학업을 제대로 마치지 못한 20대 초반의 분들도 많았기에 마음만 먹으면 얼마든지 하고 싶은 일을 할 수 있는 가능성도 많아, 계획을 잘 세우고 실천할 수 있는 스스로의 의지를 불러일으키려 노력했다. 그런 차원에서 다음 글은 참여자들에게 도움이 될 것이다.

이 글은 '막달레나공동체' 홈페이지(www.magdalena.or.kr) 내 '소망배달부' 안의 지난 '편지들'에 실린 것으로, [막달레나공동체 9월의 소망배달부]라는 관제와 함께 윤미카엘님께서 보내주신 글이라는 설명이 달려 있다. '막달레나공동체'는 성매매 업소에서 벗어나서도 쉽게 떨쳐 내지 못하는 기억을 갖고 있는 여성, 삶의 무게가 만만치 않아 아직은 조심스레 세상과 소통을 시작하는 여성들이, 세상의 편견을 뛰어넘어 습(習)으로 남은 기억들을 치유하고 극복하는 과정을 함께 하면서 서로 지지할 수 있는 울타리가 되는 곳이라고 한다. 그럼 글을 한 번 읽어 보시라.

"정혜야, 앞으로 뭐하고 싶니?"

　제가 중학교 때 아버지의 사업이 실패를 하자, 저의 가족은 머리조차 뉘일 곳 없는 어려운 상황이었습니다. 시집간 언니와 형부의 도움으로 두 칸짜리 방을 잠시 얻어 다섯 식구가 살았습니다. 당시 성악이 꿈이었던 저는 가정 형편에 의해 제 꿈을 버리고 예술고가 아닌 원치 않는 학교로 진학을 하게 되었습니다. 그 때부터 저의 갈등은 시작되고 저의 문제가 많은 행동에 담임선생님은 항상 폭력적인 매질을 서슴지 않았습니다. 불만으로 가득 찬 저는 학교에 적응을 못하고 결국 자퇴를 하였습니다. 친구들이 학교에서 공부할 시간에 저는 좁은 집에서 있었고 힘들어하는 부모님, 지체장애인 여동생, 날 괴롭히는 남동생 등등에 의해 저는 많은 불안감과 불만으로 지내야만 했습니다. 학교를 가지 않는 게 날이 갈수록 점점 부모님께 죄송하고 부끄러웠던 저는 가출을 하게 되었습니다.

　갈 곳도 돈도 없던 저는 업소에서 일을 하게 되었고 그 곳에서 돈을 벌다보니 저희 가족들이 작은 골방에서 살고 있는 것이 가슴이 아파 가끔 집에다 돈을 주곤 했습니다. 어린 나이라 그런지 업주에게 일한 돈을 다 받지 못한 적도 많고 제 개인적 사정으로 선불금을 받자 제가 그 때 당시 몰랐던 빚들도 생겨나기 시작했습니다. 긴 시간을 빚으로 이리저리 끌려 다니며 살다 저는 자살을 결심하고 죽으려고까지 했습니다. 이젠 남들처럼 그냥 평범하게 살고 싶고 빚에 이끌려 살고 싶지 않았기 때문입니다. 이것이 불가능이라 생각했던 저는 죽으려고 몇 번을 시도 했지만 저도 제가 모르는 내면에 살고 싶은 욕망이 있었는지 죽는 게 쉽지 않았습니다. 사랑하는 가족이 제일 많이 생각나더군요. 일한 돈은 무조건 압수당하며 생활이 너무 힘들었던 저는 살아있는 것 자체가 빚이 되어버렸습니다. 끝내 저는 대구로 도망을 쳤고 대구에서 십만 원짜리 달세 방에 아무것도 없이 불안감에 갇혀 살다가 2007년 9월 막달레나 공동체를 알게 되어, 정말 지푸

라기라도 잡는 심정으로 입소를 하게 되었습니다.

입소 후, 저는 자주 받는 질문이 있었습니다. "정혜야, 너 앞으로 하고 싶은 게 뭐니?" 전 대답을 못했고 당황스럽기까지 했습니다. 학창시절 이후, 저는 한 번도 제 꿈과 진로에 대해 생각해 본 적이 없기 때문입니다. 내가 내 자신에게도 질문해본 적 없습니다. 오로지 '돈을 벌어야한다, 빚을 까야한다'는 생각뿐이었습니다. 반복적인 그 질문에 매번 대답을 할 수 없자 저는 제 자신에게 화가 났습니다. 왜 하고 싶은 게 없는 건지 한심스럽기 까지 했습니다. 그렇게 계속 그 질문에 대답을 못했고, 고등학교 졸업장을 따기 위해 공부해서 검정고시에 합격을 하고, 그 사이에 업소에서의 그동안의 부채 문제로 경찰서 조사와 여러 번을 걸쳐 법원을 오가는 등 너무도 힘들고 불안했습니다. 결국 최종 무죄 선고를 받고 일단 안도의 숨을 쉬었습니다.

다들 제 각기의 삶을 살다 쉼터로 온 여성들은 서로의 고집과 다른 생활방식으로 서로 티격태격 싸우기도 합니다. 저 또한 그것 때문에 스트레스를 많이 받아 상대방에게 모진 말도 했습니다. 한 두 사람이 아닌 여럿이 살다보니 부딪히는 일도 많고 정신지체 여성이 들어와 속을 뒤집어 놓으면 그 여성의 병을 알면서도 이해하려고 하다보면 제가 힘들어 또 못 참고 모진 말을 했습니다. 그러다 보니 이리저리 쉼터가 갑갑하고 힘들기만 했던 저는 결국 퇴소를 했습니다.

퇴소 후, 친구의 도움으로 고시원에서 생활을 시작했습니다. 쉼터에서부터 교리공부를 했던 저는 쉼터 이용자를 하면서도 교리 공부를 했습니다. 10개월의 교리공부 끝에 저는 세례를 받았습니다. 쉼터를 나오면 사람들과 부딪히지도 않고 자유롭고 행복할 줄만 알았습니다. 물론, 자유로웠습니다. 그 자유로움도 잠시... 생각해보면 그건 결코 자유가 아니었습니다. 그 자유는 날이 가면 갈수록 외로움으로 변해갔고, 혼자 밥을 먹을 때면 쉼터의 동그란 상에 적지 않은 식구들이 둘러 앉아 하하, 호호 웃으며 밥을 먹던 모습이 자꾸 떠올랐습니다. 친구의 금전적 사정이 좋지 않자 저는 더 이상의 도움이 부담스러워졌고 결국 저는 쉼터에 필요성을 느끼고 대표님께 다시 쉼터에 들어갈 수 있도록 해달라며 허락을 받았습니다.

다시 쉼터에 들어온 저는 지금도 사람과 사람 사이의 스트레스에서 벗어나지 못하고 있습니다. 꿈에 나타나 괴롭히기도 합니다. 그러나 저는 참고 참습니다. 제가 또 이 곳 쉼터에서 나가 과거의 어두운 생활을 반복하게 된다면 전에 퇴소했을 때처럼 후회를 반복할 것임을 알았기 때문입니다. 하나를 얻으려면 하나를 버려야 한다는 것도 알았습니다. 상담 선생님의 질문이 시작되었습니다. " 앞으로 뭐하고 싶니?" 저는 문득 압화(press Flower 프레스 플라워)가 생각이 났습니다. 쉼터를 나가 이용자를 할 때 상담 선생님과 압화를 배웠습니다. 재미도 있고 하고 싶었습니다. 그래서 압화라고 처음으로 대답을 했습니다.

처음에 압화를 시작할 땐, 못해서 짜증도 났지만 꽃 한 송이 한 송이를 말리고 그 꽃으로 작품을 완성하니 행복 그 자체였습니다. 배우면 배울수록 재미있고 욕심이 납니다. 이젠 압화 자격증도 따고 싶고 압화에 관련된 직업도 갖고 싶습니다. 이렇게 저는 오랜 시간에 걸쳐 처음으로 하고 싶은 일을 찾았습니다. 꽃을 말리고 작품을 만드는 시간은 저에겐 더없이 행복한 시간입니다. 먼지 낀 듯한 나의 추억과 오물 같은 나의 과거를 잊고 꽃과 함께 저의 삶을 열어 보고 싶습니다... 그래서 저는 지금 이 순간도 꽃과 잎을 따서 말리고 있습니다...

(1) 선정 자료

① 폰더 씨의 위대한 하루 / 앤디 앤드루스 지음, 이종인 옮김 / 세종서적

'과거는 현재를 비추는 거울이다'라는 말이 있다. 그래서 사극을 보면 왕들은 어떤 일이 벌어질 때마다 선조들이 남긴 책에서 해답을 구했는가 보다. 여기 나오는 폰더 씨 역시 마찬가지다. 그는 40

대 중반의 가장으로 인생의 막다른 궁지에 몰리게 된다. 그러다 우연한 사고로 과거로 가는 블랙홀에 빠지면서 역사적인 인물 일곱 명을 만나게 되고, 그들로부터 새로운 삶의 빛을 발견해 그전과는 다른 삶을 맞게 된다.

어쩌면 참여자들에게는 이 프로그램을 통해 만난 치료사, 프로그램에서 함께 나눈 여러 권의 책들이 새로운 미래를 위한 도약대가 될 수도 있지 않을까? 그런 마음으로 폰더 씨를 소개해 보자.

② 나의 꿈 : 4집 『Difference』 中 / 유기환 작사, 권진원 작곡,
　서영진 편곡, 권진원 노래 / KM Music 제작 / 1999년 발매

이 노래는 '살다 보면' 등으로 많은 팬을 거느리고 있는 실력파 가수 권진원 씨의 4집에 실려 있는 것으로, 꿈이 있는 삶이 행복하므로 열심히 꿈을 꾸고 그것을 이루기 위해 노력하라는 내용이 담겨 있다. 가사는 〈참여자 활동 자료 5-1〉에 있다.

(2) 관련 활동

① 나의 꿈 목록

관련 활동에 대한 설명은 『책과 함께하는 마음 놀이터 3』의 네 번째 놀이터를 참고하라.

② 성공을 위한 7가지 결단

이 활동은 선정 자료 『폰더 씨의 위대한 하루』에 나오는 내용을 바탕으로, 참여자 스스로는 성공을 위해 어떤 결단이 필요한지 생각해 적어보도록 한 것이다. 책의 내용은 〈참여자 활동 자료 5-2〉에 있다.

③ 내 가슴에 별을 달다!

관련 활동에 대한 설명은 『책과 함께하는 마음 놀이터 1』의 첫 번째 놀이터, '나에게 주는 금별 스티커'를 참고하라.

〈참여자 활동 자료 5-1〉

나의 꿈

유기환 작사, 권진원 작곡,
서영진 편곡, 권진원 노래.

많은 사람들 내게 말했죠
어린 시절 꿈은 잊어버리라고
그렇지만 나는 혼자 말했죠
꿈이 없인 헛된 인생이라고

시간이 흘러 이젠 알았죠
사람들의 말도 옳다는 것을
그렇다고 해도 후횐 없어요
나만의 인생길 걸어온 것을

가끔은 외로움에 슬픈 눈물짓지만 믿어요
지나온 날들을 언젠가는
모든 것이 다 이뤄질 거야
내 모든 꿈들이

고개를 들어 하늘을 보아요
해와 달과 별이 내 꿈이에요
멀리 있다 해도 상관 없어요
꿈이 있는 삶은 행복이니까 ~

〈참여자 활동 자료 5-2〉

성공을 위한 7가지 결단

1. 공은 여기서 멈춘다. (트루먼 대통령)
: 나는 내 과거에 대해 모든 책임을 진다. 오늘날 심리적으로 육체적으로 정신적으로 재정적으로 이렇게 된 것은 내가 선택한 결단의 결과이다.

2. 나는 지혜를 찾아 나서겠다. (솔로몬 왕)
: 나의 과거는 결코 바꿀 수 없지만 오늘 내 행동을 바꿈으로써 내 미래를 바꿀 수 있다. 나는 오늘 당장 나의 행동을 바꾸겠다!

3. 나는 행동을 선택하는 사람이다. (체임벌린 대령)
: 나는 빠르게 움직인다. 성공하는 사람은 재빨리 결정을 내리고 자신의 마음을 천천히 바꾼다.

4. 나는 결연한 마음을 가지고 있다. (콜럼버스)
: 나에게는 꿈이 있다. 일단 꿈을 꾸어야 꿈을 실현시킬 수 있다. 꿈 없는 사람은 성취도 없다.

5. 오늘 나는 행복한 사람이 될 것을 선택하겠다. (안네 프랑크)
: 행복은 하나의 선택이다. 나는 어떤 상황에서도 나의 삶에 감사하겠다.

6. 나는 매일 용서하는 마음으로 오늘 하루를 맞이하겠다.
(링컨 대통령)

: 나는 나를 부당하게 비판한 사람들도 용서하겠다. 남은 물론 나는 나 자신을 용서하겠다. 내가 저지른 모든 실수, 모든 착오, 모든 좌절까지도.

7. 나는 어떠한 경우에도 물러서지 않겠다. (가브리엘 대천사)
: 나는 인간에게 부여된 가장 큰 힘, 즉 선택의 힘을 갖고 있다. 오늘 나는 어떠한 경우에도 물러서지 않는 것을 선택한다.

『폰더 씨의 위대한 하루 / 앤디 앤드루스 지음, 이종인 옮김 / 세종서적』

제6회   마음의 정리
〈주변 정리를 통해 마음 청소하기〉

필자에게는 늘 생각할 거리들이 많다. 글을 쓸 때, 프로그램에 필요한 자료를 선정할 때, 연구원이나 수강생들의 질문에 대한 답을 할 때 등 잠시도 생각을 게을리 할 수 없는 하루하루를 보내는데, 많다면 많은 일들을 빨리 처리할 수 있는 건 그만큼 마음의 정리를 통한 선택이 빠르기 때문이다. 일반적으로 남자들은 생각을 굳히면 빨리 실행에 옮기는 반면, 여자들은 생각이 많은 것에 비해 행동으로 옮겨지기까지는 또 다시 많은 시간이 필요하다. 그래서 여자를 '여우'라는 동물에 비유하기도 하는데, 이때 여우의 의미는 너무 생각이 많은 여자의 모습을 닮았다는 측면이다. 실제로 여우는 문턱을 하나 넘을 때에도 50여 번의 생각을 한단다.

아무튼 생각이 너무 없는 것도 문제이지만, 반대로 너무 많은 생각들 때문에 마음과 머리까지 복잡하다면 정리를 할 필요가 있지 않겠는가? 그래서 이번 세션에서는 눈에 보이는 주변에서부터 눈에 보이지 않는 심연의 고민들까지 청소하는 시간을 가졌다.

(1) 선정 자료

① 아무 것도 못 버리는 사람 / 캐런 킹스턴 지음, 최이정 옮김 / 토솔

이 책은 우리 주변을 둘러싸고 있는 무수히 많은 잡동사니(필자의 표현이 그렇다)에 대해 이야기 한다. 결론적으로 집안에 잡동사니가 많다는 것은, 또한 그렇듯 잡동사니를 쌓아 놓는 사람은, 내면에도 그만큼의 잡동사니가 많다는 셈이다. 그러니 육체 또한 캐운

하고 편할 리가 있겠는가? 잡다한 것들이 많이 머물러 있으니 복잡하고 부정적이며, 에너지 또한 소진될 것이다. 그렇다면 반대로 그런 것들을 말끔히 치워버리면 어떨까? 우리는 청소를 하고 나면 '개운하다'는 표현을 쓰는데, 집이 깨끗해서 그러는 것도 있지만 마음까지도 개운해진다는 것이다. 내적인 공간에도 여유가 생긴 것이니 자연스레 삶에도 여유가 생기지 않겠는가? 그래서 마음의 정리가 필요한 참여자들을 위해 제6회의 자료로 선정했다.

(2) 관련 활동

① 주변 정리를 통해 마음 청소하기

제6회의 선정 자료와 관련 활동에 대한 설명도 『책과 함께하는 마음 놀이터 2』의 여섯 번째 놀이터를 참고하고, 활용 가능한 활동지는 〈참여자 활동 자료 6-1〉에서 확인하시라.

〈참여자 활동 자료 6-1〉

물건과 육체, 그리고 영혼을 청소하기

〈잡동사니 테스트〉

1. 현재 내가 갖고 있는 여러 물건들 가운데 6개월 이내에 한 번도 사용한 적이 없는 것들의 목록을 적어보도록 하세요.

2. 그 물건을 바라보거나 생각할 때 나의 에너지는 상승하는지, 아니면 하강하는지 색깔로 표현해 봅시다. 상승하면 파란색으로, 하강하면 빨간색으로!

3. 그렇다면 나는 과연 그 물건들을 진정으로 좋아하는지, 나에게 유용한지 결정해 보고, 진정으로 좋아하지도, 유용하지도 않다면 그 물건을 어떻게 청소할 것인지 생각해 보세요.

〈마음의 잡동사니〉

  4. 비슷한 방법으로 내면에 있는 감정 가운데 버려야 할 것들을 적어보고, 그에 대한 해결방법도 떠올려 보세요.

제7회 새롭게 태어나기
〈내 마음의 텃밭〉

(1) 선정 자료

① 작은 씨앗을 심는 사람들 / 폴 플라이쉬만 지음, 김희정 옮김 / 청어람

작은 씨앗 하나로 시작된 사람들의 노력이, 결국 마을의 버려진 땅을 바꾸어 놓았다는 내용이 담긴 책이다. 그래서 참여자들에게 마음을 바꾸는 것, 행동을 바꾸는 것도 결국 아주 작은 결심 하나로부터 비롯될 수 있다는 통찰을 줌으로써, 새롭게 태어나기를 위한 초석으로 삼으라는 의미에서 선정한 자료이다.

② 인생을 다시 산다면 : 류시화 시집
『지금 알고 있는 걸 그 때도 알았더라면』中 / 류시화 엮음 / 열림원

인디언에서부터 수녀, 유대의 랍비, 회교의 신비주의 시인, 걸인, 에이즈 환자, 가수, 시대를 뛰어 넘는 무명 씨 등, 평생 외길을 걸어간 사람들의 시를 엮은 책이라고 한다. 그러다 보니 종교 및 명상적 분위기도 많이 풍겨서 자연스럽게 생각을 많이 해보게 되는 시들이 가득하다. '인생을 다시 산다면'도 그런 내용의 시로, 만약 인생을 다시 살 수 있다면 해보고 싶은 것들, 바꾸고 싶은 생활습관들을 기술하고 있다. 시의 전문은 〈참여자 활동 자료 7-1〉에 있다.

(2) 관련 활동

① 내 마음의 텃밭

만약 텅 비어 있는 텃밭이 있다면 그곳에 무엇을 심을 것인가? 이 활동은 찌꺼기를 말끔히 비운 마음을 텃밭으로 비유해, 각 참여

자가 심고 싶은 것들을 자유롭게 구역별로 표현해 보게 한 것이다. 이 활동을 통해 참여자들은 자신들의 꿈과 소망을 다시금 다지는 계기가 될 것이다. 활동지는 〈참여자 활동 자료 7-2〉에 있다.

〈참여자 활동 자료 7-1〉

인생을 다시 산다면

나딘스테어

다음번에는 더 많은 실수를 저지르리라.
긴장을 풀고 몸을 부드럽게 하리라.
이번 인생보다 더 우둔해지리라.
가능한 한 매사를 심각하게 생각하지 않을 것이며
보다 많은 기회를 붙잡으리라.

여행을 더 많이 다니고 석양을 더 자주 구경하리라.
산에도 더욱 자주 가고 강물에서 수영도 많이 하리라.
아이스크림은 많이 먹되 콩 요리는 덜 먹으리라.
실제적인 고통은 많이 겪을 것이나
상상 속의 고통은 가능한 한 피하리라.

보라, 나는 시간 시간을, 하루 하루를
의미 있고 분별 있게 살아온 사람 중의 하나이다.
아, 나는 많은 순간들을 맞았으나 인생을 다시 시작한다면
나의 순간들을 더 많이 가지리라.

사실은 그러한 순간들 외에는 다른 의미 없는
시간들을 갖지 않도록 애쓰리라.
오랜 세월을 앞에 두고 하루 하루를 살아가는 대신
이 순간만을 맞으면서 살아가리라.

나는 지금까지 체온계와 보온물병, 레인코트, 우산이 없이는
어느 곳에도 갈 수 없는 그런 무리 중의 하나였다.
이제 인생을 다시 살 수 있다면 이보다
장비를 간편하게 갖추고 여행길에 나서리라.

내가 인생을 다시 시작한다면
초봄부터 신발을 벗어 던지고
늦가을까지 맨발로 지내리라.
춤추는 장소에는 자주 나가리라.
회전목마도 자주 타리라.
데이지 꽃도 많이 꺾으리라.

『지금 알고 있는 걸 그 때도 알았더라면 / 류시화 엮음 / 열림원』

〈참여자 활동 자료 7-2〉

내 마음의 텃밭

자, 여기 아무것도 심어져 있지 않은 내 마음의 텃밭이 있습니다. 이 빈 텃밭에 나는 과연 무엇들을 심어 가꾸어 나가고 싶은지 적어 봅시다.

제8회 창작 글쓰기 및 마음의 정리 〈나에게 쓰는 편지, 종결〉

짧아서 너무 아쉬웠던 프로그램의 마지막 세션이다. 처음의 낯설었던 장면과는 달리 어느덧 정도 많이 들었는데, 벌써 프로그램을 마쳐야 할 시간이라니 아쉬움부터 밀려왔다. 그래도 이런 프로그램을 실시할 수 있었다는 사실에 더 감사하고, 프로그램에 참여했던 참여자 자신들이 큰 도움을 받았기에 앞으로도 책을 열심히 읽는다는 소감을 말해주어, 그 어떤 프로그램 보다 보람된 마음이었다. 이번 세션을 위해 선정한 자료와 관련 활동에 대한 설명까지 간략히 한 뒤, 네 번째 놀이터를 모두 마치겠다.

(1) 선정 자료

① 딸은 좋다 / 채인선 글, 김은정 그림 / 한울림어린이

아들도 물론 좋지만 딸이기 때문에 더 좋은 점들을, 어릴 때부터 시집을 보내 다시 손녀를 볼 때까지의 과정으로 엮은 그림책이다. 필자가 마지막 세션을 위해 이 책을 선정한 이유는, 딸(여자)로 태어나 지금껏 살아온 자신의 삶 전반을 되짚어 볼 수 있는 기회를 주기 때문이다. 또한 이 책의 주인공은 평범하게 자라나는 과정을 보여주기 때문에, 상대적으로 그렇지 못했던 참여자들에게 평범한 것의 아름다움을 일깨워 주고, 그렇게 살아가고 싶다는 마음을 북돋기 위한 의도도 있다.

이 그림책에는 멀티 동화 CD도 포함되어 있으니, 음악과 함께 자동으로 넘어가는 장면 장면들, 맑은 성우의 목소리로 책을 나누

는 것이 더 나을 것 같으면, 그것을 활용하는 것도 한 방법이다.

② 한 그루의 나무 / 황금찬 시 / [출판사 불명] / [출판년도 불명]

비록 온라인상에서이기는 했지만 황금찬 시인의 시집을 열심히 찾아 봐도 출처를 알 수가 없는 작품이었다. 어쨌든 시의 전문은 〈참여자 활동 자료 8-1〉에 있다.

(2) 관련 활동

① 나에게 쓰는 편지

이 활동은 다양한 프로그램 장면에서 마지막 세션에 자주 활용된다. 왜냐하면 프로그램 참여자들이 마지막으로 정리할 수 있는 기회를 주면서, 동시에 부족했을지도 모르는 자신에 대한 위로, 나아가 새로운 희망에 대한 고취까지 동시에 기할 수 있기 때문이다. 특히 성인 참여자들은 진솔어린 내용을 길게 쓰기 때문에 쓰는 작업만으로도 큰 효과를 볼 수 있다. 그러니 굳이 나누지 않고 싶어 하는 참여자가 있으면 그대로 간직하게 하는 것도 괜찮다.

② 종결 및 소감 나누기

〈참여자 활동 자료 8-1〉

한 그루의 나무

황금찬

새 뜻으로
나무 한 그루를 심는다.
그 나무에게 땀과 피와
생명을 쏟으리라.

나무가 해를 거듭하며
하늘의 뜻으로
자라갈 것을 믿는다.

우람한 줄기는 대지에 발을 묻고
가지는 사해 팔방으로 뻗어
무성한 잎, 그늘에 길손이 쉬리라.

다시 꽃이 피고 결실이 오면
누구도 열매를 먹고
행복의 옷을 입고 살아가리.

나무는 기후를 다스려
비를 내리고 바람을 재우며
구름을 가슴에 안고
시간에 서는 것을

나무는 우리들의
소망이기도 하여라.

긴 세월의 강이 흐르고
강 위에 피었다 사라지는
이름 하기 어려운
구슬의 광채
그렇게 장식되기를-

다섯 번째 놀이터

어르신의 치매 예방을 위한 독서치료 프로그램

I. 프로그램의 필요성

나이가 들어간다는 것은 곧 발달 단계의 종착점을 향해 간다는 것이다. 따라서 많은 기능이 퇴화되면서 자연스럽게 여러 변화들이 생기는데, 노년기를 맞는 어르신들에게 있어 '치매'는 가장 무섭고도 피하고 싶은 증상 가운데 하나이다. 따라서 이 프로그램은 노년기에 자아 통합을 이루지 못하고 절망감에 빠져 있으며, 특히 '치매'에 걸리지 않을까에 대한 건강 염려가 높은 분들을 대상으로, 문학작품을 읽고 회상 이야기와 글쓰기 등의 방법을 통해 치매를 예방하는 것은 물론, 우울감과 절망감을 물리치고 정서적으로 안정된 노년을 보낼 수 있도록 돕기 위함이 목표이다.

프로그램 구성 설명에 앞서 치매에 관해 잘 모르는 분들을 위해 '한국치매가족협회'에서 운영하는 홈페이지(www.alzza.or.kr)에 소개된 내용들을 간략히 옮겨 보겠다.

1) 치매란 무엇인가?

'치매(dementia)'라는 말은 라틴어에서 유래된 말로서 '정신이 없어진 것'이라는 의미를 갖고 있다. 치매는 정상적인 지적능력을 유지하던 사람이 다양한 원인으로 인해 뇌기능이 손상되면서 기억력, 언어 능력, 판단력, 사고력 등의 지적기능이 지속적이고 전반적으로 저하되어 일상생활에 상당한 지장이 초래되는 상태를 가리킨다. 이러한 진행성 치매는 뇌의 질환이며, 나이가 들어감에 따라 발병률이 증가한다.

1906년 11월 3일 정신과 의사인 Dr. Alois Alzheimer는 51세 된 부인이 남편에 대한 질투망상으로 시작되어 점점 증상이 악화된 후 55세에 사망하게 되는 케이스를 다루게 되었는데, 환자 사망 후 뇌의 해부결과 신경세포수가 현저하게 감소되어 위축되었으며 '노인반점'이 대뇌피질에 다수 발견되었다. 이는 최초로 보고된 퇴행성 뇌질환으로 치매를 일으키는 원인 중 가장 흔한 것이며, 이 병 자체가 사망원인이 되지는 않는다. 보통 폐렴, 감염증, 뇌졸증 등의 합병증에 의하여 사망에 이르게 된다.

2) 치매의 특징
① 기억력 장애
② 지남력 장애
③ 언어장애
④ 일상생활 수행능력 장애
⑤ 배회
⑥ 시·공간 능력 저하
⑦ 계산능력 감소
⑧ 판단력 / 문제 해결 능력 저하
⑨ 망상

3) 원인

치매의 발병률은 다소 차이가 있지만, 65세 이상에서는 약 5~10%이며, 80세 이상에서는 약 30~40%에 이른다고 보고되고 있다.

따라서 치매는 연령이 증가할수록 유병률이 높아짐을 알 수 있으며, 치매노인 중에서 남자노인보다 여자노인의 피매 유병률이 높은 것으로 조사되었다. 치매의 원인 중 가장 흔한 것은 퇴행성 뇌질환의 일종인 알츠하이머병으로 약 50~60%를 차지하고, 그 다음으로는 혈관성 치매가 20~30%를 차지하며, 나머지 10~30%는 기타 원인에 의한 치매이다. 치매의 기타 원인으로는 우울증, 약물, 알코올 및 화학물질 중독, 대사성 원인으로 인한 전해질 장애, 갑상선질환, 비타민 결핍증, 뇌 기능 장애를 초래하는 감염성 뇌질환, 두부외상, 정상압수두증 및 다발성 경색증 등이 있다.

2. 프로그램의 구성

본 프로그램은 어르신을 대상으로 마련된 것으로, 한글 해독이 가능한(읽기와 쓰기) 어르신 15명 내외, 회당 2시간씩 총 10회로 진행된다. 프로그램 시간에는 어르신들이 많은 분량의 책을 직접 구해 읽어 오기가 쉽지 않음을 감안해 짧은 시나 수필, 노래 가사 등을 활용해 자신의 기억이라는 저장소에 담겨 있는 이야기들을 회상하고, 그 내용들을 모아 글로 쓸 수 있는 활동을 바탕으로, 참여 어르신들이 현재 자신의 감정을 이해하고 수용하며 자신의 욕구와 미해결된 관계로 인한 감정 등에 대한 정리를 할 수 있도록 도울 것이다. 더불어 치매나 죽음에 대한 예기 불안으로 인한 우울감을 감소시킬 수 있도록 구성하였다.

독서치료는 선정된 문학작품을 읽고 상호작용을 통해 도움을 받는 분야이기 때문에, 치료사가 선정한 자료를 읽고 이야기를 나누는 과정만으로도 치매 예방은 물론 정서적 안정에도 큰 도움이 될 것이다. 이 프로그램은 의정부과학도서관에서 실시가 됐고, 『책과 함께하는 마음 놀이터 2』의 여섯 번째 놀이터에 담겨 있는 '노년기 우울 감소를 위한 독서치료 프로그램'의 내용을 참고로 해서 구성된 세션이 대부분임도 미리 밝혀둔다.

〈표 3-1〉 어르신의 치매 예방을 위한 독서치료 프로그램

차시	세부 목표	선정 자료	관련 활동
1	프로그램의 이해 및 친밀감 형성	〈도서 : 너희들도 언젠가는 노인이 된단다〉 〈도서 : 나의 사직동〉	프로그램 소개, 나의 약속, 사전검사 (GDS-K) · (MMSE-K)
2	건강 불안 해소 및 결집력 강화	〈수필 : 잃어버리는 것들에 대한 준비〉 〈도서 : 우리 가족입니다〉	건강상태 스티커로 확인하기
3	자신의 감정 이해와 수용	〈가요 : 타타타, 하숙생〉	감정 카드로 자신의 감정을 표현 및 수용하기
4	기억력·자긍심 증진	〈시 : 향수, 소년〉	협동 시 짓기
5	자신의 욕구 이해	〈시 : 내가 원하는 것〉 〈가요 : 사의 찬미〉	내가 원하는 것 모방 시 쓰기
6	미해결 관계 정리	〈산문 : 마지막 "사랑한다!"는 말 한마디, 가장 아름다운 꽃〉	미해결 관계로 남아 있는 대상에 대한 감정 표현하기
7	가족 이해	〈도서 : 우리 할아버지, 할머니가 남긴 선물〉	콜라주 : 가까운 사람들 기억속의 내 모습
8	타인 이해와 관계 개선	〈도서 : 두 사람〉 〈산문 : 상대방의 말 중복하기〉	3분 동안 들어주고 경험 나누기
9	자아통합 증진 및 죽음불안 감소	〈도서 : 살아 있는 모든 것은〉 〈산문 : 유언〉〈시 : 귀천〉	나의 죽음 또는 장례에 대한 나의 바람 '유언장' 작성
10	자부심 고취 및 의사결정력 증진	〈시 : 죽기 전에 꼭 해볼 일들〉	앞으로 시도해 볼 일들 정하기(나의 꿈 목록), 참여 소감 나누기

3. 프로그램의 실제

1) 어르신의 치매 예방을 위한 독서치료 프로그램

제1회 프로그램의 이해 및 친밀감 형성
〈프로그램 소개, 나의 약속, 사전 검사〉

어르신들을 대상으로 한 프로그램은 노인복지센터 등 이미 모여 계신 곳으로 찾아가 진행하는 것이 아니라면, 인원이 모집되어 실행까지 되기가 매우 어렵다. 이는 청소년 프로그램과 같은 이유인데, 왜냐하면 일반 성인이나 아이들처럼 평소 도서관을 자주 이용하지 않기 때문에 도서관이라는 장소 자체에 친밀감이 적고(청소년들은 이용할 시간이 제한되어 있기 때문에), 그러다 보면 자연스레 프로그램에 대한 홍보에도 덜 노출이 되기 때문이다. 그래서 일반적으로는 인원 구성이 이미 되어 있는 기관과 연계를 해 진행하는 경우가 많다.

또한 노인복지센터 등에서 프로그램을 진행하는 경우에도 독서치료 프로그램을 위한 충분한 시간 배정이 이루어지지 않는 경우가 많은데, 이런 면들은 어르신들을 위한 독서치료 프로그램의 활성화에 방해가 되는 요소들이다. 따라서 어르신들을 대상으로 프로그램을 진행할 수 있는 기회를 갖는 치료사들은 프로그램 시간에서부터, 필요성, 효과 등에 대해 기관 담당자들에게 계속 이야기를 할 필요가 있다고 생각한다. 만약 이런 기회를 자주 갖게 되어 담당자들도 그에 대한 인식이 생기면 향후에는 더 나은 조건에서 프로그램을 진행할 수 있을 테고, 그럼으로써 프로그램에 참여하는 분들은 더 큰 효과를 경험하실 것이며, 나아가 독서치료 프로그램의 정착과 활성화에도 기여를 할 것이기 때문이다.

다시 프로그램으로 돌아와, 어르신들과의 첫 만남은 늘 푸근한 기분이 든다. 마치 고향에 계신 할머니 할아버지를 만난 듯, 시골에 계신 어머니 아버지를 만난 듯 말이다. 어르신들과의 프로그램 진행 시 여느 참여자들과 크게 다른 점은 없으나, 선정 자료를 바탕으로 혹은 관련 활동에 대한 설명을 해드릴 때 약간은 큰 음성, 보통이거나 약간 느린 빠르기와 부드러운 어조로 말하는 것은 필요하겠다. 또한 여유 있게 두 번 정도 설명을 반복하는 것도 배려라고 생각된다. 더불어 어르신들은 이야기 도중 혹여 자신의 치부를 드러내거나, 가족과 자식들을 욕보이지 않겠다는 신념이 강하게 들 때는 말씀을 삼가려는 모습도 보이니, 이런 특징은 미리 알고 있는 것도 필요하겠다. 그럼 선정 자료부터 하나씩 설명을 해드리겠다.

(1) 선정 자료

① 너희들도 언젠가는 노인이 된단다 / 엘리자베트 브라미 글, 얀 나침베네 그림, 이효숙 옮김 / 보물창고

인간의 능력이 제아무리 다양하고 기술이 고도로 발달을 해도 세월은 거스를 수가 없다. 따라서 해가 거듭될수록 사람은 나이가 들게 마련이고, 그러다 보면 결국 노인이 되어 죽음을 맞게 된다.

이는 재력이나 권력의 여부, 남녀의 여부, 기타 다른 요소들의 여부에도 불구하고 누구에게나 동등하게 적용되는, 어쩌면 이 세상에서 가장 평등하다 느껴지는 유일한 일이기도 하다. 물론 순서의 차이, 삶이라는 기간 동안의 질에는 분명 차이가 날 테지만 말이다.

이 그림책은 '늙은 아이들(Les Vieux Enfants)'이라는 원제를 갖고 있는 작품으로, 유년의 시기와 노년의 시기가 그리 멀리 떨어져 있지 않다는 것을 알려 주고 있다. 더불어 우리 모두가 노인이 될 것이기 때문에 그 시기에 도달하기 전까지 행복하게 지내기를, 나아가 노인들을 사랑할 필요가 있음을 언급한다. 왜냐하면 결국 언젠가는 우리들도 그들처럼 될 테니까.

필자가 제1회를 위해 이 도서를 선정한 이유는, 어르신들에게 과거로부터 살아온 자신의 삶을 돌아볼 수 있게 하고, 나아가 더 나은 노년기를 위해 필요한 것이 무엇인가에 대해 생각해 볼 수 있도록 하기 위해서이다. 즉 프로그램 참여 동기를 높이고 더불어 자신만의 목표를 생각해 볼 수 있도록 하기 위함이다. 에릭슨이 구분한 노년기 발달 단계의 과업인 통합을 위해서 말이다.

② 나의 사직동 / 김서정 글, 한성옥 그림 / 보림
선정 자료에 대한 설명은 『책과 함께하는 마음 놀이터 3』의 여섯 번째 놀이터를 참고하라.

(2) 관련 활동
① 프로그램 소개
이 프로그램은 분명 '치매 예방'을 목표로 한 것이다. 따라서 참여 어르신들도 그런 목표임을 알고 참여를 하셨을 것이다. 그렇다고 해

도 필자는 프로그램 중 반복적으로 '치매'라는 말을 언급하는 것은 바람직하지 않다고 생각한다. 왜냐하면 이는 참여자들로 하여금 그 질병에 대한 불안만 더욱 크게 갖는 결과를 초래할 수도 있기 때문이다. 따라서 소개 장면에서도 필자는 과거로부터 살아온 삶에 대한 이야기를 나누는 시간, 그러면서 남은 생을 보다 의미 있게 마무리 짓기 위한 준비를 하는 시간이라고 말씀을 드린다. 결국 '치매'도 인지 기능에서 오는 문제이니, 과거의 일들을 회상하는 등 기억을 자극하고 자꾸 활용하면 도움이 되지 않겠는가 하는 생각이다.

② 나의 약속

관련 활동에 대한 설명은 『책과 함께하는 마음 놀이터 1』의 첫 번째 놀이터를 참고하라. 아이들 프로그램에서는 '약속 지키기 서명'이라는 말로, 청소년 프로그램 이상에서는 '집단 서약서'라는 말로 자주 표현한다.

③ 사전 검사

이 프로그램에서 참여 어르신들의 치매 여부를 알아보기 위해 활용한 검사는 '한국판 단축형 정신상태검사(Mini-Mental State Examination, K-MMSE)'이다. 이 검사는 Folstein 등이 1975년에 개발해 다양한 인지기능들을 5~10분 정도에 측정할 수 있도록 고안한 것으로, 심하거나 중간 정도의 수준으로 진행된 치매를 탐지하는데 있어 그 신뢰도와 타당도가 입증되었다. 또한 인지기능장애의 정도를 정량적으로 평가할 수 있고, 반복적 측정으로 인지기능의 변화를 관할하는 데도 유용한 간단하고 객관적인 검사이다. 다만 치매를 확진하거나 치매의 유형을 구별을 할 수는 없고, 선별 및 추적검사, 임상 시험에 유용성은 높다.

평가 항목은 지남력(orientation), 기억력(memory), 주의집중력(attention), 시공간능력(visuo-spatial skill) 및 언어기능(language) 등이 있다. 기타 검사에 대한 더 자세한 설명은 매뉴얼을 구입해 참고하시라.

제2회 건강 불안 해소 및 결집력 강화
〈건강상태 스티커로 확인하기〉

연륜(年輪)이라는 말이 있다. 여러 해 동안 쌓은 경험에 의해 이루어진 숙련의 정도를 일컫는 말로, 수령이 오래된 나무일수록 나이테가 더 많음이 이와 같은 의미라 생각할 수 있겠다. 사람으로 치자면 얼굴의 주름라고나 할까.

그렇다면 한 번 생각해 보자. 사람이 얼굴에 주름이 패일만큼, 나무가 여러 겹의 나이테가 생겼을 만큼 살았다면, 이미 많은 경험으로 인해 더 이상 무서울 것도, 미혹할 것도 없는 경지에까지 이르렀을 것 같지 않은가? 종종 어르신들께서 말씀 도중 "이제 살만큼 살았기 때문에 죽음조차도 두렵지 않다."는 표현도 하시는 걸 보면, 정말 더 이상 아무런 미련도, 불안도, 미혹함도 없어 보이는 것이 사실이다.

하지만 사람들은 아직 가보지 않은 '죽음'의 길에 대한 불안을 대부분 갖고 있다. 세상에서 접할 수 있는 많은 일들이야 오랜 시간을 견뎌오면서 자연스레 경험을 하게 되면 점점 축적된 경험으로 인해 무뎌져 가는 면이 있으나, 죽음은 두 번 경험을 해 볼 수 없는 일이지 않은가. 그러다 보니 누구나 그에 대한 불안을 갖고 있을 수밖에 없다. 즉 "빨리 죽고 싶다"는 어르신들의 말씀이 거짓말에 분류가 되는 것처럼, 사람은 누구나 조금 더 오래 살고 싶은 수명 연장의 꿈을 갖고 있을 거라 생각한다. 따라서 나이가 들어가면 세상만사 이치가 눈앞에 훤히 그려지게 마련이지만, 유독 건강에 대한 불안만은 더욱 커지지 않을까 싶다. 따라서 이번 세션에서는 어르신들이 이미 앓고 계신 증세와 부위, 더불어 혹시 아프지 않을까 걱정하는 부분들을 점검해 보는 시간을 가졌다. 아이들 및 청소년들은 최신형 기계 장비와 게임, 연예 및 스포츠, 학교 및 학업 등에 관한 이야기를, 주부들은 아이들과 집안 관련 이야기를 하면 공감대가 쉽게 형성되는 것처럼, 어르신들에게 있어 '건강'을 주제로 한 이야기는 결집력 강화에 탁월한 면이 있다.

(1) 선정 자료

① 잃어버리는 것들에 대한 준비 :『소노 아야코의 중년 이후』中 / 소노 아야코 지음, 오경순 옮김 / 리수

    잃어버리는 것에 대한 준비란,
    준비해서 잃어버리지 않도록 하는 것이 아니다.
    잃어버린다는 사실을 받아들일 수 있는 마음의 태세를
    늘 갖추고 있는 것을 의미한다.

라는 구절이 인상적인 수필이다. 선정 자료에 대한 설명은『책과 함께하는 마음 놀이터 2』의 여섯 번째 놀이터를 참고하라.

② 우리 가족입니다 / 이혜란 지음 / 보림

선정 자료에 대한 설명은『책과 함께하는 마음 놀이터 3』의 다섯 번째 놀이터를 참고하라.

(2) 관련 활동

① 건강상태 스티커로 확인하기

이 활동은 시각적인 효과를 부각시켜 참여자 모두가 다른 참여자의 활동 내용을 쉽게 보게 하기 위한 목적으로 실시했다. 각 참여자에게 남녀 인체 그림을 성별에 맞게 한 장씩 나누어 드리고, 이어서 노란색과 붉은색의 스티커도 배부를 한다. 이어서 인체 부위에 이미 아파서 치료를 받고 있는 부분, 받았던 부분에는 붉은색 스티커를, 행여 아플까 걱정이 되는 부위에는 노란색 스티커를 붙이시라고 설명을 해드리자. 개별 활동이 모두 끝나면 한 분씩 돌아가며 이야기를 나누면 되는데, 어르신들은 이야기를 느리고도 길게 하는 특성이 있기 때문에 치료사가 마음 상하지 않게 시간을 적절히 조율할 필요가 있다. 보다 자세한 활동에 대한 설명과 인체 그림은 『책과 함께하는 마음 놀이터 2』의 여섯 번째 놀이터를 참고하라.

제3회 자신의 감정 이해와 수용
〈감정 카드로 감정 표현 및 수용하기〉

(1) 선정 자료

① 타타타 : 『김국환 1집』中 / 양인자 작사, 김희갑 작곡, 김국환 노래 / 지구레코드 제작 / 1992년 발매

② 하숙생 : 『최희준 힛트곡 전집』中 / 김석야 작사, 김호길 작곡, 최희준 노래 / 지구레코드 제작 / 1995년 발매

(2) 관련 활동

① 감정 카드로 감정 표현 및 수용하기

제4회 기억력·자긍심 증진 〈협동 시 짓기〉

(1) 선정 자료

① 향수 : 정지용 시집 『향수』 中 / 정지용 시 / 미래사

② 소년 : 윤동주 시집 『윤동주 시집』 中 / 윤동주 시 / 범우사

(2) 관련 활동

① 협동 시 짓기

제3회와 제4회 선정 자료 및 관련 활동에 대한 설명은 모두 『책과 함께하는 마음 놀이터 2』의 여섯 번째 놀이터를 참고하라.

제5회 자신의 욕구 이해 〈내가 원하는 것 모방 시 쓰기〉

(1) 선정 자료

① 내가 원하는 것 : 류시화 시집
『지금 알고 있는 걸 그 때도 알았더라면』 中 / 류시화 엮음 / 열림원

선정 자료에 대한 설명은 『책과 함께하는 마음 놀이터 2』의 여섯 번째 놀이터를 참고하라.

② 사의 찬미 / 윤심덕 작사, 요시프 이바노비치(Josif Ivanovici) 작곡,
윤심덕 노래 / 1926년 발매

윤심덕의 '사의 찬미'는 한국 대중음악의 시초로 기록된다. 일본 우에노 음악학교에서 성악을 전공했을 정도로, 당시로는 보기 드문 엘리트였던 그녀는, 이바노비치의 유명한 왈츠곡 '다뉴브강의 잔물결'에 노랫말을 붙여 '사의 찬미'를 완성했다. 곡을 발매하던 해 서른 살의 나이로 자살을 했다는 점이, 암울한 식민지 상황과 비극적으로 연결이 되면서 대중들의 마음에 심금을 울린 곡으로 남아 있다.

필자가 이 곡을 선정한 이유는 참여 어르신 대부분이 알만한 곡이기도 하고, '너는 무엇을 찾으려 하느냐' 등의 가사가 이번 세션의 목표에도 부합되는 면이 있기 때문이다. 노래를 선정할 때는 가사와 함께 곡조를 살피는 것도 매우 중요한데, 이 곡은 두 가지 면 모두에서 만족할 만한 자료임에 틀림없다. 노래의 가사는 〈참여자 활동 자료 5-1〉에 있다.

(2) 관련 활동
① 내가 원하는 것 모방 시 쓰기

관련 활동에 대한 설명은 『책과 함께하는 마음 놀이터 1』의 첫 번째 놀이터를 참고하라.

〈참여자 활동 자료 5-1〉

사의 찬미

요시프 이바노비치 원곡, 윤심덕 노래

광막한 황야를 달리는 인생아
너는 무엇을 찾으러 왔느냐
이래도 한 세상 저래도 한 세상
돈도 명예도 사랑도 다 싫다

녹수 청산은 변함이 없건만
우리 인생은 나날이 변했다
이래도 한 세상 저래도 한 세상
돈도 명예도 사랑도 다 싫다

이래도 한 세상 저래도 한 세상
돈도 명예도 사랑도 다 싫다

제6회　미해결 관계 정리
〈미해결 과제로 남아 있는 대상에 대한 감정 표현하기〉

(1) 선정 자료

① 마지막 "사랑한다!"는 말 한 마디 : 『천만 명의 마음을 울린 세상에서 가장 아름다운 이야기』 中 / 이엔 지음, 이은희 옮김 / 리베르

② 가장 아름다운 꽃 : 『생애 최고의 날은 아직 살지 않은 날들』 中 / 정호승·법륜 외 지음 / 조화로운 삶

(2) 관련 활동

① 미해결 과제로 남아 있는 대상에 대한 감정 표현하기

제6회의 선정 자료와 관련 활동에 대한 설명도 『책과 함께하는 마음 놀이터 2』의 여섯 번째 놀이터를 참고하라.

제7회　가족 이해
〈콜라주 : 가까운 사람들 기억속의 내 모습〉

(1) 선정 자료

① 우리 할아버지 / 릴리스 노만 글, 노엘라 영 그림, 최정희 옮김 / 미래아이

② 할머니가 남긴 선물 / 마거릿 와일드 글, 론 브룩스 그림, 최순희 옮김 / 시공주니어

(2) 관련 활동

① 콜라주 : 가까운 사람들 기억속의 내 모습

제7회의 선정 자료와 관련 활동에 대한 설명도 『책과 함께하는 마음 놀이터 2』의 여섯 번째 놀이터를 참고하라.

제8회 타인 이해와 관계 개선 〈3분 동안 들어주고 경험 나누기〉

(1) 선정 자료

① 두 사람 / 이보나 흐미엘레프스카 글·그림, 이지원 옮김 / 사계절

선정 자료에 대한 설명은 『책과 함께하는 마음 놀이터 2』의 세 번째 놀이터를 참고하라.

② 상대방의 말 중복하기 : 『천만 명의 마음을 울린 세상에서 가장 아름다운 이야기』 中 / 이엔 지음, 이은희 옮김 / 리베르

(2) 관련 활동

① 3분 동안 들어주고 경험 나누기

두 번째 선정 자료와 관련 활동에 대한 설명도 『책과 함께하는 마음 놀이터 2』의 여섯 번째 놀이터를 참고하라.

제9회   자아통합 증진 및 죽음 불안 감소
〈유언장 작성〉

(1) 선정 자료

① 살아 있는 모든 것은 / 브라이언 멜로니 글, 로버트 잉펜 그림, 이명희 옮김 / 마루벌

선정 자료에 대한 설명은 『책과 함께하는 마음 놀이터 1』의 세 번째 놀이터를 참고하라.

② 유언 / 랜 앤더슨 / GBC 미주복음방송 인터넷 사이트에서 자료 인용

③ 귀천 : 천상병 시집 『귀천』 中 / 천상병 시 / 답게

(2) 관련 활동

① 유언장 쓰기

두 번째 선정 자료와 관련 활동에 대한 설명도 『책과 함께하는 마음 놀이터 2』의 여섯 번째 놀이터를 참고하라.

제10회   자부심 고취 및 의사결정력 증진
〈나의 꿈 목록, 사후 검사〉

(1) 선정 자료

① 죽기 전에 꼭 해볼 일들 : 류시화 시집 『지금 알고 있는 걸 그때도 알았더라면』 中 / 류시화 엮음 / 열림원

(2) 관련 활동

① 앞으로 시도해 볼 일들 정하기(나의 꿈 목록)

선정 자료와 관련 활동에 대한 설명은 『책과 함께하는 마음 놀이터 2』의 여섯 번째 놀이터를 참고하라.

② 참여 소감 나누기

여섯 번째 놀이터

새터민 아동의 사회적 기술 향상을 위한 독서치료 프로그램

1. 프로그램의 필요성

현재 국내에 들어와 정착하고 있는 새터민 수는 약 2만 명에 이른다. 2008년에만도 2천 8백여 명이 입국한 것은 물론, 해마다 10% 가까이 입국자 수가 늘고 있다니, 앞으로 우리 사회에 정착할 새터민 수는 더욱 늘 전망이다. 이런 현상은 급속도로 확산되고 있는 다문화 가정과 유사하게, 우리 사회의 또 다른 축을 형성하며 다양한 현상을 낳을 것으로 기대되는데, 안타깝게도 그들은 대한민국의 자본주의 사회 경제 체제에서의 소비생활과 돈의 가치 및 단위에서 오는 당혹감, 예전에 경험해 보지 못한 생소함에서 오는 학교 및 직장 등 사회생활에서 어려움, 외래어나 한자어 사용에 따른 언어생활에서의 장애와 함께 심리적인 측면에서의 죄책감, 테러에 대한 공포와 외로움, 자아정체성의 문제와 생활습관과 의식구조의 차이로 인한 적응상의 어려움 등, 남한 사회의 문화에 적응해 나가는 과정에서 전반적인 어려움을 겪고 있다.

따라서 새터민의 원활한 정착 및 생활을 도울 필요가 있는 국가 및 지방자치단체는 다방면으로 그들을 지원하기 위한 노력을 기울일 필요가 있다. 마침 이런 일환으로 전국 각지에는 그들을 위한 정착 지원 센터가 운영 중이고, 그곳을 통해 다양한 교육과 건강 및 취업에 대한 지원도 이루어지고 있다. 하지만 교육에 앞서 그들이 겪고 있는 심리·정서적 어려움에 대한 보살핌은 부족한 실정으로 보인다.

이 프로그램은 우리 사회 정착에 어려움을 겪고 있는 새터민들의 심리적인 면을 보듬어 주어 자신감을 회복하는 것은 물론, 자아 정체감 및 효능감을 증진시켜 또 다시 이탈자가 되어 방황하기보다는 사회에 기여할 수 있는 사회인으로 성장시키는데 있다.

특히 초등학교 시절의 아동은 타인의 행동을 모방하거나 또는 자기 정체감을 형성해 가면서 사회화의 과정을 거치게 된다. 그런 과정을 통해 학교생활에 적응을 하게 되고, 바람직한 행동을 습득하며, 성장 발달하게 된다. 그런데 새터민 아동의 경우에는 이처럼 중요한 시기에 가족과 함께 북한을 이탈하여 또래를 통해 타인에 대한 모방과 정체감을 형성하고 사회적 기술을 경험해 볼 수 있는 기회를 놓치게 된 것은 물론, 새로운 사회에서 그것을 습득해야 하는 어려움에 놓여 있다. 따라서 그들에게는 사회적 기술 향상을 위한 기회가 필요하다. 더불어 자아존중감 향상은 물론, 문화 적응 스트레스를 해소해 주는 목표의 프로그램들도 운영할 필요가 있다.

2. 프로그램의 구성

　이 프로그램은 북한을 떠나 대한민국에 정착해 살고 있는 새터민 아이들이, 별 어려움과 걱정 없이 대한민국 사회에 잘 어울려 살아가는데 필요한 사회적 기술을 향상시킬 수 있도록 돕기 위한 목표로 만들어진 것이다. 프로그램이 운영된 총 기간은 16주이고, 각 회 당 2시간에 걸쳐 진행이 됐으며, 참여 대상은 초등학교 중학년(3~4학년)으로 선정을 했다. 필자가 꾸준히 쓰고 있는『책과 함께 하는 마음 놀이터』시리즈의 첫 번째 권을 읽어보신 분이라면, 이 프로그램이 '사회성 향상'을 목표로 한 프로그램과 사뭇 비슷하다는 점을 느끼실 텐데, 그 이유는 두 프로그램 모두 대상만 약간 다를 뿐 결국 사회성 향상을 목표로 하기 때문이다. 다만 이 프로그램에서는 초기 단계 —전환 및 실행 단계— 종결 단계의 3단계로 나누어, 각 단계에서 추구하고 완수해야 하는 세부목표들을 단계별로 정해, 최소 두 번 이상의 세션에 걸쳐 다룰 수 있도록 한 점이 다르고, 더불어 새터민 아이들은 언어와 문화가 다른 나라에서 살다 왔기 때문에, 우리말과 글을 정확히 이해하지 못하는 면을 감안해 참여 대상 아이들의 나이에 비해 훨씬 쉬운 내용으로 구성된 책을 선정했다. 아울러 활동에 있어서도 '이해'를 시켜야 하는 측면이 크기 때문에 가능한 한 가지로만 결정을 해서, 보다 집중력 있게 다루어 보고자 했다.

치료사는 치료의 대상이 달라지면 프로그램 역시 새롭게 구성을 해야 한다. 그러나 비슷한 대상 집단이 비슷한 목표의 프로그램을 요청하면, 약간의 수정은 가하겠지만 이전에 다른 곳에서 다른 대상들과 진행했던 프로그램도 당연히 활용할 수 있다. 왜냐하면 어차피 대상이 달라지던 어떤 한 가지 요소만 달라져도 그 프로그램은 이미 새로운 것이기 때문이다. 그렇게 보자면 결국 같은 프로그램은 하나도 없는 셈이고, 이렇듯 응용을 해서 다른 대상에게 적용을 하면서의 차이를 꾀하려면 그만큼 현장에서의 경험이 있어야 한다. 때문에 필자는 치료 현장에서의 치료 경험에 대해 매우 강조를 한다. 그러니 기회가 될 때마다 다양한 장면에서 다양한 내담자 및 참여자들을 대상으로 한 프로그램에 참여해 보시기 바란다.

16회에 걸친 이 프로그램의 세부 계획을 살펴보기 전에, 새터민 청소년 및 성인들을 위한 프로그램을 계획하는 분들을 위해 독서치료적 관점에서 실시하면 좋을 프로그램의 주제를 몇 가지 알려드리면 다음과 같다.

〈청소년〉

청소년기는 발달과정상 아동기에서 성인으로 넘어가는 과도기이기 때문에 급격한 신체적 생리적 변화를 겪게 되며, 그에 따른 불안정 또한 경험하게 된다. 더욱이 이들은 치열한 경쟁사회 속에서 사회적 성취로 이어지는 학업성취에 대한 사회적 압력과 내적인 압력을 받으면서 많은 심리적인 갈등과 적응상의 문제점을 안고 있다. 이런 맥락으로 볼 때, 새터민 청소년들의 경우 청소년기에 일반적으로 나타날 수 있는 심리적 적응문제에 남한 사회의 문화에 새로이 적응하는 과정에서 겪는 문화적응 스트레스까지 더해지므로 그들이 겪는 적응상의 어려움은 더 가중될 것이라 예상된다. 더불어 대부분의 새터민 청소년들은 가장 기본적인 사회적 지지원이 되어 줄 가족마저도 해체되거나 상실한 경우가 많기 때문에 주변의 관심과 보호가 특별히 더 요구된다고 볼 수 있다. 따라서 청소년을 위한 독서치료 프로그램에서는 새터민 청소년이 지각하고 있는 심리적 적응과 문화적응에서 오는 스트레스 요인을 해결하고, 나아가 성공적인 적응을 위한 자아존중감 및 자아효능감, 자아정체감을 형성하는 것에 그 목표를 둔다.

〈성인〉

성인을 위한 프로그램은 크게 몇 가지로 구분 지을 수 있겠는데, 우선 한 가지는 자녀를 둔 경우 그들을 효과적으로 양육하기 위한 방안을 중심으로 한 '효과적인 의사소통 증진'을 목표로 한 것이 가능하다. 부모와 자녀는 가장 친밀한 관계로, 부모들은 자녀가 올바르게 성장해 사회에 기여할 수 있는 사회인이 되기 위한 초석을 다져주고, 그에 따른 지원을 해주는 역할이 필요하다. 그러나 새터민 부모의 경우, 자신들 역시 문화적인 차이에 따른 어려움을 겪기 때문에 사회가 기대하는 만큼의 역할을 해줄 수가 없다. 그러다 보면 자녀와의 관계에서도 어려움이 발생하는데, 이 프로그램은 부모로서 자녀를 양육하는데 있어서의 어려움을 털어놓으며, 아동 및 청소년기 발달과 각 시기에 부모들이 해야 하는 역할을 학습하고, 나아가 남한 사회를 살아가기 위해 부모들이 갖고 있어야 할 힘도

기를 수 있게 할 수 있다.

　두 번째 프로그램은 성인 자체에 초점을 둔 것으로, 그들 역시 아동 및 청소년과 마찬가지로 자아존중감 및 자아효능감, 자아정체 감에 혼란을 느낄 것이기 때문에, 그런 목표에 맞춰 진행을 하는 것이다.

　세 번째 프로그램은 주제별 접근을 통한 것으로, 진로나 성의식, 학교폭력 등 특정한 상황과 그런 상황에 처한 대상을 위한 것으로, 이 프로그램은 아동부터 성인까지 각각 진행이 가능하다.

〈표 3-1〉 새터민 아동의 사회적 기술 향상을 위한 독서치료 프로그램

진행단계	단계별 목표	세션	선정 자료	관련 활동
초기단계	흥미 유발 및 관계 형성	1	이름 보따리	오리엔테이션, 나의 약속, 별칭 짓기, 자기 소개하기
		2	나 안 할래	기본 규칙 정하기
		3	우리 친구하자	기자 놀이, 내 친구를 소개합니다!
		4	일곱 마리 눈 먼 생쥐	모둠별 보여 주러 왔단다!
전환 및 실행단계	감정 인식 및 자기표현	5	가끔	오늘 기분이 어때요, 모방 시 쓰기
		6	슬플 때도 있는 거야	내 기분이 좋을 때와 슬플 때
		7	감정은 다 다르고 특별해	감정 사전 만들기
	부정적 감정 표출	8	난, 토라져!	화나는 상황 점검
		9	쏘피가 화나면 -정말, 정말 화나면…	신문지 펀치
		10	혼자 있고 싶었지만	화를 잘 표현하는 방법 배우기
	주의 집중 및 경청하기	11	모기는 왜 귓가에서 앵앵거릴까?	시장에 가면 게임, 바람직한 듣기와 말하기 실습
		12	학과 해오라기	기린 대화 대 자칼 대화
	타인 존중 및 문제 해결	13	우주 뱀의 습격	관계의 다리 놓기
		14	야 우리 기차에서 내려, 안 놀아 줘서	협동 기차 놓기
종결단계	자아존중감 확립	15	치킨 마스크	나의 자랑 베스트 10, 나만의 마스크 만들기
	희망 다지기	16	종이 봉지 공주	내면의 아름다움, 종결

3. 프로그램의 실제

1) 새터민 아동의 사회적 기술 향상을 위한 독서치료 프로그램

제1회 흥미 유발 및 관계 형성 1
〈프로그램 소개, 나의 약속, 별칭 짓기, 자기소개 하기〉

　누누이 이야기하지만 독서치료 프로그램에 참여하는 아동 및 청소년들은 모두 비자발적인 동기에서 오게 된다. 따라서 치료사들은 그들의 동기는 물론이고 흥미까지 유발을 시켜가면서 프로그램을 이끌어야 하는 이중고에 휩싸인다. 그래서 만약 이 과제를 잘 해결하면 향후 프로그램이 성공리에 마무리 될 테고, 그렇지 못하면 내내 고전을 할 수밖에 없으리라.
　새터민 아동을 위한 프로그램도 마찬가지이다. 그래서 필자는 처음 4회 동안을 '흥미 유발과 관계 형성'을 위한 목표를 달성해야 하는 초기 단계로 설정을 했다. 그렇다고 해서 새터민 아동들이 다른 참여자들에 비해 특별하다는 것은 아니다. 다만 문화의 차이가 존재하고, 정착한지 얼마 되지 않은 아동들은 말은 물론 선정 자료에 담긴 글의 내용을 이해하지 못하는 한계를 갖고 있기도 하다. 따라서 첫 장면에서 불안과 위축된 모습을 보일 수 있기 때문에, 그 부분에 대한 이해와 배려, 편안하고 안전한 분위기 제공을 통해서 신뢰감과 친밀감을 느낄 수 있도록 해줄 필요가 있다. 다행히 치료사나 보조치료사 이외에는 같은 상황에 놓인 참여자들끼리의 집단이기 때문에, 나름 위안을 받는 점도 있을 것이다.

제1회에서는 다른 프로그램에서와 마찬가지로 전반적인 소개와 함께 열심히 참여하겠다는 약속을 정하고, 이어서 자기소개를 나누며 별칭까지 지어 보면 되겠다.

(1) 선정 자료

① 이름 보따리 / 장 클로드 무를르바 글, 장 뤼크 베나제 그림, 신선영 옮김 / 문학동네

선정 자료에 대한 설명은 『책과 함께하는 마음 놀이터 1』의 첫 번째 놀이터를 참고하라.

(2) 관련 활동

① 프로그램 소개

② 나의 약속

③ 별칭 짓기

④ 자기소개 하기

관련 활동에 대한 설명도 『책과 함께하는 마음 놀이터 1』의 첫 번째 및 두 번째 놀이터를 참고하라.

제2회 흥미 유발 및 관계 형성 2
〈기본 규칙 정하기〉

(1) 선정 자료

① 나 안 할래 / 안미란 글, 박수지 그림 / 아이세움

이 책에는 친구들과의 놀이 장면에서 자기 멋대로 모든 것을 결정해 버리는, 그래서 술래잡기 놀이에서 술래를 정하기 위한 가위 바위 보를 할 때도, 술래가 되었을 때도 자신은 술래가 되지 않겠다며 떼를 쓰는 사슴이 나온다. 그래서 너구리는 참다못해 화를 내는데, 알고 보니 사슴은 바위를 낼 수밖에 없는 발을 갖고 있었다. 이후 그런 사정을 알게 된 친구들은 손으로 하는 가위 바위 보 대신에 입모양으로 하는 방법을 만들어 다시 사이좋게 놀게 되었다는 내용의 이야기이다.

필자가 제2회를 위해 이 자료를 선정한 것은 제목에서 느낄 수 있는 공감의 측면 때문이다. 즉 프로그램에 참여하는 아이들 중 대부분은 이곳에 참여하는 것보다 더 하고 싶은 것을 포기하면서까지 오는 경우일 것이다. '나 이거 안 하고 싶은데'하는 마음이 굴뚝 일 것이라는 이야기이다. 만약 그 중 한 아이라도 집단 장면에서 치료사를 향해 "저는 안 하고 싶은데, 그냥 가면 안 되나요?"라는 말을 한다면, 치료사 입장에서는 그보다 큰 낭패는 없을 것이다. 왜냐하면 그로 인해 다른 아이들도 영향을 받을 것이기 때문에 말이다. 그러나 이런 일이 벌어지더라도 치료사들은 당황하지 말고, 그런 마음을 솔직하게 표현해준 것에 대한 고마움을 전하는 것과 동시에, 충분히 그럴 수 있다는 말을 해주며 그 마음 자체를 인정

해 줄 필요가 있다. 이어서 그래도 참여를 하게 됐으니 조금 더 재미있게 참여할 수 있는 방법들을 모색해 보는 방향으로 나아가는 것이 바람직하겠다. 마치 이 책에 등장하는 세 친구들이 모두가 어렵지 않게 시도할 수 있는 방법을 찾을 것처럼 말이다.

(2) 관련 활동
① 기본 규칙 정하기

집단 독서치료 프로그램에서 규칙을 정하는 것은, 치료사에게는 원활히 진행할 수 있는 여건을 만들어 주고, 더불어 참여자들에게는 서로를 안전하게 지켜주는 장치의 역할을 하기 때문이다. 따라서 치료사는 규칙의 필요성과 유용성에 대해 충분히 알리고, 대상에 따라 필요하다 여겨지는 규칙을 먼저 제안해서 동의를 구할 수 있으며, 나아가 참여자들이 직접 필요하다 생각하는 규칙을 스스로 정할 수 있도록 해야 한다. 이런 과정을 거쳐 다수의 동의하에 결정된 규칙은 모두에게 알리고, 서명을 통해 반드시 숙지함은 물론 실천할 수 있도록 강조할 필요가 있다.

따라서 기본 규칙 정하기 활동은 새터민 아동들에게도 예외는 아닌데, 프로그램에 빠지거나 늦게 오지 않는 것에서부터, 서로를 비난하지 않고 존중하는 자세로 이야기를 경청해 주거나, 치료사가 제안하는 선정 자료를 열심히 읽고 활동에도 열심히 참여하는 자세를 갖기 등을 기본적으로 넣고, 이어서 각 참여자들이 제안하는 것들을 추가로 넣으면 된다. 간혹 아동들은 다른 참여자의 이야기를 들어주기보다는 끼어들면서 방해를 하는 경우가 있는데, 그런 행동을 자제해야 한다 등의 내용도 추가할 수 있겠다. 하지만 이처럼 동질집단이면서 지지집단인 경우에는 서로를 위하는 마음이 크기 때문에, 글로만 읽으며 자연스럽게 생기는 우려가 생각보다 적을 수 있기 때문에 그에 따른 규칙도 많이 필요치 않다는 것을 미리 말씀드린다.

제3회 흥미 유발 및 관계 형성 3
〈기자 놀이, 내 친구를 소개합니다!〉

새터민 아동들은 과연 어떤 분야에 대한 흥미가 가장 클까? 무엇이 늘 참여 아동 자신을 즐겁게 하고, 그렇기 때문에 자주 하고 싶을까? 컴퓨터나 닌텐도, 휴대폰의 게임이나 축구 및 야구와 같은 운동 경기? 아니면 수십 개의 채널에서 쉴 새 없이 나오는 만화영화나 드라마, 각종 오락 프로그램들이 즐비한 텔레비전? 필자의 생각에는 그래도 가장 흥미를 끄는 것은 '사람들'이지 않을까 싶다. 대한민국에 살고 있는 사람들, 그들과 상당히 비슷하면서도 또 많은 부분이 다른 사람들 말이다. 그렇기 때문에 늘 함께 하고 싶은 마음에 갈망을 하지만, 어떻게 해야 할지 방법을 몰라 오히려 두렵기도 한 대상으로 남아 있는 사람들 말이다. 그래서 이번 세션의 목표는 우선 대한민국 사회에서 어떤 관계 형성을 하고 있는가의 측면을 점검하기 위한 것으로 정했다.

그럼 먼저 목표를 위해 선정한 자료와 관련 활동에 대한 소개에 앞서, 한 편의 글을 읽어보자. 아래의 글은 인터넷 사이트 '새터민들의 쉼터(ww.w3ip.com)'의 '우리 이야기' 내 '정착 경험담' 방에 올라와 있는 것으로, 2009년 12월 2일 '정필'이라는 닉네임을 사용하는 분께서 작성한 것이다. 내용을 읽어보면 아시겠지만, 대한민국에 정착해 살면서 문화의 차이 때문에 겪은 에피소드라서 그들을 이해하는데 조금은 도움이 되지 않을까 싶은 마음에 수정을 가하지 않고 있는 그대로 옮겨 본 것이다. 어쩌면 이런 차이가 그들에게는 두려움으로 다가올 수도 있겠구나 하는 마음과 함께 말이다.

제목 : 탈북자가 만나는 특별한 날들

    11월 11일이었다. 아침에 출근 하니 모두들 이날이 빼빼로데이라고 하는 것이었다. 나는 영문을 몰라 빼빼로데이가 무언지 물어 보았다. 그런데 동료들은 그것도 모르는가하는 눈치로 쳐다보았다. 남한사회에 정착한지 오래지 않으니 내가 미처 알지 못한 것이다. 그들은 빼빼로데이라는 날이 생긴 유래를 알려 주면서 오늘 애인이 있으면 초콜렛을 주라고 하였다. 듣고 보니 좀 황당한 느낌이 들었다. 세상에 별난 날도 다 있네 하는 생각을 하다가 저녁에 퇴근했다. 물론 초콜렛을 살 궁리는 하지도 않았다. 지하철을 타고 한참 가는 데 전화가 왔다. 여자 친구다. 그런데 하는 말이 자기한테 줄 초콜렛을 샀는가 한다. 남한생활을 갓 시작했는데 언제 그런 건 다 알아가지고 벌써부터 그런데 신경 쓰기 시작한 것이다. 나는 괜히 약간 짜증이 났다. 여자들이 남한사회에 더 빨리 정착한다더니 이런 걸 먼저 깨달아 간다는 말인가. 괜히 허영에 떠서 분수에도 맞지 않는 취미와 가치관부터 먼저 자리 잡으면 어떻게 해, 하는 걱정마저 들었다. 그런 쓸데없는 것에 민감하지 말고 남한사회에 필요한 경쟁력이나 키워라 하는 소리가 목구멍까지 올라오는 것을 꿀꺽 넘겼다. 어쨌건 그가 앵돌아지는 것은 막아야겠기에 나는 이렇게 둘러쳤다.

"그건 말이야, 고등학생들이 하는 놀음이라고, 일부 성인들이 그러는 것은 다 고등학교시절을 추억하느라고 그러는 거야."

그렇지만 불과 이틀 만에 나의 거짓말은 들창 나고 말았다. 사실 남한사회에 와서 보니 무슨 명절이나 빼빼로데이, 만우절 같은 특별한 날이 참 많다는 생각이 든다. 때로는 이로 하여 다소 심각한 문제가 생기는 일도 있었다.

만우절에 있은 이야기다. 어느 한 민간언론에서 기자로 일하는 한 탈북자가 만우절 아침 출근길에서 전화를 받았다. 남한에 입국한지 얼마 안 되는 같은 고향에서 온 후배였다. 그는 자기가 북한에 있는 친구들과 방금 통화를 가졌는데 놀라운 소식을 알게 되었다는 것이다. 평소 북한소식을 다루던 탈북기자에게는 귀가 솔깃해 지는 말이었다. 소식인즉 지난밤 압록강기슭에 있는 북한의 한 국경도시에서 큰 사건이 발생했다는 것이었다. 자정이 넘은 지 얼마 안 되어 요란한 폭음이 울리더니 도시중심에 있는 김일성의 동상이 파괴되었단다. 누구의 소행인지 범인을 붙잡지는 못했으나 동상의 팔 하나가 떨어져 나가고 몸체가 크게 기울어져 당장 넘어지게 되었으며 주위의 숲에 불이 당겨 큰 소동이 났다면서 이 소식을 다른 곳에서 보도하기 전에 빨리 먼저 보도하라고 덧붙이기까지 했다. 아주 멋지게 꾸며낸 만우절 거짓말이었다. 그런데 들은 사람이 문제였다. 그는 요란한 뉴스거리에 심취되어 그날이 거짓말을 하는 만우절임을 망각해 버렸다. 그는 허둥지둥 직장에 들어서기 바쁘게 이 놀라운 소식을 알렸다. 그의 말에 전 직원이 비상이 걸렸다. 북한 소식통이 제일 빠르고 정확한 것으로 인정된 그의 말에 모두가 만우절을 고려하지 않았다. 각자가 자기의 정보라인을 가동시켜 확인에 들어갔다. 완전한 거짓임이 확인되기까지 시간이 걸렸으며 그 때문에 전 직원의 업무에 큰 차질이 생겼다. 망신만 당하고 꾸중을 들은 그 기자는 너무 화가 나 후배에게 야단 쳤다. 그렇지만 후배는 오히려 흡족하여 한국에 먼저 온 사람이 왜 만우절도 몰라 당하냐며 익살을 부렸다. 전날 저녁 남한친구와 술을 마셨는데 그가 내일이 거짓말을 잘해야 하는 만우절임을 알려 주어 그랬다는 것이다.

갑자기 맞다 들린 낯선 문화를 여과 없이 무작정 받아들이게 될 때 이런 부작용은 언제든 생길 것이다. 북한은 명절이 가장 많은 나라가 북한이라고 선전한다. 수령우상화와 같은 이념을 중시하는 사회다보니 다른 나라에는 없는 명절이 많은 것은 사실이다. 예로부터 내려오는 민속명절들인 음력설, 대보름, 단오, 추석 외에 양력설, 김일성과 김정일의 생일인 2월 16일과 4월 15일, 인민군창립일 4월 25일, 국제노동절 5월 1일, 소년단창립일 6월 6일, 김일성청년동맹창립일 1월 19일, 국제 아동절 6월 2일, 광복절 8월 15일, 청년절인 8월 28일, 노동당의 창립일인 10월 10일, 국경절 9월 9일, 김정일의 생모생일 12월 24일을 비롯한 수많은 기념일들이 있다.

반면 북한에는 남한이나 국제사회에서 공통으로 기념하는 크리스마스나 석가탄신일이 없다. 빼빼로데이나 만우절, 스승의 날이나 어버이날과 같은 특별한 날이 없다. 수령절대주의 독재를 우상화하는데 필요한 날들이 거의 전부다. 고유한 의미에서의 인간의 순수한 정서, 세태를 위한 명절이나 특별한 날이 별로 없어 북한주민의 생활에는 상대적으로 향과 즙이 부족할 수밖에 없다. 이런 환경에서 오래 동안 살아 온 탈북자들이 앞에서 말한 빼빼로데이나 만우절 이야기와 같은 낯선 남한문화의 체험을 통해 감지하고 있는 남북의 차이는 통일문화연구에 도움이 되는 필요한 단서가 될 수 있을 것이다.

(1) 선정 자료

① 우리 친구하자 / 쓰쓰이 요리코 글, 하야시 아키코 그림 / 한림출판사

선정 자료에 대한 설명은 『책과 함께하는 마음 놀이터 3』의 첫 번째 놀이터를 참고하라.

(2) 관련 활동

① 기자 놀이

② 내 친구를 소개합니다

관련 활동에 대한 설명은 『책과 함께하는 마음 놀이터 3』의 두 번째 놀이터를 참고하라.

제4회 흥미 유발 및 관계 형성 4
〈모둠별 보여주러 왔단다!〉

(1) 선정 자료

① 일곱 마리 눈 먼 생쥐 / 에드 영 글·그림, 최순희 옮김 / 시공주니어

선정 자료에 대한 설명은 『책과 함께하는 마음 놀이터 1』의 첫 번째 놀이터를 참고하라.

(2) 관련 활동

① 모둠별 보여주러 왔단다!

이 활동은 전통 놀이 중 하나인 '우리 집에 왜 왔니?'를 살짝 바꾼 것으로, 참여자들과의 관계 형성을 돕기 위해 두 개의 모둠으로 나누어 '무엇'인가를 맞히는 게임으로 진행을 한다. 새터민 아이들은 이 게임을 대부분 모르기 때문에 처음부터 바꾼 노랫말을 알려주는 것도 좋은데, 이왕이면 파워포인트로 만들어 화면에 띄워 놓고 진행을 하면 되겠다. 두 개의 모둠이 각각 부르며 진행해야 하는 노랫말은 다음과 같다.

가 모둠 : 우리 집에 왜 왔니, 왜 왔니, 왜 왔니?
나 모둠 : 보여주러 왔단다, 왔단다, 왔단다.

가 모둠 : 무엇을 보여주러 왔느냐, 왔느냐?
나 모둠 : 이 동물(직업·음식 등)을 보여주러 왔단다, 왔단다.

가 모둠 : 하나, 둘, 셋! 보여 주세요!
나 모둠 : (모둠이 미리 정한 동물을 일시에 몸짓표현으로 보여준다.)

가 모둠 : (나 모둠이 표현하는 것을 보고 무슨 동물인지 알게 되면 소리 내어 정답을 말한다.)
나 모둠 : (가 모둠이 정답을 말하면, 자기 팀 쪽 벽으로 달려가 손을 댄다. 벽에 닿기 전에 상대 모둠에게 잡히면 그 쪽 모둠원이 된다. 만약 정답이 아니라면 멈추지 않고 몸짓표현을 계속한다.)

이미 이 게임을 잘 알고 있거나 센스가 있는 분들이라면 노랫말과 간단히 곁들여 있는 설명만 보고도 어떻게 진행을 하면 되는지 아실 것 같지만, 그래도 혹시 몰라 다시 한 번 설명을 해드리겠다.

우선 참여자들을 두 개의 모둠으로 나눈다. 이후 어느 팀이 먼저 출발을 할 것인지를 정하고, 이어서 각 모둠별로 각각의 주제에 맞는 '무엇'을 정하라고 한다. 예를 들어 함께 보여줄 것이 '동물'이면 여러 동물들 가운데 하나를 고르게 하면 되고, 직업이나 계절, 음식 등 기타 주제에 맞는 것들을 하나씩 고르게 하면 된다. 단, 가능한 상대팀이 맞히기 어려우면서도 자신들은 몸으로 표현하기에 쉬운 것으로 고르게 하는 것이 관건이며, 서로 상의를 한 내용이 상대팀에 노출되지 않도록 비밀을 유지하는 것도 중요하다고 알려준다. 자, 이렇게 주제에 따른 각 팀의 '무엇'이 정해지면 게임을 시작한다. 정답은 세 번까지만 이야기 할 수 있다는 규칙도 미리 말을 해주고, 만약 정답을 맞히면 맞힌 팀이 간지럼을 태워 웃은 사람을 데려 갈 수 있게 하고, 틀리면 상대팀이 문제를 내는 것으로 넘어 가면 된다.

제5회 : 감정 인식 및 자기표현 1
〈오늘 기분이 어때요, 모방 시 쓰기〉

필자가 만나본 새터민 아동들은 감정 표현에 더 미숙한 특징이 있었다. 아무래도 폐쇄적이고 억압적인 면이 많은 나라에서 지내다 왔기 때문인 점과, 상대적으로 자유롭다 못해 너무 개방적이기까지 한 대한민국 사회에 정착하지 못한, 오히려 위축된 면이 더 많기 때문인 면들이 복합적으로 작용해서 그런 것이 아닐까 생각되는데, 그래서 이번 세션에는 스스로의 감정을 인식하고 그것을 적절히 표현해 보는 시간으로 이끌었다.

(1) 선정 자료
 ① 가끔 : 신형건 동시집 『거인들이 사는 나라』 中 / 신형건 시,
  김유대 그림 / 푸른책들
 선정 자료에 대한 설명은 『책과 함께하는 마음 놀이터 1』의 첫 번째 놀이터를 참고하라.

(2) 관련 활동
 ① 오늘 기분이 어때요

② 모방 시 쓰기

관련 활동에 대한 설명은 『책과 함께하는 마음 놀이터 1』의 첫 번째 놀이터를 참고하라.

제6회 감정 인식 및 자기표현 2
〈내 기분이 좋을 때와 슬플 때〉

(1) 선정 자료

① 슬플 때도 있는 거야 / 미셸린느 먼디 글, R. W. 앨리 그림, 김은정 옮김 / 비룡소

아이들과 수업을 하면서 '죽음'이라는 주제를 다룬 적이 있는데, '죽음'이 무엇인지에 대한 개념은 없지만 '무서워서 생각하기 싫은 것'이라는 반응이 지배적이었다. 이렇듯 '죽음'은 우리에게 두려운 존재로 다가오는데 그 이유는 어떤 관계로부터의 '단절'이기 때문이 아닐까 싶다. 아무튼 '죽음'은 늘 우리 곁에 머물러 있는 존재이기 때문에, 어느 순간 누구나 '죽음'을 경험할 수밖에 없는데, 이 때 중요한 것은 충분한 애도를 해야 한다는 것이다. 만약 그 당시 충분한 애도를 하지 않으면, 마음속에 계속 남아 있어 죄책감 등으로 확대될 위험도 있기 때문이다. 그런 면에서 아이들은 역시 상황 인식 능력은 물론 감정을 다루는 능력이 부족하기 때문에 주위 사람들의 도움이 있어야 한다. 아직 어리기 때문에 죽음에 대해서 몰라도 된다는 식의 발상이 아니라, 죽음을 제대로 인식하고 받아들일 수 있도록 도와야 하는 것이다.

이 책 '슬플 때도 있는 거야'는 '마음과 생각이 크는 책' 시리즈의

두 번째 권으로, 사랑하는 사람의 죽음을 겪은 아이들을 위한 책이라는 부제가 붙어 있다. 자유로운 감정의 표현보다는 절제의 미학을 강조하는 우리나라 상황에서, 자신의 감정을 적절하게 표현하여 마음의 짐을 덜어낼 수 있는 방법을 제안해 준다는 측면에서 이 책은 충분한 가치가 있을 것이다.

(2) 관련 활동

① 내 기분이 좋을 때와 슬플 때

필자는 『열두 가지 감정 행복 일기』라는 책에서 '감정 표현'의 중요성에 대해 충분히 언급을 했다. 더불어 서울대학교 심리학과 민경환 교수팀의 연구를 인용해, 우리나라 단어 중 감정을 표현하는 것의 숫자가 무려 434개나 된다는 이야기를 전하기도 했다. 그러나 실생활에서 우리가 사용하는 감정 단어는 몇 개에 지나지 않고, 그 가운데서도 가장 많이 사용하는 단어는 '좋다'와 '싫다', '기쁘다', '슬프다'일 것이다. 그래서 이번 세션에는 내 욕구가 반영되는 감정인 기쁨과 슬픔을 언제 느끼는지 표현할 수 있는 기회를 마련해 주었다.

제7회 감정 인식 및 자기표현 3 〈감정 사전 만들기〉

(1) 선정 자료

① 감정은 다 다르고 특별해 / 엠마 브라운존 지음, 정경희 옮김 / 미세기

다양한 사람이 살고 있는 만큼, 때에 따라 감정 역시 다를 수 있음을 보여주는 책이다. 팝업 형식으로 구성되어 있어 흥미를 유지

할 수 있고, 마지막 장에는 감정을 알아맞히는 게임과 함께 그 감정을 표현할 수 있는 구성도 되어 있어서, 특히 '감정'을 주제로 한 프로그램 세션에는 유용한 자료이다.

(2) 관련 활동

① 감정 사전 만들기

관련 활동에 대한 설명은 『책과 함께하는 마음 놀이터 1』의 두 번째 놀이터를 참고하라. 두 번째 놀이터에 보면 '가치 사전' 만들기 방법이 나와 있는데, 그 내용만 감정으로 바꾸면 된다.

제8회 부정적 감정 표출 1
〈화나는 상황 점검〉

새터민 아동 및 청소년들은 대한민국 사회에 정착해 나가는데 여러 측면에서의 어려움이 있다. 그나마 초등학생들은 비교적 적응이 쉽다고 하지만, 10대 중반 이후 청소년기에 접어들면 더욱 심한 어려움을 겪는다고 한다. 이는 '자아정체감의 확립'이라는 발달 과업을 갖고 있다는 시기의 특성과 결합되어 그들을 더욱 어렵게 만드는 측면, 아동 및 청소년들은 상대적으로 적응이 **빠른** 반면 부모들은 그에 부응하지 못해 생기는 갈등들이 서로 연계된 결과로, 결국 이런 면들 때문에 사회관계 형성에 실패하고 미래에 대한 계획도 세울 수 없어 학업을 포기하는 것은 물론, 나아가 삶 전반을 포기하게 되는 상황으로까지 연결이 된다.

국가인권위원회에서 제작해 2006년도에 개봉한 영화 『다섯 개의 시선』에도 보면 '배낭을 멘 소년'이라는 작품이 포함되어 있는데, 이 영화의 주인공 현이는 남한 아이들보다 잘하는 것은 오로지 오토바이를 타는 것밖에는 없다고 말한다. 그래서 남파간첩으로 오인을 받는 등의 부정적인 시선과, 영구 임대 주택에 혼자 살며 가족에 대한 그리움과 생활의 어려움을 동시에 느낄 수밖에 없는 절망적인 현실을 오토바이의 속도감으로 달래곤 한다. 그러던 중 결국 사고가 나고, 그는 19살이라는 어린 나이에 생을 마감하게 된다. 고향에 찾아가 부모님께 선물을 드리고 싶다는 소박한 꿈을 뒤로 한 채.

이처럼 새터민 아동 및 청소년들은 대한민국에서 태어나 생활해 오던 평범한 아이들이 갖고 있는 일상적인 스트레스 외에 몇 가지의 어려움을 더 갖고 있다. 따라서 그에 대한 분노 감정 또한 많은데, 이번 세션부터는 그런 감정을 솔직하게 표출할 수 있도록 돕는데 목표가 있다.

(1) 선정 자료

① 난, 토라져! / 티투스 애커먼 글, 스테판 지렐 그림, 이선미 옮김 / 마음이큰나

엄마가 수영장에 데려가지 않을 때, 아빠가 텔레비전을 보지 말라고 할 때, 할머니가 장난감을 사 주지 않을 때, 누나가 롤러스케이트를 빌려 주지 않을 때, 엄마랑 아빠가 자꾸 자라고 할 때 등, 아동들이 토라지고 화를 낼만한 상황들에 대한 예시와 감정을 잘 드러낸 그림이 인상적인 그림책이다. 비록 이런 항목들이 새터민 아동들과는 거리가 있을 수 있지만, 이처럼 여러 상황들이 화나게 할 수 있음을 예로 들어 주는 면에서는 적정 자료라 생각되어 선정을 했다.

(2) 관련 활동

① 화나는 상황 점검

관련 활동에 대한 설명은 『책과 함께하는 마음 놀이터 3』의 네 번째 놀이터를 참고하라.

제9회 부정적 감정 표출 2
〈신문지 펀치〉

(1) 선정 자료

① 쏘피가 화나면 – 정말, 정말 화나면… / 몰리 뱅 글·그림, 이은화 옮김 / 케이유니버스(주)

선정 자료에 대한 설명은 『책과 함께하는 마음 놀이터 1』의 첫 번째 놀이터를 참고하라.

(2) 관련 활동

① 신문지 펀치

이 활동은 '물휴지 던지기'처럼 부정적 감정을 간단한 재료만 갖고도 효과적으로 표출시키게 하기 위해 실시한 것으로, 제목 그대로 쉽게 구할 수 있는 신문지를 주먹으로 쳐서 구멍을 뚫는 것이다. 따라서 신문지를 양 옆에서 팽팽하게 잡아줄 필요가 있으며, 신문지의 장수를 더해 나가면서 격파 가능한 양만큼 반복 수행하면서, 참여자의 분노 정도를 점검도 하면서 동시에 해소할 수 있도록 돕는 데 목표가 있다.

제10회   부정적 감정 표출 3
〈화를 잘 표현하는 방법 배우기〉

(1) 선정 자료

① 혼자 있고 싶었지만 / 데이브 커틀러 글·그림, 이상희 옮김 / 국민서관

선정 자료에 대한 설명은 『책과 함께하는 마음 놀이터 1』의 첫 번째 놀이터를 참고하라.

(2) 관련 활동

① 화를 잘 표현하는 방법 배우기

관련 활동에 대한 설명은 『책과 함께하는 마음 놀이터 1』의 첫 번째 놀이터 중, 4회 '감정 조절하기' 등을 참고하라.

제11회   주의 집중 및 경청하기 1
〈시장에 가면 게임, 바람직한 듣기와 말하기 연습〉

한 사람이 사회에 적응도 잘하고 대인관계도 좋다면, 도대체 그 사람에게는 어떤 능력이 있는 것일까? 그렇다. 그에게는 분명 어떤 능력이 있을 것이다. 우리가 흔히 사회성이라고 부르는 능력, 영역을 좁혀 보면 대인관계를 잘 맺고 유지하는 능력 등이 말이다. 그런데 사실 이 능력은 그렇게 어렵지 않게 습득할 수 있다. '나'로만 가득 차 있는 마음의 공간을 조금 비워 내서 활짝 열어 두고, 그 마음을 바탕으로 귀와 입을 열면 되기 때문이다. 상담 및 심리치료 분야에

서는 공감, 경청, 수용이 매우 중요하다고 하는데, 이 역시 마음을 열고 그 사람에게 집중을 하려는 것이 아니고 무엇이겠는가. 그래서 제11회와 제12회에서는 새터민 아동들에게 또래와 잘 사귈 수 있는 방편의 하나로 주의 집중과 경청하기에 대한 중요성을 알리고, 더불어 구체적인 방법까지 습득할 수 있도록 하는데 목표를 두었다.

(1) 선정 자료
① 모기는 왜 귓가에서 앵앵거릴까? / 버나 알디마 글,
리오 딜런 외 그림, 김서정 옮김 / 보림

선정 자료에 대한 설명은 『책과 함께하는 마음 놀이터 1』의 첫 번째 놀이터를 참고하라.

(2) 관련 활동
① 시장에 가면 게임

관련 활동에 대한 설명은 『책과 함께하는 마음 놀이터 1』의 첫 번째 놀이터를 참고하라.

② 바람직한 듣기와 말하기 연습

관련 활동에 대한 설명은 『책과 함께하는 마음 놀이터 1』의 두 번째 놀이터를 참고하라.

제12회   주의 집중 및 경청하기 2
〈기린 대화 대 자칼 대화〉

(1) 선정 자료

① 학과 해오라기 / 존 요먼 글, 퀸틴 블레이크 그림, 김경미 옮김 / 마루벌

선정 자료에 대한 설명은 『책과 함께하는 마음 놀이터 1』의 두 번째 놀이터를 참고하라.

(2) 관련 활동

① 기린 대화 대 자칼 대화

관련 활동에 대한 설명은 『책과 함께하는 마음 놀이터 3』의 다섯 번째 놀이터 중, 14회 '자기 주장하기'를 참고하라. 비폭력대화(Non Violent Communication)에 대해 알 수 있을 것이며, 기린과 자칼은 그 안에 담긴 상징적인 동물로서 대화의 방법을 비유한 것이다.

제13회   타인 존중 및 문제 해결 1
〈관계의 다리 놓기〉

(1) 선정 자료

① 우주 뱀의 습격 / 던컨 윌러 글·그림, 이병렬 옮김 / 마루벌

필자는 이 책을 보면서 '흡사 이 모습이 앞으로 100년 후, 아니면 200년 후의 모습은 아닐까'라는 생각을 해봤다. 왜냐하면 등장하는 아이들 모두가 자기만의 별에서 살며, 타인들과의 관계보다는 텔레

비전이나 컴퓨터와만 관계를 맺고 있기 때문이다. 그런데 바로 그 때 무시무시한 괴물이 나타난다. 하지만 사람들은 여전히 그 일 조차도 모르고 있다가 괴물의 위협이 가해지자 그제야 서로에게 관심을 기울인다. 결국 그 뱀은 관심을 받지 못하던 주인공으로 밝혀지고 연료가 떨어지자 고철 신세로 전락을 해버리지만, 소행성에 살고 있는 사람들에게는 서로에게 관심을 기울일 수 있는 계기가 된다.

아이들은 이 책을 무척 흥미롭게 받아들인다. 특히 자신만의 행성이 있고, 그 안에서 하고 싶은 일을 마음껏 할 수 있다는 면에 부러운 마음을 드러내는데, 무엇보다 중요한 것은 서로의 관계가 있어야 함을 생각할 수 있게 하는 것이다.

(2) 관련 활동

① 관계의 다리 놓기

이 활동에 대한 방법은 여러 가지가 있다. 우선 커다란 전지를 준비해서 한 장 당 6명 정도가 함께 작업하도록 분류를 해준다. 모둠이 정해지면 한 자리씩 차지한 뒤 그림책에서 본 것처럼 자기만의 행성을 그리게 한다. 이때 관계의 다리를 연결 지어야 하므로, 중간의 여백은 어느 정도 남겨 둘 필요가 있다. 그런 다음 각자의 행성이 모두 완성되면, 서로 연결하고 싶은 친구들과 사다리 등의 모양으로 자유롭게 오갈 수 있는 통로를 내라고 주문한다. 두 번째 방법은 각 참여자에게 A4 사이즈의 종이를 한 장씩 나누어 주고, 그 안에도 자기만의 행성을 꾸며 보라고 한다. 이어서 커다란 종이에 모두의 행성을 원하는 곳에 붙이게 하고, 역시 서로의 행성을 잇는 통로를 만들라는 주문을 한다. 통로가 모두 연결되면 그 길을 따라 다른 아동의 행성에 놀러가 보고 초대도 하는 활동으로 연결을 지어도 좋다.

제14회 타인 존중 및 문제 해결 2
〈협동 기차 놓기〉

(1) 선정 자료

① 야, 우리 기차에서 내려! / 존 버닝햄 글·그림, 박상희 옮김 / 비룡소

우리나라에서도 많은 팬을 확보하고 있는 작가 존 버닝햄의 그림책으로, '환경'이라는 주제를 담고 있는 작품이다. 하지만 필자는 이 책을 치료 장면에서 '관계'라는 측면으로 활용을 했다. 즉 기차에 타고 싶다는 여러 동물들과 그럴 때마다 우리 기차에서 내리라고 하는 대상들의 관계를, 자연스럽게 동화되어 어울릴 수 있는 좋은 관계를 바라는 새터민 아동들과, 동질감으로 똘똘 뭉쳐 있으며 배타적인 시선과 몸짓으로 그들을 대하는 아동들의 모습으로 대비해 활용한 것이다. 무엇보다 중요한 것은 서로에 대한 존중이라는 점을 다시금 깨닫게 해주기 위해서 말이다.

② 안 놀아 줘서 / 김둘 시 / 계간 창비어린이 2004 여름 통권 5호 / 창비

아무리 놀자고 해도 놀아주지 않는 친구들 때문에, 대신 무엇을 사준다고 하면 그 때는 바로 달려와 놀아주기 때문에, 어쩔 수 없이 엄마의 지갑에 몰래 손을 대면서까지 친구들과 어울리고 싶은 아이의 마음이 잘 담긴 동시이다. 동시의 전문은 〈참여자 활동 자료 14-1〉에 있다.

(2) 관련 활동

① 협동 기차 놓기

관련 활동에 대한 설명은 『책과 함께하는 마음 놀이터 1』의 첫 번째 놀이터 중, 9회 '책임감을 실은 기차 잇기'를 참고하라. 사진 자료까지 나와 있으니 쉽게 이해할 수 있을 것이다.

〈참여자 활동 자료 14-1〉

안 놀아 줘서

김 둘

친구들이 내 주위로 몰려드는 게 소원입니다.

친구들은 날 싫어하지만
돈을 좋아합니다.
나랑 놀자 하면
절대 안 놀아주지만
뭐 사줄게 하면
금방 와서 놀아줍니다.

아무리 놀자 해도 안 놀아주니
엄마 돈을 훔쳐서라도
친구들과 놀고 싶었습니다.
아빠한테 혼나더라도
친구들과 놀고 싶었습니다.

그런데,
뭐 사줄게 해서 온 친구들은
돈이 다 떨어지면
다시 안 놀아줘서
자꾸자꾸
엄마 지갑에 손을 대는 것입니다.
나랑 놀아주기만 한다면
나는
도둑놈이 되지 않을 텐데요.

『계간 창비어린이 2004 여름 통권 5호』

제15회 자아존중감 확립
〈나의 자랑 베스트 10, 나만의 마스크 만들기〉

(1) 선정 자료

① 치킨 마스크 / 우쓰기 미호 지음, 장지현 옮김 / 책읽는곰

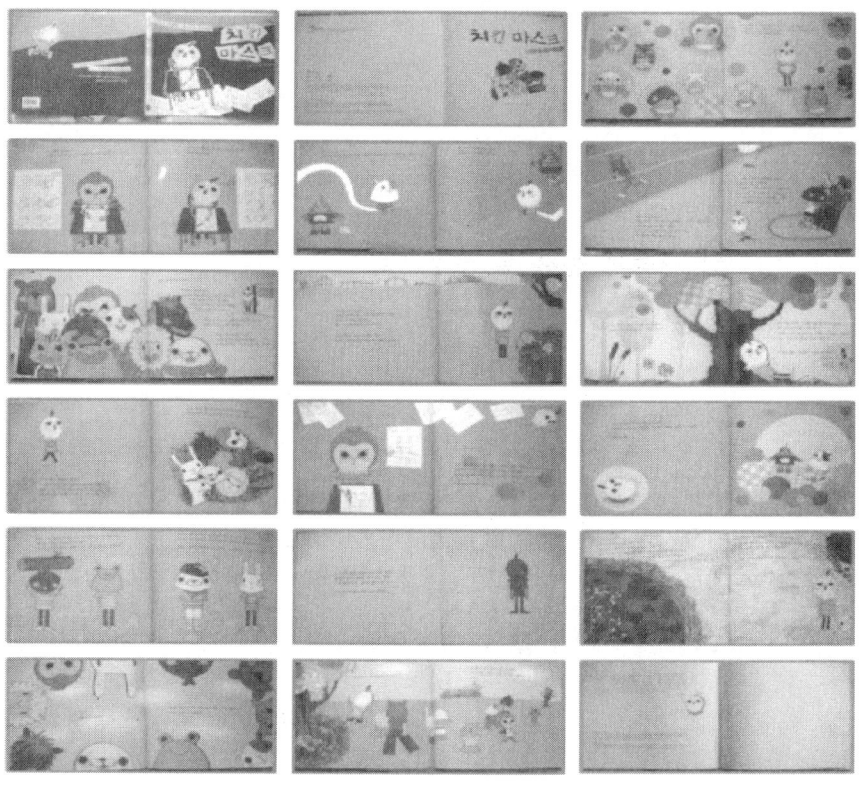

〈이미지 출처 : 책읽는곰 출판사 홈페이지〉

    이 책은 2009년 한 해 동안 필자가 가장 열심히 활용한 책 가운데 한 권일 것이다. 특히 자아존중감이나 잠재력 향상, 진로를 주제로 한 프로그램에서 자주 사용했는데, 공부, 만들기, 노래 부르기, 달리기나 씨름 등의 체육, 멋지게 연출할 수 있는 감각, 남들이

인정해 주는 성실성 등, 아이들에게 필요하면서 꼭 갖고 싶어 하는 능력들을 동물의 마스크에 비유해 표현한 점이 무척 재미있는 그림책이다. 더불어 나 자체만으로도 이미 소중한 능력이 있음을 보여주는 장면 등은 치료 장면에서 구현하고자 하는 하나의 목표로도 손색이 없는 것들이다. 그래서 이 프로그램에서도 새터민 아이들의 자아존중감을 키워주기 위해 활용했다.

(2) 관련 활동
① 나의 바람 베스트 10

관련 활동에 대한 설명은 『책과 함께하는 마음 놀이터 1』의 첫 번째 놀이터를 참고하라.

② 나만의 마스크 만들기

과연 내가 갖고 싶은 마스크는 무엇일까? 이 책에 등장하는 여러 동물들처럼 동물에 비유해서 표현하거나 다른 것으로도 괜찮다. 가끔 미술 활동을 할 때 보면 활동 자체에 너무 심취해서 많은 시간을 사용하는 아동들도 있는데, 치료사 입장에서 더욱 중요한 것은 꼼꼼하면서도 완벽한 완성보다는 어떤 의미가 담긴 것을 만들었는가를 살피고 함께 나누는 것임을 잊지 말자. 혹 아직 완성을 못해서 아쉬워하는 아동들이 있다면, 돌아가서 마저 완성하도록 독려하면 될 것이다.

선정 자료 『치킨 마스크』를 바탕으로 독서치료적 발문을 통해 이야기를 나눌 수 있는 활동지는 〈참여자 활동 자료 15-1〉에 이어서 관련 활동 자료 '나만의 마스크 만들기'는 〈참여자 활동 자료 15-2〉에 있다.

〈참여자 활동 자료 15-1〉

나의 치킨 마스크

읽은 책을 바탕으로 아래 질문에 답한 뒤 발표해 보세요.

1. 여러 마스크 가운데 현재 내가 갖고 있다고 생각하는 마스크는 어떤 마스크인가요?

2. 그렇다면 갖고 싶은 마스크는 어떤 마스크인가요?

3. 책에는 나오지 않았지만 내가 갖고 있는 마스크는 어떤 것들이 있을까요? 책의 내용처럼 동물로 빗대어 표현해 보세요.

4. 만약 이런 마스크를 하나도 갖고 있지 못하다면 어떤 기분이 들까요?

5. 그렇다면 갖고 있지 못한 마스크를 갖기 위해서는 어떻게 해야 할까요?

6. 결국 이 이야기가 우리에게 전해주는 주제는 무엇일까요?

〈참여자 활동 자료 15-2〉

나만의 마스크 만들기

제16회 희망 다지기
〈내면의 아름다움, 종결〉

(1) 선정 자료

① 종이 봉지 공주 / 로버트 문치 글, 마이클 마첸코 그림, 김태희 옮김 / 비룡소

선장 자료에 대한 설명은 『책과 함께하는 마음 놀이터 1』의 세 번째 놀이터를 참고하라. 다만 세 번째 놀이터에서는 이 도서를 '성 편견'을 주제로 활용했다면, 이 프로그램에서는 '내면의 아름다움'을 주제로 했으니, 도서를 읽고 발문을 나눈 뒤 활동으로 연결을 할 때는 다른 접근을 해야 할 것이다.

(2) 관련 활동

① 내면의 아름다움

지금은 여러 이유 때문에 공중파 텔레비전 방송을 통해서는 시청할 수 없지만, 한 때 우리나라에서 가장 아름다운 여성을 뽑는 미스코리아 선발대회는 장안의 화제였다. 그도 그럴 것이 우리나라를 대표하는 미모의 여성들이 출연해, 각자의 미모와 지성, 재능을 뽐내는 자리였으니 그만한 구경도 없었을 것이다. 그런데 매년 1위가 결정이 되고 나면 인터뷰 중 나오는 소감 내용에 반드시 포함되는 말이 있었으니, 그것은 외모만 아름다운 사람이 아니라 마음까지도 아름다운 사람이 되겠다는 다짐이었다.

솔직히 어디 가서 내밀어도 빠지는 외모라면, 마음씨는 정말 착한데 다른 이유 때문에 존중을 받고 있지 못한 사람이라면 '내면의 아름다움이 더 중요하다'는 말에 오히려 기분이 나쁠 수도 있겠지

만, 어느 정도의 세월을 견뎌 온 분이라면 이 말의 중요성을 몸으로 체감하고 있을 것이다. 그러니 마찬가지로 어쩌면 마음 하나만 있고 사람들에게 다가가 친해질 수 있는 구체적인 방법을 모르는 새터민 아동들에게도, 무엇보다 중요한 것은 진정한 마음, 내면의 아름다움임을 일깨워 주도록 하자.

② 종결

드디어 새터민 아동들과의 모든 프로그램 일정이 끝났다. 물론 오랜 시간 어려움을 겪어 왔고 현재도 어려움을 겪고 있는 대상들이기 때문에, 보다 오랜 시간동안 따뜻한 마음과 함께 잘 적응하며 지낼 수 있는 방법들까지 습득할 수 있는 프로그램을 진행하면 좋겠으나, 현실적으로 그렇게 하기에는 어려움이 많다. 또한 상담 및 심리치료의 목적은 내담자 및 참여자가 스스로의 힘을 끌어내어 해결해 나가는 것이므로, 치료사들은 주어진 시간 동안에 최선을 다하고, 그 경험을 바탕으로 내담자 및 참여자들이 스스로 문제를 해결해 나갈 수 있도록 도우면 될 것이다.

마지막 시간이니 그동안 참여하면서 느낀 소감들을 나누면서 마치고, 아울러 책을 많이 읽는 것이야말로 새터민 아이들에게는 대한민국 사회를 가장 빨리 이해할 수 있는 길이기도 하니, 좋은 책을 많이 골라 읽으라는 당부도 해주면 좋겠다.

일곱 번째 놀이터

다문화가정에 대한 인식확장과 긍정적 태도 함양을 위한 독서치료 프로그램

1. 프로그램의 필요성

　최근 전 세계가 지구촌화 되면서 국가 간 인적교류 또한 활발히 진행되고 있다. 때문에 우리나라에도 해외산업연수생이나 유학생, 이민자가 늘면서 자연스럽게 다문화사회로 변모하고 있고, 더불어 국제결혼 역시 증가하면서 혼혈인도 꾸준히 늘어가고 있다. 이런 측면은 여러 연구 보고를 통해서 확인할 수 있는데, 아래 표를 통해서도 확인할 수 있는 '보건사회연구원'의 보고에 의하면 2050년에는 영아(0~2세) 3명 가운데 1명이 다문화가정에서 나오게 된다고 한다. 그만큼 다문화가정의 비율이 높아진다는 이야기이다.

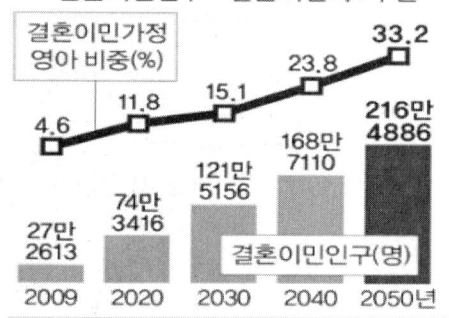

〈2010. 2. 22. 세계일보 기사에서 인용〉

그러나 이와 같은 변화에도 불구하고 한국 사회는 그들에 대한 마음의 문을 활짝 열고 있지 못하다. 아니 거스를 수 없는 현상이기 때문에 조금씩 변해가고 있기는 하지만, 아직은 부족한 면이 너무 많다. 특히 그들을 우리와 같은 민족으로 받아들이지 않는 '단일민족 의식'은 견고한 벽과 같이 느껴지기도 한다. 알고 있다시피 대한민국은 이미 오래전부터 단일민족이 아니었음에도 말이다.

때문에 다문화가정을 이룬 사람들이나 그들의 자녀들은 문화와 언어에 적응하지 못해 겪는 어려움에 더해, 따돌림과 괴롭힘, 소외나 낙인의 대상이 되고 있다. 이는 부모들부터가 법적·경제적으로 취약한 상황이고 문화와 언어에 대한 이해 또한 부족하기 때문에 더해지는 측면도 있다. 결국 그런 면들은 2세들에게도 고스란히 대물림 되어, 향후 그들을 사회 불만 세력 키워 낼 가능성 또한 높다. 그렇다면 그에 대한 폐해는 누구에게 돌아오겠는가? 우리가 즐겨 쓰는 '우리'에게 돌아오는 것이다. 그 '우리' 안에 포함될 수 없는 사람들에게는 가장 큰 벽과 같이 느껴진다는 그 말 말이다.

따라서 '다문화가정'은 사회적으로 관심을 가져야 할 부분임에는 틀림없다. 그들에게도 '우리'가 될 수 있는 기회를 주어야 하지 않겠는가. 그러려면 우선 서로가 서로를 이해하기 위한 노력부터 기울일 필요가 있다. 문화와 사람 모두를 이해하기 위한 노력을 말이다. 이 프로그램은 그런 측면에서 계획한 것이다.

2. 프로그램의 구성

이 프로그램은 '다문화가정에 대한 인식 확장'을 목표로 한 것이다. 따라서 한국 부모 밑에서 태어나 자라온 일반 가정의 아동들을 대상으로 진행할 수도 있으나, 최근 다문화가정이 늘면서 거의 모든 학교와 학급에는 다문화가정의 아동들이 함께 교육을 받고 있기 때문에, 그 아동들과 더불어 집단을 구성해 운영할 수도 있다. 상대적으로 다문화가정의 아이들이 많은 학교에서는 일반 아이들 절반, 다문화가정의 아동들 절반으로 구성을 해서 진행을 해도 무방하겠다. 그러나 만약 다문화가정의 아동들만을 대상으로 한다면 이 프로그램은 유용하지 않을 것이므로, 대신 여섯 번째 놀이터에서 소개한 새터민 아동을 대상으로 한 사회적응능력의 향상 프로그램처럼 부족한 부분을 익히고 채울 수 있는 것, 혹은 소수자로서의 차별과 따돌림에서 오는 억울한 심정을 해소할 수 있는 측면이 더 바람직하겠다. 왜냐하면 이 프로그램은 앞서 말했던 것처럼 상대적 입장에서 강자인 우리 아이들에게 다문화 가정에 대한 인식을 확장시켜, 약자인 다문화 가정의 혼혈 아동들을 따뜻한 시선으로 바라봐 줄 수 있게 하기 위한 측면이 더 짙기 때문이다.

그래서 프로그램 참여 대상도 저학년 아동들보다는 다문화가정에 대한 인식을 조금 더 쉽게 받아들일 수 있는 초등학교 중학년 이상으로 정했고(이미 여러 친구들을 접해봤을 수도 있고, 관련 책이나 영상을 만나본 경험도 있을 것이며, 무엇보다 보다 합리적으로 생각할 수 있는 연령대이기 때문에 등), 세션 당 진행 시간은 두 시간이다. 세션은 일주일에 한 번씩 진행을 했으며, 총 12회로 구성을 했다.

다문화가정 아동과 일반 아동을 각각 절반의 비율로 해서 진행할 수 있는 프로그램의 세부 계획표는 〈표 7-1〉에 있다.

〈표 7-1〉 다문화가정에 대한 인식확장과 긍정적 태도 함양을
위한 독서치료 프로그램

차시	세부 목표	선정 자료	관련 활동
1	우리들의 마음 열기	〈얘들아, 안녕〉〈내 이름이 담긴 병〉	프로그램 소개, 집단 서약서 작성, 자기소개
2	같은 점 다른 점 존중받을 점	〈우린 모두 조금씩 달라〉〈사람은 다 다르고 특별해!〉	서로 같은 점과 다른 점, 모두가 존중받을 점
3	내 모습 인식과 존중하기	〈최고는 내 안에 있어!〉〈우리, 그림자 바꿀래?〉	바꾸고 싶은 점, 하지만 특별한 점
4	서로에 대한 오해와 진실	〈있는 그대로가 좋아〉	정말? 정말!
5	서로를 존중하기	〈까망머리 주디〉〈내 이름은 윤이에요〉	너는 특별하단다
6	서로의 문화에 대한 인식과 존중하기	〈내 가족을 소개합니다〉〈모든 가족은 특별해요〉	우리 가족은 특별해요
7	다문화에 대한 인식확장 1	〈세계의 어린이 우리는 친구〉	아코디언 북으로 표현한 '세계의 어린이 우리도 친구'
8	다문화에 대한 인식확장 2	〈열린 마음 다문화 시리즈〉	모둠 별로 소개하는 다문화 1
9	다문화에 대한 인식확장 3	〈열린 마음 다문화 시리즈〉	모둠 별로 소개하는 다문화 2
10	함께 살아가기 위해 필요한 것	〈사라, 버스를 타다〉〈지식채널 ⓔ : 색다름〉	'나 너 우리 가족 마을 나라' 게임, 나+너=우리
11	다문화는 좋다	〈TV 동화 행복한 세상 : 쌀국수에 담긴 정〉〈달라서 좋아요〉	다문화 홍보 신문 만들기
12	종결	〈혼자서는 살 수 없어〉	다문화 다인종 존중 서약, 참여 소감 나누기

3. 프로그램의 실제

1) 다문화가정에 대한 인식확장과 긍정적 태도 함양을 위한 독서치료 프로그램

제1회 우리들의 마음 열기
〈프로그램 소개, 나의 약속, 자기소개〉

다니엘 헤니, 데니스 오, 줄리엔 강, 한지후. 혹시 이들의 공통점을 알고 있는가? 맞다! 모두 연예계에서 활약하고 있는 혼혈 배우들이다. 그들은 부모님 가운데 한 분이 한국인이어서 자연스레 우리나라에서 활동을 하게 됐고, 동서양의 조화로 더욱 신비로운 외모와 월등한 체격 덕분에 단박에 스타가 되기도 했다. 그래서인지 많은 사람들은 '혼혈인' 하게 되면 그들을 먼저 떠올리게 되어서인지 '잘 생기고 예쁘다', '우월한 유전자이다' 등의 편견을 갖고 있다. 실제로 혼혈인 경우 인종이 다른 각각의 부모에게서 더 좋은 유전자를 받게 되는지는 모르겠으나, 상대적으로 외적인 면이 중시되는 연예계의 일면만 보고 전체가 그럴 것이라는 오류를 범하고 있는 것이다. 물론 그들이 잘 생기기는 했고, 실제 다문화가정의 아이들을 만나보면 더 예쁘고 잘생긴 아이들도 많지만 말이다.

이 프로그램에는 다문화가정의 아이들은 물론 일반 아이들도 참여를 한다. 평소 학교에서 만났을 테니 서로 낯설지는 않겠지만, 그렇다고 친분도 두텁지 않기 때문에 서먹한 기운은 감돌 것이다. 따라서 제1회의 목표는 '우리들의 마음 열기'로 정했다. 서로에 대해 마음을 열고 다가가는 첫 기회인 셈이다.

(1) 선정 자료

① 얘들아, 안녕! / 소피 퓌로·피에르 베르부 글, 우버 오메르 사진, 장석훈 옮김 / 비룡소

이 책에는 '세계 어린이들이 들려주는 가족 이야기'라는 부제가 달려 있다. 그래서 세계 53개국의 역사와 문화, 지리는 물론, 그 나라를 대표하는 어린이들이 전해온 편지글과 가족 사진이 담겨 있다. 따라서 한 편 한 편의 편지글을 읽으며 다양한 가족들을 소개받다 보면, 어느덧 전 세계를 여행하고 돌아온 기분이 든다.

제1회를 위해 이 자료를 선정한 이유는, 프로그램에 참여하는 다문화가정의 아이들이 책에 소개되는 것처럼 다양하지는 않겠지만, 모두가 세상을 구성하고 있는 하나의 축이면서 나름대로 살아가는 방식이 있다는 점과 함께, 서로에게 전하고 싶은 이야기가 있다는 면을 알려주고 싶었기 때문이다.

② 내 이름이 담긴 병 / 최양숙 글·그림, 이명희 옮김 / 마루벌

필자는 가끔 대한민국을 떠나 다른 나라에서 살아보고 싶다는 생각을 한다. 태어나 자란 나라, 때문에 가족과 친구들이 모두 있는 곳에서 사는 것도 좋지만, 새로운 문화를 접할 수 있는 곳에서, 아는 사람이 한 명도 없는 곳에서 새롭게 시작해 보는 것도 흥미로울 거라는 생각이 드는 것이다. 물론 막상 실행에 옮기라고 하면

더 오래 생각해 보고 결정을 하겠다며 발뺌을 할 거지만 말이다.

이 책의 주인공 은혜는 가족과 함께 미국으로 이민을 갔다. 그래서 그곳 학교에 다니게 되는데, 스쿨버스에서 낯선 아이의 출현을 궁금해 하던 아이들에게 이름을 말해주자 제대로 발음을 하지도 못한 것은 물론, 심지어는 놀리는 아이까지 있어 부끄럽다는 생각을 한다. 자신만 다른 것 같다는 생각과 함께. 때문에 배정받은 학급에서 소개를 할 때도 선뜻 이름을 말하지 못하고, 아직 정하지 않았으니 정해지면 알려주겠다고 말하고 만다. 엄마는 뜻이 좋은 이름이기도 하고, 비록 한국을 떠나왔지만 그 정체성까지 잃을 필요는 없다고 말씀하시지만.

그런데 다음날 학교에 가보니 은혜의 새 이름을 지어주고 싶었던 친구들이 각자 생각해 써놓은 종이를 담은 유리병을 건네주었다. 그 가운데 마음에 드는 이름을 골라 갖기만 하면 된다면서 말이다. 하지만 은혜는 결국 자신의 한국 이름을 그대로 쓰기로 한다. 왜냐하면 베푼다는 특별한 뜻이 있었기 때문에, 할머니와 엄마가 지어주신 소중한 이름이기 때문에 말이다.

이 그림책은 태어나 자라던 나라에서 다른 나라로 국적을 옮겨 생활하는 아이들이 겪을 수 있는 정체성의 혼란을 주제로 한다. 어쩌면 아무 것도 아닌 것 같지만 그 사람을 대표하기 때문에 다른 사람들에게 늘 불리는 '이름'을 소재로 하고 있기도 해, 마침 첫 세션에서 나누어야 할 자기소개 때에도 더불어 활용하고자 선정을 했다.

(2) 관련 활동

① 프로그램 소개

② 나의 약속

③ 자기소개

관련 활동에 대한 설명은 『책과 함께하는 마음 놀이터 1』의 첫 번째 및 두 번째 놀이터를 참고하라. 다만 이 프로그램에서의 '자기소개'는 선정 자료의 내용을 참고해 유리병에 각 참여자의 이름들을 미리 넣어둔 뒤, 치료사가 하나씩 눈을 감고 꺼내어 당첨자로부터 시작하는 방법을 써보는 것도 좋겠다. 혹은 치료사가 계속 호명을 하지 말고 소개를 마친 참여자가 다음 아동의 이름을 뽑아서 불러주게 하는 것도 좋은 방법이다.

제2회 같은 점 다른 점 존중받을 점
〈서로 같은 점과 다른 점, 모두가 존중받을 점〉

이 세상에 살고 있는 모든 사람들의 외모가 똑같다면 얼마나 재미가 없을까? 만약 모두가 같은 모습이라면 '이 세상에서 가장 재미있는 일은 사람 구경하기'라는 말이나, 딱히 할 일이 없을 때 볕이 잘 드는 커피숍에 앉아 주변 사람들이나 창밖으로 지나는 사람들을 무심히 지켜보며 시간을 보내는 일도 없을 것이다. 모두가 내 얼굴을 보는 것과 같은데 무슨 흥미가 일겠는가?

그러나 다행히 사람들의 모습은 모두 다르다. 키가 큰 이가 있는가 하면 작은 이도 있고, 피부색이 하얀 사람이 있는가 하면 검은 사람도 있다. 머리카락이 길 사람이 있는가 하면 짧은 사람도 있고, 친절하고 상냥한 사람이 있는가 하면 불친절하고 무뚝뚝한 사람도 있다. 때문에 서로가 서로를 존중하며 어울려 살아가야 하는데, 가끔 이런 '다름'은 '차별'을 받기도 한다. 단지 다르다는 이유 때문에 말이다. 그래서 이번 세션에는 서로 같은 점과 다른 점을 찾아보고, 그 모든 것들이 다 존중 받아야 할 점임을 일깨우는데 목표를 두었다.

(1) 선정 자료

① 우린 모두 조금씩 달라 / 베아트리스 부티뇽 글·그림, 권명희 옮김 / 키득키득

  이 그림책에는 모두 열 마리의 동물이 등장한다. 그런데 그들은 마치 '즐겁게 춤을 추다가 그대로 멈춰라'라는 구령에 맞춰 각자의 동작으로 서 있는 듯한 모습이다. 당연히 모두가 다른 모습으로 말이다. 하지만 작가는 그 모습마다 이상하다고 말하지 않는 대신 그 동물들이 왜 그런 모습을 보이는지, 지금 어떤 장면인지에 대해 이야기를 들려준다. 등장하는 동물들 각자의 입을 빌려서 말이다. 때문에 우리는 '같음'만이 아름다운 것이 아님을 알 수 있다. '부조화 속의 조화로움'이라고나 할까, 어차피 우리도 모두 다르지 않은가?

② 사람은 다 다르고 특별해! / 탱고 북스 글, 엠마 데이먼 그림, 우순교 옮김 / 미세기

  이 책은 우리 자신을 다른 사람들과 비슷해 보이지만 모두가 특별한 점을 갖고 있는 '나'라는 존재임을 일깨워 준다. 팝업으로 구

성된 형태는 흥미롭고, 한 장면을 들추어 볼 때마다 등장하는 작가의 메시지는 따뜻하다. 그래서 절로 특별한 사람이 된 것 같은 느낌이 든다. 특히 마지막에 스스로를 점검해 볼 수 있도록 넣어 준 거울과 질문들은 자신을 정립할 수 있는 기회로 이끈다.

(2) 관련 활동

① 서로가 같은 점과 다른 점, 모두가 존중받을 점

프로그램에 참여하는 친구들을 가만히 둘러 볼 수 있는 시간을 먼저 준다. 그런 다음 서로의 같은 점과 다른 점을 찾아 적고 이야기를 나눈다. 마지막으로 존중받을 점에는 어떤 것들이 있을지 함께 나눈 뒤 마치면 된다. 활동지는 〈참여자 활동 자료 2-1〉에 있다.

〈참여자 활동 자료 2-1〉

같은 점, 다른 점, 존중받을 점

프로그램에 함께 참여하고 있는 친구들을 관찰해 보세요. 그럼 서로 같은 점도 눈에 띄지만 다른 점도 있다는 걸 알 수 있습니다. 하지만 다른 점이 곧 나쁜 점은 아니지요. 오히려 존중받을 점입니다. 아래 활동지를 채워 함께 이야기 나누어 봅시다.

같은 점	
다른 점	
존중받을 점	

제3회 내 모습 인식과 존중하기
〈바꾸고 싶은 점, 하지만 특별한 점〉

　학부모들을 대상으로 지방에서 특강을 실시할 때, 자기 자신을 얼마나 사랑하느냐는 질문을 던진 적이 있다. 100점 만점으로 평가를 해 100점부터 10점씩 감하면서 차례로 손을 들어보게 했더니, 70점 이상이 절반도 되지 않았다. 물론 일부러 손을 들지 않은 분들도 계시겠지만 어쨌든 눈으로 확인한 결과는 절반 이상의 분들이 자신에게 50점의 점수도 주지 않는다는 것이었다. 왜냐하면 나는 그만큼 훌륭한 사람이 아니기 때문에, 늘 어딘가 부족해서 아쉬운 점이 있다고 생각되기 때문에 말이다.
　'자아존중감'이라는 말이 있다. 이를 쉽게 풀면 자아를 존중하는 마음, 자아를 사랑하는 마음, 자아를 인정해 주는 마음이다. 따라서 이 마음이 커야 살아갈 힘도 생긴다. 그런데 이 마음을 다른 사람들의 평가에 의존하는 이들이 있다. 즉 칭찬이나 격려를 받으면 기분이 좋아지며 자신이 중요한 사람처럼 여겨지지만, 반대로 놀림이나 비난이 돌아오면 스스로를 무가치한 사람으로 여기는 것이다. 이미 자신은 그 자체로도 소중한 사람임을 잊은 채 말이다.
　그렇다면 이처럼 자신을 존중하는 마음의 귀인을 타인에게 두고 있으면 어떤 일이 벌어질까? 우선 늘 예민할 것이다. 혹 누군가 자기에 대해 나쁘게 말을 하지는 않는지, 더 칭찬을 받을 일은 없는지 등에 대해서. 더불어 비난을 받게 되면 한없이 추락할 것이다. 마치 날개가 없는 새처럼 말이다.
　그래서 이번 세션에서는 항상 놀림과 비난의 대상이 된 다문화가정의 아이들에게 자신의 모습을 올바로 인식하게 하면서, 그 모습 자체를 특별하다고 인정할 수 있도록 돕는데 목표를 두었다. 일반 아동들의 인정을 바탕으로 말이다.

(1) 선정 자료

① 최고는 내 안에 있어! / 이성자 글, 손재수 그림 / 은하수미디어

필리핀 혼혈아 승현이는 피부색이 남들과 다르다고 놀림을 받는다. 그러나 그에 굴하지 않고 태권도를 통해 심신을 단련하며 자신 역시 당당한 대한민국의 국민이라고 외친다. 결국 어려움에 굴하지 않고 맞서며 자신의 능력을 최대로 이끌어 낸 승현이의 노력은, 소중한 친구들도 사귀고 인정까지 받게 되는 결과를 가져온다.

② 우리, 그림자 바꿀래? / 미리암 프레슬러 글, 사라 발 그림, 김경연 옮김 / 국민서관

그림자 동물들은 항상 같은 동물의 그림자로 살아가는 것이 따분하고 지루하다. 그래서 평소 동경해마지 않던 동물들의 그림자가 되어 보고 싶어 한다. 그러나 막상 그 동물의 그림자가 되어 따라가 보니 자신과는 너무 맞지 않는 면이 많다. 차라리 이전의 생활이 훨씬 낫게 느껴질 만큼.

이 그림책은 이처럼 자신에게 가장 잘 어울리는 동물이 무엇인지도 모른 채 방황하는 그림자들을 통해, 자신의 모습을 올바로 인식하는 것의 중요성을 일깨워 준다. 바꾸고 싶지만 불가능한 것, 그 모습 자체가 오히려 특별할 수 있는 것, 다만 늘 함께였기에 인식하지 못하는 면들을 되돌아 볼 수 있게 말이다.

(2) 관련 활동

① 바꾸고 싶은 점, 하지만 특별한 점

자신에 대해 100% 만족하는 사람이 있을까? 아마 거의 없을 것이다. 다른 사람들이 완벽하다고 말해주어도, 스스로 그렇게 생각하기까지는 많은 난관들이 있으니까. 이 활동은 자신의 여러 면들 가운데 바꾸고 싶은 점을 찾아보고, 그런 면들이 자책할 요소라기보다는 오히려 다른 사람들에게는 없는 점이고, 나아가 부러울 수도 있는 것들이므로 특별할 수 있다는 발상의 전환을 이끌어내기 위한 것이다. 활동지는 〈참여자 활동 자료 3-1〉에 있다.

〈참여자 활동 자료 3-1〉

바꾸고 싶은 점, 하지만 특별한 점

이 세상에 완벽한 사람은 없습니다. 그래서 기회가 되면 바꾸고 싶고 고치고 싶은 점이 많지요. 여러분들은 어떤 면이 그런가요?

바꾸고 싶은 점	

그러나 여러분들의 그런 면들이 오히려 특별할 수 있다는 것 알고 있나요? 어떤 면에서 특별할 것 같은지 생각해 적어 봅시다.

특별한 점	

제4회   서로에 대한 오해와 진실
                  〈정말? 정말!〉

  사람들 사이에 이해보다 오해가 더 많은 것은 2가 5보다 작기 때문이라는 말을 들은 적이 있다. 즉 5가 더 크기 때문에 그쪽 일이 많다는 뜻인데, 음이 같은 단어와 숫자를 활용한 말놀음이지만 꽤 그럴싸하다고 생각을 했기에 아직도 기억을 하고 있다.

  관계 속에서는 항상 오해가 생긴다. 이는 어느 한쪽의 잘못일 수도 있지만 결국 서로의 상호작용에 영향을 미치기 때문에 결과적으로는 서로의 책임이라 생각된다. 그래서 가능하면 이해와 이해를 바탕으로 한 사랑의 감정만을 나누는 것이 좋을 텐데, 마음먹은 대로 되지 않는 것이 또 마음이니 어쩌겠는가.

  프로그램에 참여하는 다문화가정의 아이들과 일반 아이들 사이에도 오해가 있다. 크게는 인종차별적인 요소에서부터 작게는 아주 사소한 것에 이르기까지. 그러다보니 즐겁게 어울려 놀아도 모자랄 시간에 서로를 가로막는 벽을 더 높게 쌓는 것이다. 따라서 이번 세션에는 서로에 대해 잘 모르기 때문에 발생한 오해에서부터 편견으로부터 비롯된 것들을 가감 없이 나누는 기회를 통해, 진실을 바탕으로 이해를 할 수 있는 장을 만들어 주고자 하였다.

(1) 선정 자료
① 있는 그대로가 좋아 / 국지승 글·그림 / 시공주니어

  미미가 새 머리핀을 꼽고 왔는데도 전혀 몰라주는 오토, 화가 난 미미는 오토에게 등을 돌리더니 "넌 다 좋은데 말이야!"로 시작되는

321

불평과 불만을 늘어놓기 시작한다. 그러자 오토의 몸은 미미의 말처럼 점점 변해가 결국 괴물의 모습으로 바뀌고, 그제야 미미는 오토가 예전 그대로일 때 가장 멋졌다는 것을 알게 된다.

'아는 만큼 보인다'는 말이 있다. 이 말을 대인관계에 접목해 보면 어떤 한 사람을 알고 있는 만큼 이해할 수 있다고 해석할 수 있다. 또한 이 말을 '보는 대로 보인다'로 바꾸어 해석해 보면, 내가 어떤 시각으로 그 사람을 바라보는가에 따라 달라질 수 있다는 뜻으로 해석할 수도 있다.

이 그림책의 미미는 오토가 자신의 변화를 알아주지 않은 점 때문에 화가 나 오토를 '괴물'처럼 보고 있다. 하지만 오토의 모습은 늘 그 모습 그대로였다. 다만 다양한 면을 갖추고 있기 때문에 그 가운데 한 모습이었을 수도 있고, 마침 그런 모습을 발견한 것일 수도 있지만 말이다.

제4회를 위해 이 책을 선정한 이유는 바로 여기에 있다. 혹시 서로를 보는 대로 보고 있는 것은 아닐지, 그렇다면 서로에 대해 알 수 있는 기회를 갖고 바로 잡아야 하지 않을까 하는 생각 때문에 말이다.

(2) 관련 활동

① 정말? 정말!

평소 서로에 대해 잘 몰랐던 부분, 오해하고 있는 부분을 점검하는 측면에서는 '정말?'을, 이어 자신의 입장에서 설명을 해야 하는 부분은 '정말!'로 나누어 서로가 "예"라고 말할 수 있는 영역의 크기를 더 넓혀 보고자 한 활동이다. 이 활동은 『책과 함께하는 마음

『놀이터 2』의 네 번째 놀이터에 설명한 '조하리의 창(Johari Window)' 개념을 참고하면 더 도움을 받을 수 있을 것이다. 활동지는 〈참여자 활동 자료 4-1〉에 있다.

〈참여자 활동 자료 4-1〉

정말? 정말!

혹시 생활하면서 서로에 대해 궁금한 점이 있었나요? 또는 다른 사람의 말만 듣고 오해를 하고 있는 부분은 없나요? 만약 그런 점이 있다면 '정말?'에 적어 주세요.

정말?	

다른 친구들이 물은 질문에 대해 자세히 설명을 해주고 싶은 문항이 있다면 몇 개를 골라 답을 달아주기 바랍니다.

정말?	

제5회 서로를 존중하기
〈너는 특별하단다〉

(1) 선정 자료

① 까망머리 주디 / 손연자 글, 원유미 그림 / 푸른책들

주디는 대한민국에서 미국으로 입양된 소녀이다. 그녀는 마음속으로만 좋아하는 남학생이 있는데, 그 남학생에게 '노란 원숭이'라는 모욕을 당하고 충격을 받는다. 마침 사춘기를 지나고 있기 때문에 안 그래도 정체감에 대해 고민을 할 때였으므로, 친구의 인종차별적인 말은 더욱 큰 상처로 남는다.

이 동화책은 '주디'라는 소녀가 친부모에게 버림을 받고 해외로 입양을 가서 생활함으로 인한 문화의 차이에서부터, 인종 차별, 친부모에 대한 애증, 자아정체감 형성에 관한 측면들을 다룬다.

② 내 이름은 윤이에요 / 헬렌 레코비츠 글, 가비 스위앗코스카 그림, 박혜수 옮김 / 배동바지

제1회에서 선정한 자료 『내 이름이 담긴 병』과 흡사한 내용의 그림책이다. 따라서 설명은 생략한다.

(2) 관련 활동

① 너는 특별한단다

『책과 함께하는 마음 놀이터 1』의 첫 번째 놀이터는 물론, 다른 여러 책에서 소개가 되고 있는 프로그램에도 두루 쓰이고 있는 책의 제목이자 애니메이션 작품의 이름이기도 한 '너는 특별하단다'를, 이번에는 활동의 제목으로 활용해 본 것이다. 이 활동은 서로

의 특별함을 찾아 그 내용을 문장완성검사(SCT)의 형식으로 완성해 들려주는 방법이다. 구체적인 활동지는 〈참여자 활동 자료 5-1〉에 있다.

〈참여자 활동 자료 5-1〉

너는 특별하단다

○○○ 너는 특별하단다! 왜냐하면,

○○○ 너는 특별하단다! 왜냐하면,

○○○ 너는 특별하단다! 왜냐하면,

○○○ 너는 특별하단다! 왜냐하면,

○○○ 너는 특별하단다! 왜냐하면,

○○○ 너는 특별하단다! 왜냐하면,

제6회   서로의 문화에 대한 인식과 존중하기
              〈우리 가족은 특별해요〉

    2010년도 캐나다 밴쿠버 동계올림픽 개막식을 지켜보며 가장 인상 깊었던 행사는 캐나다 원주민들의 참여 공연이었다. 그들은 부족별로 다채로운 의상을 입고 나와 춤을 추며 전 세계에서 온 선수들과 관광객들을 환영한다는 메시지를 전했는데, 조사를 해보니 캐나다는 총 인구의 약 2%를 원주민이 차지하고 있다고 한다. 또한 그들이 비록 소수이기는 하지만, 여덟 개의 캐나다 원주민 언어로 올림픽이 중계되고 있을 정도로 인정을 하고 존중하며 함께 살아가고 있다고 한다. 나아가 올림픽의 공식 엠블럼도 밴쿠버 원주민들이 인간을 본떠 만든 석상인 '이눅슈크(Inulshuk)의 형상을 따서 만들어졌고, 공식 마스코트 역시 원주민의 신화에 등장하는 동물을 형상화한 미가(Miga), 콰치(Quatchi), 수미(Sumi)라고 하니, 이 정도면 서로에 대한 문화를 존중하는 수준이 가히 최고라 할 수 있겠다.

    이번 세션은 서로의 문화에 대해 얼마나 인식하고 있는가를 점검하고 더불어 거기서 발생하는 차이를 존중하기 위한 시간으로, 아동들이 가장 편하게 접근할 수 있는 '가족'을 중심으로 풀어갔다.

(1) 선정 자료

① 내 가족을 소개합니다 / 이윤진 글, 하의정 그림 / 초록우체통

    '그냥 솔직하게 말할까?'

    현도는 상우 얼굴을 물끄러미 보았다. 선생님이 "친구란 좋은 일이든 나쁜 일이든 함께 하는 거"라고 말씀했었다. 사실 현도에게 엄마

가 없는 건 나쁜 일도 아니다. 그냥 집안 사정일 뿐이다. 그러니까 진짜 친구라면 말해도 될 것 같았다. - 현도 이야기 中

"진짜? 할머니 기분 좋아?"
"응, 할미는 너희들 때문에 산다. 고맙다, 재호야! 고맙다, 재민아!"
할머니 눈에서 갑자기 눈물이 주르르 떨어졌다. 재호는 이번엔 할머니가 울어도 걱정이 되지 않았다. 할머니가 진심으로 기뻐하고 있다는 게 느껴졌기 때문이다. - 재호 이야기 中

"셋 하면 찍는다. 하나, 두울, 셋!"
셋 소리와 함께 지환이가 살짝 미소를 지었다. 갑자기 크리스마스 때 찍었던 사진이 생각났기 때문이다. 더 이상 어색한 사진은 싫었다. - 지환 이야기 中

가끔은 우리 엄마도 한국 사람이었으면 하고 생각한 적이 있어요. 하지만 그런 생각을 할 땐 엄마한테 미안해요. 그럼 엄마를 있는 모습 그대로 사랑하는 게 아니니까요.
난 우리 가족을 아주 많이 사랑해요. - 유미 이야기 中

3학년 3반에 다니는 다섯 명의 친구들, 현도, 재호, 선주, 지환, 유미에게는 조금은 다른 가족들이 있다. 현도는 아빠와만 살고 있고, 재호는 할아버지 할머니와만 지내고 있다. 또한 선주는 어릴 때 입양이 된 아이이고, 지환이네 부모님은 재혼을, 유미는 필리핀에서 온 엄마를 두었다. 하지만 그런 점들은 동화에 등장하는 어느 집이든 큰 문제가 되지 않는다. 왜냐하면 서로를 의지하며 살아갈 수 있는 가족들이 있기 때문에 말이다.
이 책은 최근 등장하고 있는 다양한 가족 형태와 그 안에 살고 있는 사람들의 감동적인 이야기를 담고 있다.

② 모든 가족은 특별해요 / 토드 파 글·그림, 원선화 옮김 / 문학동네어린이

선정 자료에 대한 설명은 『책과 함께하는 마음 놀이터 1』의 첫 번째 놀이터를 참고하라.

(2) 관련 활동
① 우리 가족은 특별해요

선정 자료 『모든 가족은 특별해요』의 제목을 패러디 해, '우리 가족은 특별해요'라는 제목을 주고 과연 우리 가족은 어떤 면에서 특별한지를 정리해 발표해 보는 활동이다. 이 활동은 아무래도 서로의 문화에 대한 인식이 부족하기 때문에 겪는 갈등이 크기 때문에, 다른 부분보다 우선 아이들이 가장 쉽게 이해하고 인식을 바꿀 수 있는 '가족 문화'를 주제로 했다. 활동지는 〈참여자 활동 자료 6-1〉에 있다.

〈참여자 활동 자료 6-1〉

우리 가족은 특별해요

나의 가족은 나를 _____처럼 대한다.

_____

_____

나의 가족은 특별하다. 왜냐하면

_____

_____

우리 엄마는 나를

_____

_____

우리 아빠는 나를

_____

_____

우리 형제는 나를

_____

_____

내가 바라는 가족은

_____

_____

그러므로 내 생각에 우리 가족은

_____

_____

제7회 다문화에 대한 인식 확장 1
〈아코디언 북으로 표현한 '세계의 어린이 우리도 친구'〉

    제7회부터 제9회까지는 다문화에 대한 인식을 확장시키는 것을 목표로 삼았다. 아무래도 '인식의 확장'은 직·간접적인 경험을 통하는 것이 가장 빠르지 않은가. 그래서 다문화를 잘 보여주고 있는 자료들을 고르고, 활동 역시 그와 관련된 것으로 연결 지어 이끌었다.

(1) 선정 자료
① 세계의 어린이 우리는 친구 / 유네스코아시아문화센터·유네스코 기획, 유네스코한국위원회 협찬 / 한림출판사

    제1회의 선정 자료 『얘들아, 안녕』에서처럼, 세계 여러 나라의 어린이들이 등장해 자연스럽게 자신들의 삶과 문화에 대해 소개해 주는 책이다. 결국 전 세계 여러 나라의 어린이들은 모두 친구라는 메시지를 전해주면서 말이다.

(2) 관련 활동
① 아코디언 북으로 표현한 '세계의 어린이 우리도 친구'

    아코디언 북에 대한 설명은 『책과 함께하는 마음 놀이터 3』의 다섯 번째 놀이터를 참고하라. 이 활동은 각 참여자의 소개 글을 아코디언 북의 각 페이지에 담고 '세계의 어린이 우리도 친구'라는 제목을 달아 또 한 권의 책을 만든 것이다.

제8회 다문화에 대한 인식 확장 2
〈모둠 별로 소개하는 다문화 1〉

(1) 선정 자료

① 열린 마음 다문화 시리즈 / 이소영 외 지음 / 한솔수북

총 7권으로 이루어진 책으로, 캄보디아에서부터 몽골, 베트남, 필리핀, 중국, 일본에 이르기까지, 우리나라의 주변국이기 때문에 자연스럽게 다문화가정의 가장 높은 비율을 차지하고 있는 사람들의 국가에 대한 이야기로 구성되어 있다. 특히 중국과 일본 편은 그 나라에서 와 우리나라에 살고 있는 분들의 목소리가 담겨 있어 더욱 생생한 소식을 전해주는 듯한 느낌이 든다.

(2) 관련 활동

① 모둠 별로 소개하는 다문화 1

우선 시리즈 가운데 마음에 와 닿는 나라 한 곳을 선정하게 한다. 모둠 안에 그 나라와 관련된 다문화가정의 아동이 있으면 그곳을 선정해도 좋다. 선정이 끝나면 세계전도에서 해당 나라를 찾고 4절지에 해당 나라의 모습을 본뜬다. 이어 본뜬 지도 위에 그 나라에 대해 설명하고 싶은 부분을 마음대로 꾸미게 한다. 작업이 모두 끝나면 돌아가며 소개를 해주도록 한다.

제9회 : 다문화에 대한 인식 확장 3
〈모둠 별로 소개하는 다문화 2〉

(1) 선정 자료

① 열린 마음 다문화 시리즈 / 이소영 외 지음 / 한솔수북

(2) 관련 활동

① 모둠 별로 소개하는 다문화 2
선정 자료와 관련 활동에 대한 설명은 제8회를 참고하라.

제10회 : 함께 살아가기 위해 필요한 것
〈'나 너 우리 가족 마을 나라' 게임, 나+너=우리〉

어느덧 프로그램은 종결을 향해 가고 있다. 그러므로 10회쯤 되면 다문화에 대한 인식이 어느 정도는 자리 잡았다고 볼 수 있겠다. 따라서 이번 세션에는 '함께 살아가기 위해 필요한 것'을 다시 한 번 점검해 봄으로써, 작은 범위로는 다문화가정의 아이들을 이해하고 도울 수 있는 마음을, 큰 범위로는 다문화사회로의 이행을 긍정적으로 받아들일 수 있도록 돕고자 했다.

(1) 선정 자료

① 사라, 버스를 타다 / 윌리엄 밀러 글, 존 워드 그림,
　박찬석 옮김 / 사계절
우리가 사는 세상은 분명 불평등 요소가 많다. 그 가운데 필자가

생각하는 가장 큰 불평등 요소는 바로 '기회가 균등하지 않다'는 점이다. 즉, 그것을 해 볼 수 있는 기회조차 얻지 못하다는 것이다. 학력이 부족하기 때문에, 키가 작기 때문에, 혹은 또 다른 어떤 이유 때문에 말이다.

이 책에 나오는 사라와 그녀의 엄마 역시 단지 '흑인'이라는 이유 때문에 버스의 앞자리에 앉을 기회를 갖지 못한다. 텅텅 비어 있어도, 몸이 좋지 않아 뒷자리까지 들어갈 힘이 없어도 말이다. 항상 그래왔기 때문에 자리에 앉을 수 있는 점만으로도 만족하며 살아 온 것이다.

그러나 사라는 이를 부당하다고 생각한다. 그래서 당당히 사람들 앞에 나서 자신들의 권리를 주장하게 된다. 그녀 역시 무섭고 외로웠지만 옳다고 믿는 일에 용기를 낸 것이다.

이 그림책은 미국 흑인 민권 운동의 불씨가 된 '로사 팍스'의 사건을 바탕으로 만든 것이라 한다. 어른들에게는 이미 익숙한 이야기이지만 아동들 중에는 모르는 경우도 많고, 마침 제10회의 목표와도 부합되는 자료라서 선정을 했다.

② 색다름 : EBS-TV 프로그램『지식채널 ⓔ』中 / EBS-TV

역시 EBS에서 방송되는 '지식채널 ⓔ' 프로그램 중 한 편으로, 피부색으로 인한 차별이라는 내용을 담고 있다.

(2) 관련 활동

① '나 너 우리 가족 마을 나라' 게임

이 활동은 연극적인 요소를 활용한 것이다. 따라서 움직임이 있기 때문에 가능한 넓은 공간이 확보되면 좋겠다. 다음과 같은 게임

설명을 먼저 해주도록 하자.

▶ 혼자서 팔짱을 끼고 다른 사람과 부딪치지 않도록 자유롭게 걸어 다닙니다. 그러다 선생님이 다음 중 하나의 구령을 외치면 적합한 인원수를 찾아 모입니다.

나 : 1인, 너 : 2인, 우리 : 3인, 가족 : 4인,
마을 : 5인 이상, 나라 : 모두 다

▶ 나, 너, 우리, 가족, 마을 등의 구호에 따라 모였으면, 그 팀은 잠시 바닥에 앉습니다. 그런 다음 선생님이 제시하는 미션을 수행합니다. 미션은 서로에 대해 더 관심을 갖는 계기가 될 수 있는 것을 주면 된다. 예를 들어 2인이 모인 '너'의 경우 서로의 장점을 한 가지씩 찾아 말하기, 3인이 모인 '우리'의 경우 세 사람의 공통점을 찾아 세 가지 찾아 말하기 등으로 말입니다.

▶ 미션이 모두 끝나면 자리에서 일어나 선생님의 신호(호각 소리 등)에 맞춰 팔짱을 끼고 걷습니다.

② 나 + 너 = 우리

각자가 혼자 있을 때는 '나'와 '너'로 구분되지만, 함께 있으면 '우리'가 될 수 있는 것은 물론 더 큰 힘을 발휘할 수 있다는 점을 일깨워 주기 위한 활동이다. '백짓장도 맞들면 낫다'는 속담처럼 말이다. 구체적인 활동지는 〈참여자 활동 자료 10-1〉에 있다.

〈참여자 활동 자료 10-1〉

나+너 = 우리

'나'와 '너'가 만나면 '우리'가 되어 더 많은 일을 해낼 수 있는 거 알고 계세요? 하지만 그러려면 서로에 대해 더 많이 알아야 하고, 서로 배려하는 마음도 잊지 말아야 한답니다. 아래 빈 칸에 나 혼자서 할 수 있는 일, 친구 혼자서 할 수 있는 일, 그리고 두 사람이 함께 할 수 있는 일을 찾아 적어 보세요.

'나' 혼자 할 수 있는 일	
'너' 혼자 할 수 있는 일	
'우리'가 함께 할 수 있는 일	

제11회 다문화는 좋다
〈다문화 홍보 신문 만들기〉

(1) 선정 자료
① 쌀국수에 담긴 정 / TV 동화 행복한 세상 中 / KBS-TV

우리 이웃들의 소박하지만 따뜻한 이야기가 가득 담긴 동화 세상, 이 동영상은 TV 동화 행복한 세상에 소개된 베트남 이웃과의 이야기이다. 베트남의 대표 음식이기도 한 쌀국수 하나로 서로의 마음을 나누는 모습이 훈훈한, 서로가 함께 하면 더 행복한 세상이 된다는 내용이 감동적이다.

② 달라서 좋아요 / 후세 야스코 글·그림, 김향금 옮김 / 대교출판

이 그림책은 동그라미와 세모가 서로의 부족한 면을 보완해 주면서 장점을 찾게 되는 내용이다. 아주 간단한 구성이지만 타인을 이해하고 배려하는 것의 중요성을 일깨워 준다.

(2) 관련 활동
① 다문화 홍보 신문 만들기

가족신문이나 독서신문 등 신문 만들기 활동은 참여 아동들이 적어도 한 번쯤은 해봤음직한 것이다. 그래서 비교적 쉽게 접근할 수 있는데, 다만 이번에는 다문화를 여러 사람들에게 널리 알리는 홍보 신문을 만들어 보는 것이다. 그동안 이야기 나누었던 내용들, 깨닫게 된 점, 함께 살아가기 위해 필요한 점 등을 담아 신문을 만들어 보도록 하자. 물론 이 활동도 모둠 별로 진행할 수 있고, 일주일 전에 미리 공지를 해주면 내용도 구상해 오고 준비물도 챙겨오기 때문에 훨씬 알차게 이루어질 수 있을 것이다.

제12회 같이의 가치
〈다문화 다인종 존중 서약, 참여 소감 나누기〉

프로그램 마지막 세션이다. 그래서 이번 세션에는 함께 있는 것의 가치에 대해 다시 한 번 생각해 보고, 그 마음을 확립하는 차원에서 '다문화 다인종 존중 서약'을 했다. 이어서 참여 소감까지 나누면 또 하나의 프로그램이 종결된다.

(1) 선정 자료
① 혼자서는 살 수 없어 / 존 무스 글·그림, 이현정 옮김 / 달리

이 책에는 '존 무스의 두 번째 선(禪) 이야기'라는 부제가 달려 있다. '선(禪)'은 마음을 가다듬고 정신을 통일하여 무아의 경지에 도달하는 정신집중의 수행 방법을 의미하는데, 사람들이 서로 어울려 살아가기 위해서는 결국 그 마음이 필요하다는 점을 강조해 주고 있다. 또한 그 마음을 갖고 실천하기 위해서는 우정은 물론, 이웃에 대한 사랑도 중요한 일임을 깨닫게 해준다. 어렵게 느껴지는 주제이지만 작가 특유의 유쾌함으로 풀어내 주고 있기 때문에 충분히 함께 나눌 수 있겠다.

(2) 관련 활동
① 다문화 다인종 존중 서약

마지막 세션의 마지막 활동이다. 이 활동은 제목처럼 프로그램에 참여한 성과로 다문화에 대한 인식이 향상되었을 것이기 때문에, 앞으로는 다문화 다인종을 존중하며 살겠다는 서약을 하는 것이다. 서약서는 〈참여자 활동 자료 12-1〉에 있다.

② 참여 소감 나누기

〈참여자 활동 자료 12-1〉

다문화 다인종 존중 서약서

나는 다음의 내용을 지켜 나갈 것을 엄숙히 서약합니다.

하나. 나는 다문화 국가에 살고 있음을 자랑스럽게 여기겠습니다.

하나. 나는 피부색이나 문화의 차이를 존중하겠습니다.

하나. 나는 다문화와 다인종을 차별하는 행위를 목격하면 존중해 줄 것을 요청하겠습니다.

20   년   월   일

성명 :

♣ 글쓴이 **임성관**

임성관 선생님은 한국사이버정보대학원, 중앙대학교 교육대학원 사서교육전공, 서울불교대학원대학교 상담심리전공을 졸업하고, 현재는 경기대학교 일반대학원 문헌정보학과에서 박사 과정 중입니다. 더불어 한국독서치료학회에서 운영하는 독서치료전문가과정 및 숙명여자대학교 사이버교육원 아동교육전문가과정 중 독서치료를 모두 1기로 수료했습니다.

이런 경력을 바탕으로 2004년부터 休독서치료연구소(www.poetrytherapy.kr)를 운영하고 있으며, 시립인천전문대학과 숭의여자대학 문헌정보과 및 평생교육원, 경기도립성남도서관, 인천평생학습관, 인천화도진도서관 등에서 독서치료 및 독서교육을 강의하고 있기도 합니다. 또한 아주대학교병원 정신과 낮 병원을 비롯해, 수원시정신보건센터, 수원시장애인종합복지관, 무봉종합사회복지관, 수봉재활원, 행복한1318지역아동센터, 고양아람누리도서관, 과천시정보과학도서관 등에서 개인 및 집단을 위한 다양한 주제의 독서치료 프로그램을 진행하고 있기도 합니다.

저서로는 『독서 : 교육·지도·상담·코칭·클리닉·치료』(2010), 『열두 가지 감정 행복 일기』(2010), 『초등 학습능력 올리는 독서코칭』(2009), 『책과 함께하는 마음 놀이터 3』(2009), 『책과 함께하는 마음 놀이터 2』(2009), 『우리 아이 마음 채워줄 책 한 권』(2009)과 『책과 함께하는 마음 놀이터 1』(2008), 『책 좋아하는 아이 만들기』(2008), 『독서치료 연구』(2007), 『독서치료 프로그램의 실제』(2007)가 있고, 공동번역서로 『시 치료』(2005)가 있습니다. 논문으로는 『읽기부진아를 위한 독서치료 프로그램 연구』 외 다수가 있습니다.

소통을 위한 독서치료
책과 함께하는 마음놀이터 ❹

▶
초 판 1쇄 | 2010년 3월 31일
초 판 2쇄 | 2011년 3월 15일
초 판 3쇄 | 2013년 4월 30일
초 판 4쇄 | 2014년 9월 15일
저　　자 | 임 성 관
펴 낸 이 | 권 호 순
펴 낸 곳 | 시간의물레
인　　쇄 | 대명제책사
표지디자인 | Design tell

▶
등　　록 | 2004년 6월 5일
등록번호 | 제1-3148호
주　　소 | (121-050)서울시 마포구 마포동 332번지 1층
전　　화 | (02)3273-3867
팩　　스 | (02)3273-3868
전자우편 | mulrebook@empal.com

▶ ISBN 978-89-91425-60-6 (시리즈)
▶ ISBN 978-89-91425-93-4 (94010)

정가 25,000원
ⓒ 임성관 2010

* 이 책의 판권은 저자와 시간의물레에 있습니다.
* 잘못 만들어진 책은 교환해드립니다.